机动车驾驶培训系列教材

安全文明驾驶

实用教程

交通运输部公路科学研究院　审定

北京中德安驾科技发展有限公司　编写

适用车型：**C1、C2、C3、C4、C5**

星球地图出版社

STAR MAP PRESS

图书在版编目（ＣＩＰ）数据

安全文明驾驶实用教程 ／ 北京中德安驾科技发展
有限公司著．－－ 北京 ：星球地图出版社，2013.1
机动车驾驶培训系列教材
ISBN 978－7－5471－1290－8

Ⅰ．①安… Ⅱ．①北… Ⅲ．①汽车驾驶－安全技术－
技术培训－教材 Ⅳ．①U471.15

中国版本图书馆CIP数据核字(2013)第000861号

安全文明驾驶实用教程

作　　者	北京中德安驾科技发展有限公司
责任编辑	江莹莹
图片摄影	王晓辉
装帧设计	杨媛媛
文字统筹	李志丹　张科婧　张清涓　刘连美
策划人	王晓辉　盛　颖
出版发行	星球地图出版社
地址邮编	北京北三环中路69号　100088
网　　址	http://www.starmap.com.cn
经　　销	北京中德安驾科技发展有限公司
印　　刷	北京金吉士印刷有限责任公司
开　　本	787毫米×1092毫米　1/16
印　　张	13.5
字　　数	310千字
版次印次	2016年修订 第1版　2016年10月第7次印刷
定　　价	40.00元

致 读 者

在汽车为人们带来方便、舒适和快捷的同时，道路交通事故给人们带来的伤害也是触目惊心的。据统计，因机动车驾驶员安全意识淡薄、安全知识匮乏、法制观念不强、驾驶技能掌握不到位而导致的交通事故占交通事故总数的约90%，其中3年以下驾龄的驾驶人导致的事故接近50%。本书旨在从驾驶培训源头上提高机动车驾驶人的安全意识，培养安全、文明行车习惯。

本书严格按照2016年新修订的《机动车驾驶培训教学与考试大纲》编写，理论结合实践，图文并茂，是驾驶培训教学的规范性教材，适合C1、C2、C3、C4车型学员和学习C5车型的广大残疾人朋友使用。本书根据考试科目的要求，循序渐进，为您详细讲解道路交通法律法规的内容，教您掌握每一个驾驶动作要领。在帮助您取得驾驶证的同时，全面了解车辆使用和安全参与交通的知识。

除常规考试科目的讲解外，本书还注重先进驾驶理念和技能的介绍，将危险源辨识和防御性驾驶知识引入到驾驶学习中来。危险源辨识可以帮助驾驶人提前了解人、车、路和环境中的危险源，防御性驾驶帮助驾驶人不但免除自身引起的危险，也远离其他交通参与者引起的危险。危险源辨识和防御性驾驶让驾驶变得更有预见性和主动性，让道路交通变得更安全。

希望本书能够帮助您掌握扎实的驾驶知识和技能，也希望您驾驶车辆在道路上行驶时，谨记安全与礼让，做一名安全文明的驾驶人，在享受便利快捷的美好生活时，主动维护安全和谐的道路交通秩序。

由于编写时间仓促，水平有限，书中难免存在错误和不妥之处，诚望各位读者批评指正。

目 录

第五章　安全文明驾驶

第六章　典型及复杂道路条件下的安全驾驶

第一章　道路交通法律、法规和规章

　　道路交通法律法规是保证道路畅通、交通安全的基础，在成为一个真正的驾驶人之前一定要掌握这些法律法规的规定。包括《中华人民共和国道路交通安全法》及其实施条例、《机动车登记规定》、《机动车驾驶证申领和使用规定》、《道路交通安全违法行为处理程序规定》和《交通事故处理程序规定》等。

第一节　机动车驾驶证申领与使用规定

　　新修订的《机动车驾驶证申领和使用规定》已于2016年1月29日发布，《机动车驾驶证申领和使用规定》对机动车驾驶证申请，机动车驾驶人驾驶证考试，驾驶证的发证、换证、补证和机动车驾驶人管理等做有具体和明确的规定。与驾驶证申领和使用相关的行为都应遵守其规定。新修订的《机动车驾驶证申领和使用规定》自2016年4月1日起施行。

一、机动车驾驶证申请与考试

（一）机动车驾驶证

　　①驾驶机动车，应当依法取得机动车驾驶证。

　　②机动车驾驶人准予驾驶的车型顺序依次分为：大型客车、牵引车、城市公交车、中型客车、大型货车、小型汽车、小型自动挡汽车、低速载货汽车、三轮汽车、残疾人专用小型自动挡载客汽车、普通三轮摩托车、普通二轮摩托车、轻便摩托车、轮式自行机械车、无轨电车和有轨电车。

（二）申请条件

①申请小型汽车、小型自动挡汽车、残疾人专用小型自动挡载客汽车、轻便摩托车准驾车型的，在18周岁以上、70周岁以下。

②有下列情形之一的，不得申请机动车驾驶证：

◆有器质性心脏病、癫痫病、美尼尔氏症、眩晕症、癔病、震颤麻痹、精神病、痴呆以及影响肢体活动的神经系统疾病等妨碍安全驾驶疾病的；

◆3年内有吸食、注射毒品行为或者解除强制隔离戒毒措施未满3年，或者长期服用依赖性精神药品成瘾尚未戒除的；

◆造成交通事故后逃逸构成犯罪的；

◆饮酒后或者醉酒驾驶机动车发生重大交通事故构成犯罪的；

◆醉酒驾驶机动车或者饮酒后驾驶营运机动车依法被吊销机动车驾驶证未满5年的；

◆醉酒驾驶营运机动车依法被吊销机动车驾驶证未满10年的；

◆因其他情形依法被吊销机动车驾驶证未满2年的；

◆驾驶许可依法被撤销未满3年的；

◆法律、行政法规规定的其他情形。

③初次申领机动车驾驶证的，可以申请准驾车型为城市公交车、大型货车、小型汽车、小型自动挡汽车、低速载货汽车、三轮汽车、残疾人专用小型自动挡载客汽车、普通三轮摩托车、普通二轮摩托车、轻便摩托车、轮式自行机械车、无轨电车、有轨电车的机动车驾驶证。

④已持有机动车驾驶证，申请增加准驾车型的，应当在本记分周期和申请前最近一个记分周期内没有记满12分记录。

⑤申领机动车驾驶证的人，在户籍所在地居住的，应当在户籍所在地提出申请，在户籍所在地以外居住的，可以在居住地提出申请。

⑥初次申请机动车驾驶证，应当填写申请表，并提交身份证明和有关身体条件的证明。

（三）机动车驾驶人考试

1. 考试科目

机动车驾驶人考试内容分为道路交通安全法律、法规和相关知识考试科目（简称"科目一"）、场地驾驶技能考试科目（简称"科目二"）、道路驾驶技能和安全文明驾驶常识考试科目（简称"科目三"）。考试内容和合格标准全国统一，根据不同准驾车型规定相应的考试项目。

小型汽车科目二考试包括5个项目：倒车入库、坡道定点停车和起步、侧方停车、曲线行驶、直角转弯。

科目三考试由两部分组成，在道路驾驶技能考试之后还应参加安全文明驾驶常识考试。安全文明驾驶常识考试是独立考试科目，单独计分，此部分考试不合格，科目三考试不合格。道路驾驶技能考试"训练16项、考试16项"，小型汽车等考试里程不少于3公里，在白天考试时，应当进行模拟夜间灯光考试。具体要求见表1-1。

表1-1　机动车驾驶证考试项目及合格标准

科　目　一	
考试项目	道路通行、交通信号、交通安全违法行为和交通事故处理、机动车驾驶证申领和使用、机动车登记等规定以及其他道路交通安全法律、法规和规章
合格标准	满分为100分，成绩达到90分的为合格
科　目　二	
考试项目	（1）大型客车、牵引车、城市公交车、中型客车、大型货车考试：桩考、坡道定点停车和起步、侧方停车、通过单边桥、曲线行驶、直角转弯、通过限宽门、通过连续障碍、起伏路行驶、窄路掉头，以及模拟高速公路、连续急弯山区路、隧道、雨（雾）天、湿滑路、紧急情况处置； （2）小型汽车、小型自动挡汽车、残疾人专用小型自动挡载客汽车和低速载货汽车考试：倒车入库、坡道定点停车和起步、侧方停车、曲线行驶、直角转弯； （3）三轮汽车、普通三轮摩托车、普通二轮摩托车和轻便摩托车考试：桩考、坡道定点停车和起步、通过单边桥； （4）轮式自行机械车、无轨电车、有轨电车的考试内容由省级公安机关交通管理部门确定
合格标准	满分为100分，考试大型客车、牵引车、城市公交车、中型客车、大型货车准驾车型的，成绩达到90分的为合格；其他准驾车型的成绩达到80分的为合格
科　目　三	
基本考试项目	（1）道路驾驶技能考试内容：上车准备、起步、直线行驶、加减挡位操作、变更车道、靠边停车、直行通过路口、路口左转弯、路口右转弯、通过人行横道线、通过学校区域、通过公共汽车站、会车、超车、掉头、夜间行驶 （2）安全文明驾驶常识考试内容：安全文明驾驶操作要求、恶劣气象和复杂道路条件下的安全驾驶知识、爆胎等紧急情况下的临危处置方法以及发生交通事故后的处置知识等
具体要求	道路驾驶技能考试在完成以上所有16项考试科目的基础上： （1）大型客车、中型客车考试里程不少于20公里，其中白天考试里程不少于10公里，夜间考试里程不少于5公里； （2）牵引车、城市公交车、大型货车考试里程不少于10公里，其中白天考试里程不少于5公里，夜间考试里程不少于3公里； （3）小型汽车、小型自动挡汽车、低速载货汽车、残疾人专用小型自动挡载客汽车考试里程不少于3公里，在白天考试时，应当进行模拟夜间灯光考试； （4）对大型客车、牵引车、城市公交车、中型客车、大型货车，省级公安机关交通管理部门应当根据实际增加山区、隧道、陡坡等复杂道路驾驶考试内容
合格标准	道路驾驶技能和安全文明驾驶常识考试满分分别为100分，成绩分别达到90分的为合格

2. 考试要求

①申请人科目一考试合格后，可以预约科目二或者科目三道路驾驶技能考试。有条件的地方，申请人可以同时预约科目二、科目三道路驾驶技能考试，预约成功后可以连续进行考试。科目二、科目三道路驾驶技能考试均合格后，申请人可以当日参加科目三安全文明驾驶常识考试。

②初次申请机动车驾驶证或者申请增加准驾车型的，科目一考试合格后，车辆管理所在一日内核发学习驾驶证明。学习驾驶证明的有效期为3年，申请人应当在有效期内完成科目二和科目三考试。未在有效期内完成考试的，已考试合格的科目成绩作废。

③报考小型汽车、小型自动挡汽车、低速载货汽车、三轮汽车、残疾人专用小型自动挡载客汽车、轮式自行机械车、无轨电车、有轨电车准驾车型的，在取得学习驾驶证明满10日后预约考试科目二。

④报考小型汽车、小型自动挡汽车、残疾人专用小型自动挡载客汽车准驾车型的，在取得学习驾驶证明满30日后预约考试科目三。

⑤申请人因故不能按照预约时间参加考试的，应当提前1日申请取消预约。对申请人未按照预约考试时间参加考试的，判定该次考试不合格。

⑥每个科目考试一次，考试不合格的，可以补考一次。不参加补考或者补考仍不合格的，本次考试终止，申请人应当重新预约考试，但科目二、科目三考试应当在10日后预约。科目三安全文明驾驶常识考试不合格的，已通过的道路驾驶技能考试成绩有效。

⑦在学习驾驶证明有效期内，科目二和科目三道路驾驶技能考试预约考试的次数不得超过5次。第5次预约考试仍不合格的，已考试合格的其他科目成绩作废。

二、发证、换证、补证

①申请人考试合格后，应当接受不少于半小时的交通安全文明驾驶常识和交通事故案例警示教育，并参加领证宣誓仪式。车辆管理所应当在申请人参加领证宣誓仪式的当日核发机动车驾驶证。

②机动车驾驶人应当于机动车驾驶证有效期满前90日内，向机动车驾驶证核发地或者核发地以外的车辆管理所申请换证。

③机动车驾驶人户籍迁出原车辆管理所管辖区的，应当向迁入地车辆管理所申请换证。机动车驾驶人在核发地车辆管理所管辖区以外居住的，可以向居住地车辆管理所申请换证。

④具有下列情形之一的，机动车驾驶人应当在30日内到机动车驾驶证核发地或者核发地以外的车辆管理所申请换证。

◆在车辆管理所管辖区域内，机动车驾驶证记载的机动车驾驶人信息发生变化的；

◆机动车驾驶证损毁无法辨认的。

申请时应当填写申请表，并提交机动车驾驶人的身份证明和机动车驾驶证。

⑤机动车驾驶人身体条件发生变化，不符合所持机动车驾驶证准驾车型的条件，但符合准予驾驶的其他准驾车型条件的，应当在30日内到机动车驾驶证核发地或者核发地以外的车辆管理所申请降低准驾车型。

⑥机动车驾驶人身体条件发生变化，不适合驾驶机动车的，应当在30日内到机动车驾驶证核发地车辆管理所申请注销。

⑦机动车驾驶人身体条件不适合驾驶机动车的，不得驾驶机动车。

⑧机动车驾驶证遗失的，机动车驾驶人应当向机动车驾驶证核发地或者核发地以外的车辆管理所申请补发。机动车驾驶人补领机动车驾驶证后，原机动车驾驶证作废，不得继续使用。

⑨机动车驾驶证被依法扣押、扣留或者暂扣期间，机动车驾驶人不得申请补发。

⑩机动车驾驶人应当按照法律、行政法规的规定，定期到公安机关交通管理部门接受审验。对交通违法行为或者交通事故未处理完毕的、身体条件不符合驾驶许可条件的、未按照规定参加学习、教育和考试的，不予通过审验。

⑪年龄在70周岁以上的机动车驾驶人，应当每年进行一次身体检查，在记分周期结束后30日内，提交县级或者部队团级以上医疗机构出具的有关身体条件的证明；持有残疾人专用小型自动挡载客汽车驾驶证的机动车驾驶人，应当每3年进行一次身体检查，在记分周期结束后30

内，提交经省级卫生主管部门指定的专门医疗机构出具的有关身体条件的证明。

三、处罚记分

①道路交通安全违法行为累积记分周期（即记分周期）为12个月，满分为12分，从机动车驾驶证初次领取之日起计算。依据道路交通安全违法行为的严重程度，一次记分的分值为：12分、6分、3分、2分、1分五种。

②对机动车驾驶人的道路交通安全违法行为，处罚与记分同时执行。机动车驾驶人一次有两个以上违法行为记分的，应当分别计算，累加分值。

③道路交通安全违法行为记分分值见表1-2。

表1-2　道路交通安全违法行为及记分分值

违 法 行 为	记分分值
（1）驾驶与准驾车型不符的机动车的； （2）饮酒后驾驶机动车的； （3）驾驶营运客车（不包括公共汽车）、校车载人超过核定人数20％以上的； （4）造成交通事故后逃逸，尚不构成犯罪的； （5）上道路行驶的机动车未悬挂机动车号牌的，或者故意遮挡、污损、不按规定安装机动车号牌的； （6）使用伪造、变造的机动车号牌、行驶证、驾驶证、校车标牌或者使用其他机动车号牌、行驶证的； （7）驾驶机动车在高速公路上倒车、逆行、穿越中央分隔带掉头的； （8）驾驶营运客车在高速公路车道内停车的； （9）驾驶中型以上载客载货汽车、校车、危险物品运输车辆在高速公路、城市快速路上行驶超过规定时速20％以上或者在高速公路、城市快速路以外的道路上行驶超过规定时速50％以上，以及驾驶其他机动车行驶超过规定时速50％以上的； （10）连续驾驶中型以上载客汽车、危险物品运输车辆超过4小时未停车休息或者停车休息时间少于20分钟的； （11）未取得校车驾驶资格驾驶校车的	一次记12分
（1）机动车驾驶证被暂扣期间驾驶机动车的； （2）驾驶机动车违反道路交通信号灯通行的； （3）驾驶营运客车（不包括公共汽车）、校车载人超过核定人数未达20％的，或者驾驶其他载客汽车载人超过核定人数20％以上的； （4）驾驶中型以上载客载货汽车、校车、危险物品运输车辆在高速公路、城市快速路上行驶超过规定时速未达20％的； （5）驾驶中型以上载客载货汽车、校车、危险物品运输车辆在高速公路、城市快速路以外的道路上行驶或者驾驶其他机动车行驶超过规定时速20％以上未达到50％的； （6）驾驶货车载物超过核定载质量30％以上或者违反规定载客的； （7）驾驶营运客车以外的机动车在高速公路车道内停车的； （8）驾驶机动车在高速公路或者城市快速路上违法占用应急车道行驶的； （9）低能见度气象条件下，驾驶机动车在高速公路上不按规定行驶的； （10）驾驶机动车运载超限的不可解体的物品，未按指定的时间、路线、速度行驶或者未悬挂明显标志的； （11）驾驶机动车载运爆炸物品、易燃易爆化学物品以及剧毒、放射性等危险物品，未按指定的时间、路线、速度行驶或者未悬挂警示标志并采取必要的安全措施的； （12）以隐瞒、欺骗手段补领机动车驾驶证的； （13）连续驾驶中型以上载客汽车、危险物品运输车辆以外的机动车超过4小时未停车休息或者停车休息时间少于20分钟的； （14）驾驶机动车不按照规定避让校车的	一次记6分

1

违 法 行 为	记分分值
（1）驾驶营运客车（不包括公共汽车）、校车以外的载客汽车载人超过核定人数未达20%的； （2）驾驶中型以上载客载货汽车、危险物品运输车辆在高速公路、城市快速路以外的道路上行驶或者驾驶其他机动车行驶超过规定时速未达20%的； （3）驾驶货车载物超过核定载质量未达30%的； （4）驾驶机动车在高速公路上行驶低于规定最低时速的； （5）驾驶禁止驶入高速公路的机动车驶入高速公路的； （6）驾驶机动车在高速公路或者城市快速路上不按规定车道行驶的； （7）驾驶机动车行经人行横道，不按规定减速、停车、避让行人的； （8）驾驶机动车违反禁令标志、禁止标线指示的； （9）驾驶机动车不按规定超车、让行，或者逆向行驶的； （10）驾驶机动车违反规定牵引挂车的； （11）在道路上车辆发生故障、事故停车后，不按规定使用灯光和设置警告标志的； （12）上道路行驶的机动车未按规定定期进行安全技术检验的	一次记3分
（1）驾驶机动车行经交叉路口不按规定行车或者停车的； （2）驾驶机动车有拨打、接听手持电话等妨碍安全驾驶的行为的； （3）驾驶二轮摩托车，不戴安全头盔的； （4）驾驶机动车在高速公路或者城市快速路上行驶时，驾驶人未按规定系安全带的； （5）驾驶机动车遇前方机动车停车排队或者缓慢行驶时，借道超车或者占用对面车道、穿插等候车辆的； （6）不按照规定为校车配备安全设备，或者不按照规定对校车进行安全维护的； （7）驾驶校车运载学生，不按照规定放置校车标牌、开启校车标志灯，或者不按照经审核确定的线路行驶的； （8）校车上下学生，不按照规定在校车停靠站点停靠的； （9）校车未运载学生上道路行驶，使用校车标牌、校车标志灯和停车指示标志的； （10）驾驶校车上道路行驶前，未对校车车况是否符合安全技术要求进行检查，或者驾驶存在安全隐患的校车上道路行驶的； （11）在校车载有学生时给车辆加油，或者在校车发动机引擎熄灭前离开驾驶座位的	一次记2分
（1）驾驶机动车不按规定使用灯光的； （2）驾驶机动车不按规定会车的； （3）驾驶机动车载货长度、宽度、高度超过规定的； （4）上道路行驶的机动车未放置检验合格标志、保险标志，未随车携带行驶证、机动车驾驶证的	一次记1分

四、监督管理

①机动车驾驶人初次申请机动车驾驶证和增加准驾车型后的12个月为实习期。

②驾驶人在实习期内驾驶机动车上高速公路行驶，应当由持相应或者更高准驾车型驾驶证三年以上的驾驶人陪同。其中，驾驶残疾人专用小型自动挡载客汽车的，可以由持有小型自动挡载客汽车以上准驾车型驾驶证的驾驶人陪同。

③持有准驾车型为残疾人专用小型自动挡载客汽车的机动车驾驶人驾驶机动车时，应当按规定在车身设置残疾人机动车专用标志。有听力障碍的机动车驾驶人驾驶机动车时，应当佩戴助听设备。

④机动车驾驶人具有下列情形之一的，车辆管理所应当注销其机动车驾驶证。

◆死亡的；

◆提出注销申请的；

◆丧失民事行为能力，监护人提出注销申请的；

◆身体条件不适合驾驶机动车的；

◆有器质性心脏病、癫痫病、美尼尔氏症、眩晕症、癔病、震颤麻痹、精神病、痴呆以及影响肢体活动的神经系统疾病等妨碍安全驾驶疾病的；

◆被查获有吸食、注射毒品后驾驶机动车行为，正在执行社区戒毒、强制隔离戒毒、社区康复措施，或者长期服用依赖性精神药品成瘾尚未戒除的；

◆超过机动车驾驶证有效期一年以上未换证的；

◆年龄在70周岁以上，在一个记分周期结束后一年内未提交身体条件证明的；或者持有残疾人专用小型自动挡载客汽车准驾车型，在三个记分周期结束后一年内未提交身体条件证明的；

◆年龄在60周岁以上，所持机动车驾驶证只具有无轨电车或者有轨电车准驾车型，或者年龄在70周岁以上，所持机动车驾驶证只具有低速载货汽车、三轮汽车、轮式自行机械车准驾车型的；

◆机动车驾驶证依法被吊销或者驾驶许可依法被撤销的。

⑤机动车驾驶人在实习期内发生道路交通安全违法行为被记满12分的，注销其实习的准驾车型驾驶资格。

⑥违法行为及处罚规定见表1-3。

表1-3 《机动车驾驶证申领和使用规定》对相关违法行为的处罚规定

违 法 行 为	处 罚 规 定
隐瞒有关情况或者提供虚假材料申领机动车驾驶证的	申请人在1年内不得再次申领机动车驾驶证
申请人在考试过程中有贿赂、舞弊行为的	取消考试资格，已经通过考试的其他科目成绩无效；申请人在1年内不得再次申领机动车驾驶证
申请人以欺骗、贿赂等不正当手段取得机动车驾驶证的	公安机关交通管理部门收缴机动车驾驶证，撤销机动车驾驶许可；申请人在3年内不得再次申领机动车驾驶证
机动车驾驶人补领机动车驾驶证后，继续使用原机动车驾驶证的； 在实习期内驾驶机动车不符合规定的； 驾驶机动车未按规定粘贴、悬挂实习标志或者残疾人机动车专用标志的	由公安机关交通管理部门处20元以上200元以下罚款
机动车驾驶证被依法扣押、扣留或者暂扣期间，采用隐瞒、欺骗手段补领机动车驾驶证的； 机动车驾驶人身体条件发生变化不适合驾驶机动车，仍驾驶机动车的； 逾期不参加审验仍驾驶机动车的	由公安机关交通管理部门处200元以上500元以下罚款
伪造、变造或者使用伪造、变造的机动车驾驶证的	由公安机关交通管理部门予以收缴，依法拘留，并处2000元以上5000元以下罚款；构成犯罪的，依法追究刑事责任

违 法 行 为	处 罚 规 定
申请人在教练员或者学车专用标识签注的指导人员随车指导下，使用符合规定的机动车学习驾驶中有道路交通安全违法行为或者发生交通事故的	按照《道路交通安全法实施条例》第二十条规定，由教练员或者随车指导人员承担责任
申请人在道路上学习驾驶时，未按照规定随身携带学习驾驶证明	由公安机关交通管理部门处20元以上200元以下罚款
申请人在道路上学习驾驶时，有下列情形之一的： 未按照公安机关交通管理部门指定的路线、时间进行的； 未按照规定放置、粘贴学车专用标识的	由公安机关交通管理部门对教练员或者随车指导人员处20元以上200元以下罚款
申请人在道路上学习驾驶时，有下列情形之一的： 未使用符合规定的机动车的； 自学用车搭载随车指导人员以外的其他人员的	由公安机关交通管理部门对教练员或者随车指导人员处200元以上500元以下罚款
申请人在道路上学习驾驶时，有下列情形之一的： 未取得学习驾驶证明的； 学习驾驶证明超过有效期的； 没有教练员或者随车指导人员的； 由不符合规定的人员随车指导的	由公安机关交通管理部门按照《道路交通安全法》第九十九条第一款第一项规定予以处罚

第二节 | 道路通行规则

为了保证道路的畅通和安全，机动车应当遵守道路通行规则，按照道路交通法律法规的规定通行。

一、道路交通信号

全国实行统一的道路交通信号。交通信号包括交通信号灯、交通标志、交通标线和交通警察的指挥。

（一）交通信号灯

1. 交通信号灯的分类

交通信号灯按照不同的功能，可分为以下几类：机动车信号灯、非机动车信号灯、人行横道信号灯、方向指示信号灯（箭头信号灯）、车道信号灯、闪光警告信号灯和铁路平交道口信号灯。

2. 不同类型交通信号灯的作用

不同交通信号灯的作用

分　类		作　用
机动车信号灯和非机动车信号灯		绿灯亮时，准许车辆通行，但是转弯的车辆不得妨碍被放行的直行车辆、行人通行
		黄灯亮时，已越过停止线的车辆可以继续通行
		红灯亮时，禁止通行，车辆应当在停止线以外停止；右转弯的车辆在不妨碍被放行的车辆、行人通过的情况下，可以通行
车道信号灯		绿色箭头灯亮时，准许本车道车辆按指示方向通行
		红色叉形灯或者红色箭头灯亮时，禁止本车道车辆通行
方向指示信号灯		准许车辆按箭头指示方向通行
		禁止车辆向箭头指示方向通行

闪光警告信号灯：为持续闪烁的黄灯，提示车辆、行人通行时注意瞭望，确认安全后通过。这种灯没有控制交通先行和让行的作用，在闪光警告信号灯闪烁的路口，车辆、行人通行时，既要遵守确保安全的原则，同时还应遵守没有交通信号或交通标志控制路口的通行规定。

人行横道信号灯：人行横道灯由红、绿两色灯组成。在红灯镜面上有一个站立的人形象，在绿灯面上有一个行走的人形象。人行横道灯设在人流较多的重要交叉路口的人行横道两端。灯头面向车行道，与道路中心垂直。

人行横道灯信号有绿灯亮、红灯亮两种信号，其含义与路口信号灯信号的含义相似，即绿灯亮时，准许行人通过人行横道；红灯亮时，禁止行人进入人行横道，但是已经进入人行横道的，可以继续通过或者在道路中心线处停留等候。

道路与铁路平交道口信号灯：两个红灯交替闪烁或者一个红灯亮时，禁止车辆、行人通行；红灯熄灭，允许车辆、行人通行。

（二）交通警察手势信号

交通警察手势信号是交通警察在现场对交通的指挥信号，与标志标线等交通信号相比，具有最高的执行效力。

靠边停车信号

左臂向前上方平伸，掌心向前；右臂向前下方平伸，掌心向左；右臂向左水平摆动，车辆应当靠边停车。

停止信号

左臂向前上方直伸，掌心向前，不准前方车辆通行。

左转弯信号

右臂向前平伸，掌心向前；左臂与手掌平直向右前方摆动，掌心向右，准许车辆左转弯，在不妨碍被放行车辆通行的情况下可以掉头。

右转弯信号

左臂向前平伸，掌心向前；右臂与手掌平直向左前方摆动，手掌向左，准许右方的车辆右转弯。

直行信号

左臂向左平伸，掌心向前；右臂向右平伸，掌心向前，向左摆动，准许右方直行的车辆通行。

减速慢行信号

右臂向右前方平伸，掌心向下；右臂与手掌平直向下方摆动，车辆应当减速慢行。

左转弯待转信号

左臂向左下方平伸，掌心向下；左臂与手掌平直向下方摆动，准许左方左转弯的车辆进入路口，沿左转弯行驶方向靠近路口中心，等候左转弯信号。

变道信号

右臂向前平伸，掌心向左；右臂向左水平摆动，车辆应当腾空指定的车道，减速慢行。

注：①交通警察手势信号采用2007年10月1日起实施的标准，由原来的11种变成了8种；
②道路标志和标线部分根据《道路交通标志和标线》（GB5768－2009）编写。

（三）交通标志

交通标志是用图形符号、颜色和文字，对交通起导向、限制、警告或者指示作用的交通设施。

机动车和行人必须遵守交通标志的规定。遇有交通警察现场指挥时，应当按照交通警察的指挥通行。

1. 警告标志

警告标志的形状为等边三角形，黄底，黑边，黑图案。警告标志用以警告人们注意危险，因此，看到此标志要减速慢行。

交叉路口标志

谨慎慢行，注意横向来车。

十字交叉　　　　环形交叉

Y形交叉

T形交叉

窄路标志

注意前方车行道或路面狭窄情况，适当调整车速。

两侧变窄　　右侧变窄　　左侧变窄　　窄桥

陡坡标志

前方道路陡坡，调整车速，谨慎驾驶。

上陡坡　　　　下陡坡　　　　连续下坡

铁路道口标志

50m　　　100m　　　150m

铁路道口距离标志

无人看守铁路道口　有人看守铁路道口　交叉符号

弯路标志

警告车辆驾驶人前面有弯路，减速慢行。

向左急弯路　　向右急弯路　　连续弯路

反向弯路

其他标志

 注意落石	傍山险路	易滑
堤坝路	绕行	注意横风
注意合流	注意分离式道路	注意保持车距
双向交通	注意非机动车	事故易发路段	过水路面	注意行人
注意信号灯	注意儿童	注意牲畜	注意横风	慢行
施工	路面不平	隧道	渡口	驼峰桥
 注意野生动物	村庄	 注意危险	 路面低洼	路面高突
避险车道	隧道开车灯	建议速度	注意雨（雪）天	注意路面结冰
注意不利气象条件	注意雾天	注意前方车辆排队	注意残疾人	注意潮汐车道

2. 禁令标志

禁令标志一般为圆形，白底，红圈，红杠，黑图案。大多数标志有一个红斜杠。禁令标志限制或禁止机动车和行人在道路交通上的行为。

在少数情况下，禁令标志的外观会与上述情况不一致，如红圈的倒三角形，白底，黑图案。

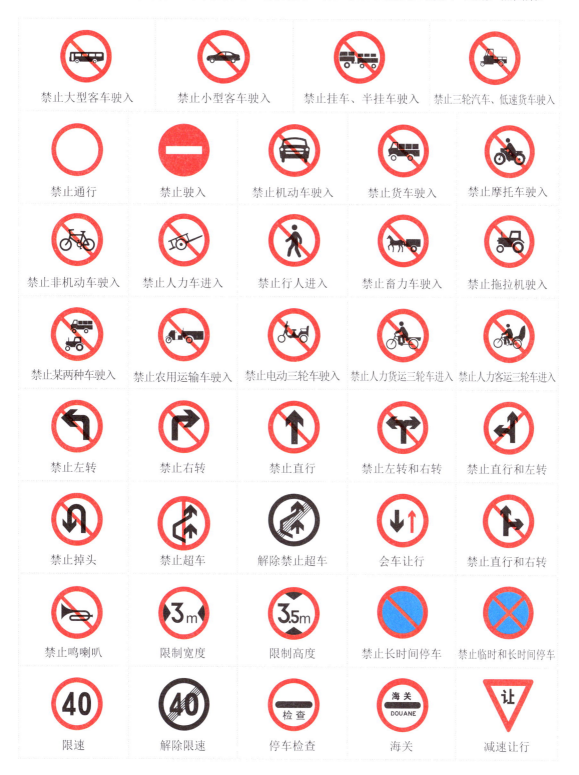

禁止大型客车驶入	禁止小型客车驶入	禁止挂车、半挂车驶入	禁止三轮汽车、低速货车驶入
禁止通行	禁止驶入	禁止机动车驶入	禁止货车驶入	禁止摩托车驶入
禁止非机动车驶入	禁止人力车进入	禁止行人进入	禁止畜力车驶入	禁止拖拉机驶入
禁止某两种车驶入	禁止农用运输车驶入	禁止电动三轮车驶入	禁止人力货运三轮车进入	禁止人力客运三轮车进入
禁止左转	禁止右转	禁止直行	禁止左转和右转	禁止直行和左转
禁止掉头	禁止超车	解除禁止超车	会车让行	禁止直行和右转
禁止鸣喇叭	限制宽度	限制高度	禁止长时间停车	禁止临时和长时间停车
限速	解除限速	停车检查	海关	减速让行

区域禁止长时停车	区域禁止长时停车解除	区域禁止停车	区域禁止停车解除	区域限制速度
区域限制速度解除	禁止运输危险物品车辆驶入	停车让行	限制质量	限制轴重

3.指示标志

指示标志为圆形、长方形或正方形，蓝底，白图案。指示标志没有框，指示车辆和行人必须按指示的方向运动。

直行	左转	右转	直行和左转	直行和右转
向左或向右转	靠右行驶	靠左行驶	立交直行和左转	立交直行和右转
环岛行驶	单行路（向左或向右）	单行路（直行）	步行	鸣喇叭
右转车道	直行车道	直行和右转合用车道	分向行驶车道	公交线路专用车道
掉头车道	直行和左转合用车道	掉头和左转合用车道	机动车车道	多乘员车辆专用车道
分向行驶车道	机动车行驶	非机动车行驶	非机动车道	允许掉头
最低限速	干路先行	会车先行	人行横道	左转车道

4. 指路标志

指路标志为驾驶人提供关于方向、地点等的信息，一般道路指路标志的底色为蓝底，高速公路指路标志的颜色为绿底。少数的标志有黄底、白底等。

（1）路径指引标志

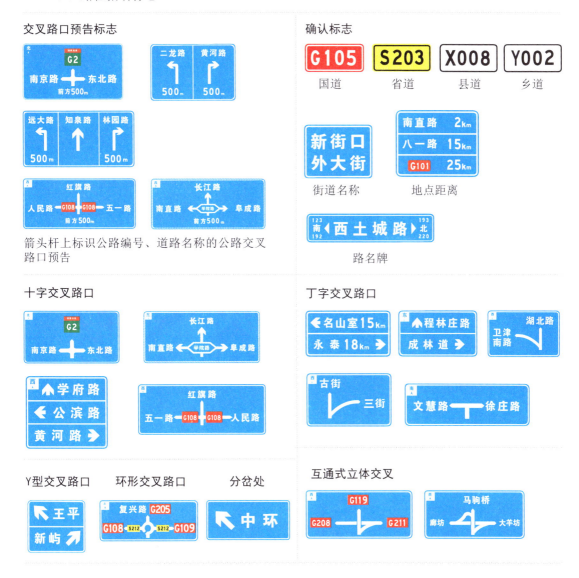

（2）地点指引标志

（3）道路沿线设施指引标志

停车场

休息区　　　观景台

人行天桥　　人行地下通道

残疾人专用设施　错车道　应急避难设施(场所)

（4）其他道路信息指引标志

绕行标志

车道数变少　　　车道数增加

此路不通　隧道出口距离预告　交通监控设备

两侧通行　　右侧通行　　左侧通行

5. 高速公路、城市快速路指路标志

（1）路径指引标志

入口预告

下一出口预告

地点、方向标志　　路名标志

出口编号　　命名编号

编号

右侧出口预告　　　左侧出口预告

地点距离

出口标志及出口地点方向

（2）沿线信息指引标志

高速公路起点　　终点预告　　　终点

停车领卡　　　特殊天气建议速度

终点提示　　　道路交通信息

里程牌　　　　百米牌

车距确认标志

追尾危险　　　车距确认
保持车距　　　前方200m

0m　　　50m　　　100m

车距确认标志设置示例

特殊天气建议速度标志设置示例

（3）沿线设施指引标志

 紧急电话位置指示

 救援电话标志

紧急电话

加油站　　　　　紧急停车带

 不设电子不停车收费
（ETC）车道的收费站
预告

服务区预告　　　停车区预告

 设有电子不停车收费
（ETC）车道的收费站
预告

停车场预告　　　停车场

ETC车道指示　　计重收费

大型车辆爬坡车道　超限监测站

（4）方向指示标志

设置在指路标志版面中的方向指示标志　　设置在指路标志版面外的方向指示标志

6. 旅游区标志

旅游区标志为四边形，底色为棕色。白色图案提供旅游区的名称，旅游项目类别，如徒步区、野营地或游戏场。

（1）指引标志

旅游区距离　　　　旅游区方向

（2）旅游符号

问讯处	野营地	高尔夫球	划船	徒步	游泳
游戏场	潜水	冬季游览区	索道	钓鱼	骑马

7. 其他标志

（1）作业区标志

设在道路养护、施工等路段前适当位置，用以通告道路交通阻断、绕行等情况。

向左行驶　　　向右行驶

路栏　　　锥形交通标志　　　道口标注

（2）辅助标志

距某地200米　　　向左向右各50米　　　向右100米

表示车辆种类、属性　　　货车　　　机动车　　　行驶方向标志

（3）告示标志

（四）交通标线

道路交通标线包括指示标线、禁止标线和警告标线。

交通标线是由标划或安装于道路上的各种线条、箭头、文字、图案及立面标记、实体标记、突起路标和轮廓标等所构成的交通设施，颜色为白色和黄色。

交通标线的作用是向道路使用者传递有关道路交通的规划、警告、指引等信息，与标志配合使用或单独使用。

1. 指示标线

指示标线是指示车行道、行车方向、路面边缘、人行道、停车位、停靠站及减速丘等的标线。

（1）纵向指示标线

可跨越同向车道分界线

  白色虚线，用来分隔同向行驶的交通流。在确保安全的情况下，允许车辆短时越线行驶。

可跨越对向车道分界线

  黄色虚线，用于分隔对向行驶的交通流。车辆在确保安全的情况下，可以越线超车或转弯。

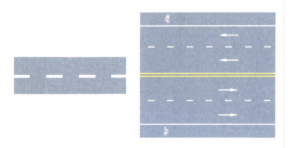 

潮汐车道线

  车辆行驶方向可随交通管理需要进行变化的车道称为潮汐车道，由两条黄色虚线并列组成的双黄虚线作为指示线。

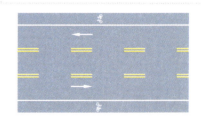

车行道边缘线

用以指示机动车道边缘或用以划分机动车道与非机动车道的分界。

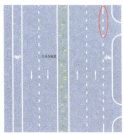

车道边缘白色虚线用以指示车辆可临时越线行驶。跨越边缘虚线行驶的车辆应避让其他正常行驶的车辆、非机动车和行人。

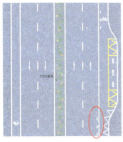

公交车站临近路段、允许路边停车路段等设置车道边缘白色虚实线，虚线侧允许车辆越线行驶，实线侧不允许车辆越线行驶。跨线行驶的车辆应避让其他正常行驶的车辆、非机动车和行人。

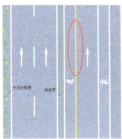

机动车单向行驶且非机动车双向行驶的路段，在机动车道与对向非机动车道之间应施划黄色单实线作为车行道边缘线。

左转弯待转区线

白色虚线，用来指示左转弯车辆在直行时段进入待转区等待左转。

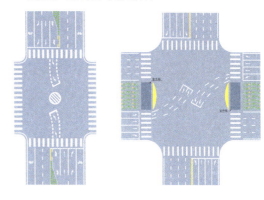

路口导向线

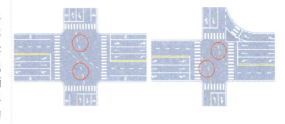

导向车道线

导向车道线设置示例　　可变导向车道标线

（2）横向指示标线

人行横道预告　　**距离确认标线**

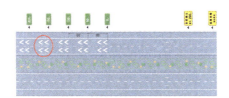

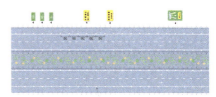

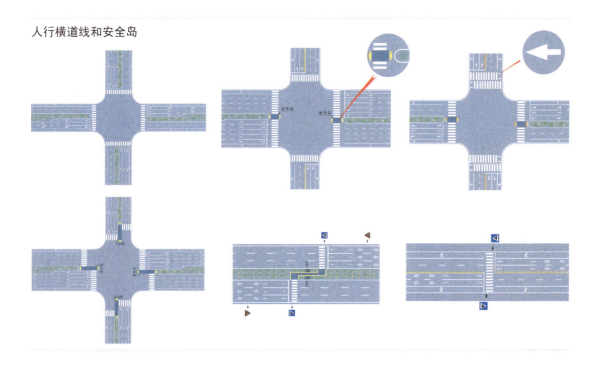

人行横道线和安全岛

（3）其他指示标线

道路出入口标线

引导车辆驶出、驶入。

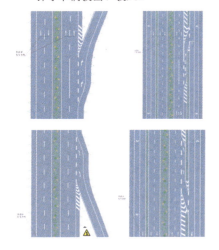

停车位标线

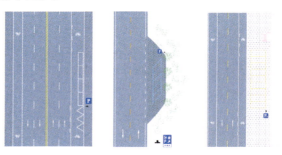

固定停车方向停车位

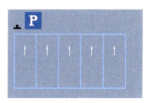

出租车专用停车位

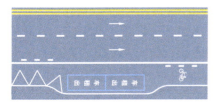

残疾人专用停车位

机动车限时停车位

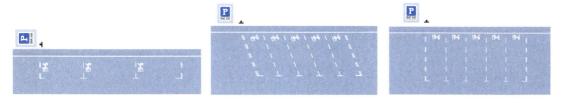

导向箭头

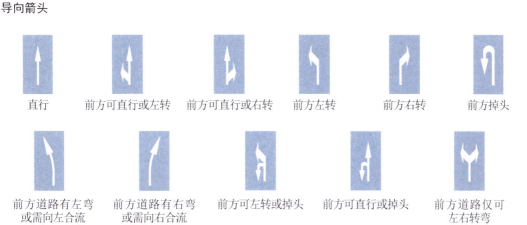

| 直行 | 前方可直行或左转 | 前方可直行或右转 | 前方左转 | 前方右转 | 前方掉头 |

前方道路有左弯 或需向左合流　前方道路有右弯 或需向右合流　前方可左转或掉头　前方可直行或掉头　前方道路仅可 左右转弯

路面文字标记

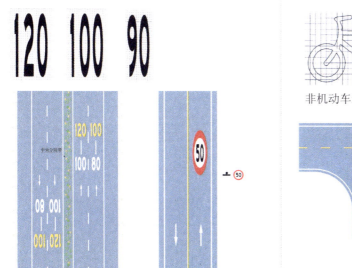

路面图形标记

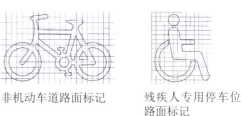

非机动车道路面标记　　残疾人专用停车位 路面标记

注意前方路面状况标记

2. 禁止标线

禁止标线是告示道路交通的遵行、禁止、限制等特殊规定的标线。

（1）纵向禁止标线

禁止跨越对向车行道分界线

　双黄实线　禁止双方向车辆越线或压线行驶。

　黄色虚实线　虚线一侧允许车辆暂时越线或转弯，实线一侧禁止车辆越线或压线行驶。

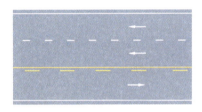

　黄色单实线　禁止双方向车辆越线或压线行驶。

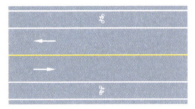

禁止跨越同向车行道分界线

　白色实线　禁止跨越同向车行道分界线。

禁止停车线

　禁止长时间停车线　禁止路边长时停放车辆，但在一般情况下允许装卸货物或上下人员的临时停放。

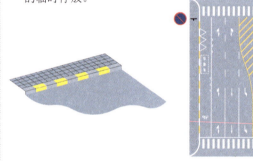

　禁止停车线　禁止路边停放车辆。

（2）横向禁止标线

　停止线　白色实线，表示车辆让行、等候放行等情况下的停车位置。

　停车让行线　两条白色平行实线和一个白色"停"字，车辆在此路口应该让主干道车辆先行。

　减速让行线　两条白色平行虚线和白色倒三角形，车辆在此路口应该让主干道车辆先行。

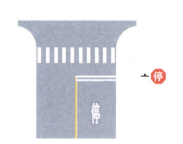

（3）其他禁止标线

非机动车禁驶区标线

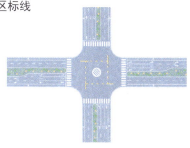

中心圈

　　白色，圆形或菱形。设在平面交叉路口的中心，用以区分车辆大、小转弯或作为交叉口车辆左右转弯的标志，车辆不得压线行驶。

导流线

　　颜色为白色，与道路中心线相连时，也可能是黄色。车辆需按规定的路线行驶，不得压线或越线行驶。

十字交叉口导流线　　T形交叉口导流线

平面环形交叉口导流线

专用车道

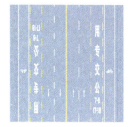 

公交车专用车道　　　　小型车专用车道

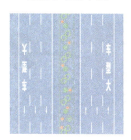 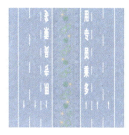

大型车专用车道　　　多乘员车专用车道

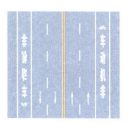

非机动车专用车道

网状线

　　黄色，禁止以任何理由停车的区域。

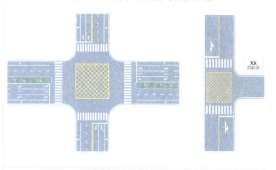

禁止掉头（转弯）标记

　　禁止车辆掉头或转弯的路口或区间。

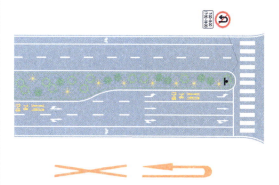

3. 警告标线

警告标线是促使道路使用者了解道路上的特殊情况，提高警觉，准备防范应变措施的标线。

（1）纵向警告标线

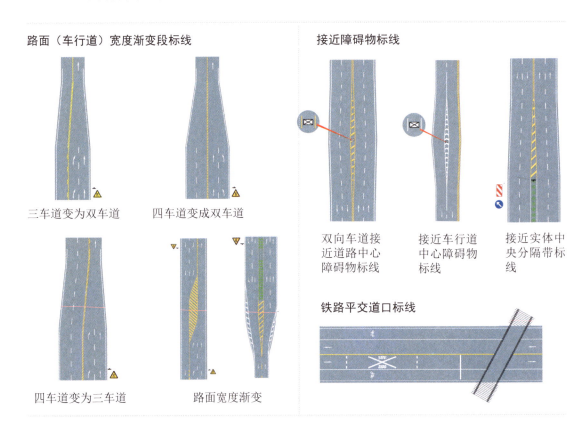

路面（车行道）宽度渐变段标线

三车道变为双车道　　四车道变成双车道

四车道变为三车道　　路面宽度渐变

接近障碍物标线

双向车道接近道路中心障碍物标线　　接近车行道中心障碍物标线　　接近实体中央分隔带标线

铁路平交道口标线

（2）横向警告标线

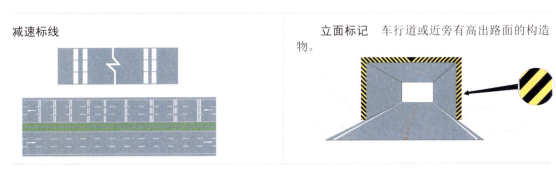

减速标线

立面标记　车行道或近旁有高出路面的构造物。

（3）其他警告标线

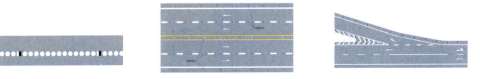

突起路标　用来标记对向车行道分界线、同向车行道分界线、车行道边缘线等，也可用来标记弯道、进出口匝道、导流标线、道路变窄、路面障碍物等危险路段。

二、道路通行规定

（一）右侧通行

机动车、非机动车实行右侧通行。

（二）分道通行

①根据道路条件和通行需要，道路划分为机动车道、非机动车道和人行道的，机动车、非机动车、行人实行分道通行。没有划分机动车道、非机动车道和人行道的，机动车在道路中间通行，非机动车和行人在道路两侧通行。

②道路划设专用车道的，在专用车道内，只准许规定的车辆通行，其他车辆不得进入专用车道内行驶。

③机动车遇有前方车辆停车排队等候或者缓慢行驶时，不得借道超车或者占用对面车道，不得穿插等候的车辆。

（三）安全通行

①车辆、行人应当按照交通信号通行；遇有交通警察现场指挥时，应当按照交通警察的指挥通行；在没有交通信号的道路上，应当在确保安全、畅通的原则下通行。

②机动车通过铁路道口时，应当按照交通信号或者管理人员的指挥通行；没有交通信号或者管理人员的，应当减速或者停车，在确认安全后通过。

（四）交叉路口通行规定

①机动车通过有交通信号灯控制的交叉路口，应当按照下列规定通行。

◆在划有导向车道的路口，按所需行进方向驶入导向车道；

◆准备进入环形路口的让已在路口内的机动车先行；

◆向左转弯时，靠路口中心点左侧转弯。转弯时开启转向灯，夜间行驶开启近光灯；

◆遇放行信号时，依次通过；

◆遇停止信号时，依次停在停止线以外。没有停止线的，停在路口以外；

◆向右转弯遇有同车道前车正在等候放行信号时，依次停车等候；

◆在没有方向指示信号灯的交叉路口，转弯的机动车让直行的车辆、行人先行。相对方向行驶的右转弯机动车让左转弯车辆先行。

②机动车通过没有交通信号灯控制也没有交通警察指挥的交叉路口，应当遵守下列规定。

◆准备进入环形路口的让已在路口内的机动车先行；

◆向左转弯时，靠路口中心点左侧转弯。转弯时开启转向灯，夜间行驶开启近光灯；

◆有交通标志、标线控制的，让优先通行的一方先行；

◆没有交通标志、标线控制的，在进入路口前停车瞭望，让右方道路的来车先行；

◆转弯的机动车让直行的车辆先行；

◆相对方向行驶的右转弯的机动车让左转弯的车辆先行。

③机动车遇有前方交叉路口交通阻塞时，应当依次停在路口以外等候，不得进入路口。

④机动车在遇有前方机动车停车排队等候或者缓慢行驶时，应当依次排队，不得从前方车辆两侧穿插或者超越行驶，不得在人行横道、网状线区域内停车等候。

⑤机动车在车道减少的路口、路段，遇有前方机动车停车排队等候或者缓慢行驶的，应当每车道一辆依次交替驶入车道减少后的路口、路段。

（五）铁路道口、渡口和居民区通行规定

①机动车载运超限物品行经铁路道口的，应当按照当地铁路部门指定的铁路道口、时间通过。

②机动车行经渡口，应当服从渡口管理人员指挥，按照指定地点依次待渡。机动车上下渡船时，应当低速慢行。

③在单位院内、居民居住区内，机动车应当低速行驶，避让行人；有限速标志的，按照限速标志行驶。

（六）漫水路或漫水桥通行规定

机动车行经漫水路或者漫水桥时，应当停车察明水情，确认安全后，低速通过。

（七）变更车道规定

在道路同方向划有2条以上机动车道的，变更车道的机动车不得影响相关车道内行驶的机动车的正常行驶。

（八）跟车规定

同车道行驶的机动车，后车应当与前车保持足以采取紧急制动措施的安全距离。

（九）超车规定

机动车超车时，应当提前开启左转向灯、变换使用远、近光灯或者鸣喇叭。在没有道路中心线或者同方向只有1条机动车道的道路上，前车遇后车发出超车信号时，在条件许可的情况下，应当降低速度、靠右让路。后车应

当在确认有充足的安全距离后，从前车的左侧超越，在与被超车辆拉开必要的安全距离后，开启右转向灯，驶回原车道。

（十）禁止超车规定

有下列情形之一的，不得超车。

◆前车正在左转弯、掉头、超车的；

◆与对面来车有会车可能的；

◆前车为执行紧急任务的警车、消防车、救护车、工程救险车的；

◆行经铁路道口、交叉路口、窄桥、弯道、陡坡、隧道、人行横道、市区交通流量大的路段等没有超车条件的。

（十一）会车规定

在没有中心隔离设施或者没有中心线的道路上，机动车遇相对方向来车时应当遵守下列规定。

①减速靠右行驶，并与其他车辆、行人保持必要的安全距离。

②在有障碍的路段，无障碍的一方先行；但有障碍的一方已驶入障碍路段而无障碍的一方未驶入时，有障碍的一方先行。

③在狭窄的坡路，上坡的一方先行；但下坡的一方已行至中途而上坡的一方未上坡时，下坡的一方先行；

④在狭窄的山路，不靠山体的一方先行。

⑤夜间会车应当在距相对方向来车150米以外改用近光灯，在窄路、窄桥与非机动车会车时应当使用近光灯。

（十二）掉头规定

①机动车在有禁止掉头或者禁止左转弯标志、标线的地点以及在铁路道口、人行横道、桥梁、急弯、陡坡、隧道或者容易发生危险的路段，不得掉头。

②机动车在没有禁止掉头或者没有禁止左转弯标志、标线的地点可以掉头，但不得妨碍正常行驶的其他车辆和行人的通行。

（十三）倒车规定

①机动车倒车时，应当察明车后情况，确认安全后倒车。

②不得在铁路道口、交叉路口、单行路、桥梁、急弯、陡坡或者隧道中倒车。

③高速公路上不得倒车。

第三节 | 道路驾驶行为要求

　　驾驶人的驾驶行为影响道路交通安全，驾驶人一定要掌握正确的驾驶行为要求，严格约束自己的驾驶行为。

一、安全驾驶

　　①机动车载人不得超过核定的人数，客运机动车不得违反规定载货。

　　②机动车行驶时，驾驶人、乘坐人员应当按规定使用安全带，摩托车驾驶人及乘坐人员应当按规定戴安全头盔。

　　③机动车在道路上发生故障，需要停车排除故障时，驾驶人应当立即开启危险报警闪光灯，将机动车移至不妨碍交通的地方停放；难以移动的，应当持续开启危险报警闪光灯，并在来车方向设置警告标志等措施扩大示警距离，必要时迅速报警。

二、文明礼让

　　①机动车通过交叉路口，应当按照交通信号灯、交通标志、交通标线或者交通警察的指挥通过；通过没有交通信号灯、交通标志、交通标线或者交通警察指挥的交叉路口时，应当减速慢行，并让行人和优先通行的车辆先行。

　　②机动车行经人行横道时，应当减速行驶；遇行人正在通过人行横道，应当停车让行。机动车行经没有交通信号的道路时，遇行人横过道路，应当避让。

　　③警车、消防车、救护车、工程救险车执行紧急任务时，可以使用警报器、标志灯具；在确保安全的前提下，不受行驶路线、行驶方向、行驶速度和信号灯的限制，其他车辆和行人应当让行。

　　④道路养护车辆、工程作业车进行作业时，在不影响过往车辆通行的前提下，其行驶路线和方向不受交通标志、标线限制，过往车辆和人员应当注意避让。

三、按规定速度驾驶

　　①机动车上道路行驶，不得超过限速标志标明的最高时速。在没有限速标志的路段，应

当保持安全车速。

②夜间行驶或者在容易发生危险的路段行驶，以及遇有沙尘、冰雹、雨、雪、雾、结冰等气象条件时，应当降低行驶速度。

③在道路同方向划有2条以上机动车道的，左侧为快速车道，右侧为慢速车道。在快速车道行驶的机动车应当按照快速车道规定的速度行驶，未达到快速车道规定的行驶速度的，应当在慢速车道行驶。有交通标志标明行驶速度的，按照标明的行驶速度行驶。慢速车道内的机动车超越前车时，可以借用快速车道行驶。

④在道路同方向划有2条以上机动车道的，变更车道的机动车不得影响相关车道内行驶的机动车的正常行驶。

⑤机动车在道路上行驶不得超过限速标志、标线标明的速度。在没有限速标志、标线的道路上，机动车不得超过下列最高行驶速度。

◆没有道路中心线的道路，城市道路为每小时30公里，公路为每小时40公里；

◆同方向只有1条机动车道的道路，城市道路为每小时50公里，公路为每小时70公里。

⑥机动车行驶中遇有下列情形之一的，最高行驶速度不得超过每小时30公里。

◆进出非机动车道，通过铁路道口、急弯路、窄路、窄桥时；

◆掉头、转弯、下陡坡时；

◆遇雾、雨、雪、沙尘、冰雹，能见度在50米以内时；

◆在冰雪、泥泞的道路上行驶时；

◆牵引发生故障的机动车时。

四、按规定使用灯光

①机动车应当按照下列规定使用转向灯。

◆向左转弯、向左变更车道、准备超车、驶离停车地点或者掉头时，应当提前开启左转向灯；

◆向右转弯、向右变更车道、超车完毕驶回原车道、靠路边停车时，应当提前开启右转向灯。

②机动车在夜间没有路灯、照明不良或者遇有雾、雨、雪、沙尘、冰雹等低能见度情况下行驶时，应当开启前照灯、示廓灯和后位灯，但同方向行驶的后车与前车近距离行驶时，不得使用远光灯。机动车雾天行驶应当开启雾灯和危险报警闪光灯。

③机动车在夜间通过急弯、坡路、拱桥、人行横道或者没有交通信号灯控制的路口时，应当交替使用远近光灯示意。机动车驶近急弯、坡道顶端等影响安全视距的路段以及超车或者遇有紧急情况时，应当减速慢行，并鸣喇叭示意。

④机动车在道路上发生故障或者发生交通事故，妨碍交通又难以移动的，应当按照规定开启危险报警闪光灯并在车后50米至100米处设置警告标志，夜间还应当同时开启示廓灯和后位灯。

五、按规定停车

①机动车应当在规定地点停放。

②在道路上临时停车的，不得妨碍其他车辆和行人通行。

③机动车在道路上临时停车，应当遵守下列规定。

◆在设有禁停标志、标线的路段，在机动车道与非机动车道、人行道之间设有隔离设施的路段以及人行横道、施工地段，不得停车；

◆交叉路口、铁路道口、急弯路、宽度不足4米的窄路、桥梁、陡坡、隧道以及距离上述地点50米以内的路段，不得停车；

◆公共汽车站、急救站、加油站、消防栓或者消防队(站)门前以及距离上述地点30米以内的路段，除使用上述设施的以外，不得停车；

◆车辆停稳前不得开车门和上下人员，开关车门不得妨碍其他车辆和行人通行；

◆路边停车应当紧靠道路右侧，机动车驾驶人不得离车，上下人员或者装卸物品后，立即驶离；

◆城市公共汽车不得在站点以外的路段停车上下乘客。

六、按规定牵引故障车

①牵引故障机动车应当遵守下列规定。

◆被牵引的机动车除驾驶人外不得载人，不得拖带挂车；

◆被牵引的机动车宽度不得大于牵引机动车的宽度；

◆使用软连接牵引装置时，牵引车与被牵引车之间的距离应当大于4米小于10米；

◆对制动失效的被牵引车，应当使用硬连接牵引装置牵引；

◆牵引车和被牵引车均应当开启危险报警闪光灯。

②摩托车不得牵引车辆或者被其他车辆牵引。

③转向或者照明、信号装置失效的故障机动车，应当使用专用清障车拖曳。

七、高速公路特别规定

（一）行驶速度规定

①高速公路应当标明车道的行驶速度，最高车速不得超过每小时120公里，最低车速不得低于每小时60公里。

②同方向有2条车道的，左侧车道的最低车速为每小时100公里；同方向有3条以上车道的，最左侧车道的最低车速为每小时110公里，中间车道的最低车速为每小时90公里。道路限速标志标明的车速与上述车道行驶车速的规定不一致的，按照道路限速标志标明的车速行驶。

（二）进出高速公路规定

1.禁入规定

行人、非机动车、拖拉机、轮式专用机械车、铰接式客车、全挂拖斗车以及其他设计最高时速低于70公里的机动车，不得进入高速公路。

2.驶入规定

机动车进入高速公路起点后，应尽快将车速提升到60公里/小时以上；机动车从匝道驶入高速公路，应当开启左转向灯，在不妨碍已在高速公路内的机动车正常行驶的情况下驶入车道。

3.驶离规定

机动车驶离高速公路时，应当开启右转向灯，驶入减速车道，降低车速后驶离。

（三）高速公路行驶规定

①机动车在高速公路上行驶，车速超过每小时100公里时，应当与同车道前车保持100米以上的距离，车速低于每小时100公里时，与同车道前车距离可以适当缩短，但最小距离不得少于50米。

②机动车在高速公路上行驶，遇有雾、雨、雪、沙尘、冰雹等低能见度气象条件时，应当遵守下列规定。

表1-4　高速公路低能见度条件下车辆灯光、速度和安全距离的规定

能见度(米)	应开启的车辆灯光	最高车速(公里/小时)	安全间距(米)
＜200	雾灯、近光灯、示廓灯和前后位灯	60	＞100
＜100	雾灯、近光灯、示廓灯、前后位灯和危险报警闪光灯	40	＞50
＜50		20	从最近的出口尽快驶离

③机动车在高速公路上发生故障，需要停车排除故障时，驾驶人应当立即开启危险报警闪光灯，将机动车移至不妨碍交通的地方停放；难以移动的，应当持续开启危险报警闪光灯，并在故障车来车方向150米以外设置警告标志，车上人员应当迅速转移到右侧路肩上或者应急车道内，并且迅速报警。

④机动车通过施工作业路段时，应当注意警示标志，减速行驶。

（四）高速公路禁止行为

机动车在高速公路上行驶，不得有下列行为。

①倒车、逆行、穿越中央分隔带掉头或者在车道内停车。

②在匝道、加速车道或者减速车道上超车。

③骑、轧车行道分界线或者在路肩上行驶。

④非紧急情况时在应急车道行驶或者停车。

⑤试车或者学习驾驶机动车。

第四节 | 道路交通违法行为及处罚、处理规定

驾驶人违反道路交通安全法律、法规不但危及自身安全，更会危及他人和社会的安全，必会受到法律的严惩。机动车驾驶人应非常熟悉哪些行为属于违法违规行为，在驾驶过程中坚决避免此种行为。

一、禁止行为

为了保证行车的安全，《中华人民共和国道路交通安全法》实施条例规定驾驶机动车不得有下列行为。

①在车门、车厢没有关好时行车。

②在机动车驾驶室的前后窗范围内悬挂、放置妨碍驾驶人视线的物品。

③拨打接听手持电话、观看电视等妨碍安全驾驶的行为。

④下陡坡时熄火或者空挡滑行。

⑤向道路上抛撒物品。

⑥连续驾驶机动车超过4小时未停车休息或者停车休息时间少于20分钟。

⑦在禁止鸣喇叭的区域或者路段鸣喇叭。

禁止行车中拨打接听、查看手持电话

禁止疲劳驾驶

二、《中华人民共和国道路交通安全法》及其实施条例对违法行为的处罚规定

《中华人民共和国道路交通安全法》（以下简称《道路交通安全法》）及其实施条例对各种违反道路交通安全的行为及处罚做有明确规定，从法律、法规层面禁止道路交通违法行为。

公安机关交通管理部门及其交通警察应当依据事实和《道路交通安全法》的有关规定对道路交通安全违法行为予以处罚。对道路交通安全违法行为的处罚种类包括：警告、罚款、暂扣或者吊销机动车驾驶证、拘留。

表1-5 《道路交通安全法》对部分违法行为的处罚规定

违 法 行 为	处 罚 规 定
情节轻微，未影响道路通行的	指出违法行为，给予口头警告后放行
违反道路交通安全法律、法规关于道路通行规定，且无另行处罚规定的	处警告或者20元以上200元以下罚款
饮酒后驾驶机动车的	处暂扣6个月机动车驾驶证，并处1000元以上2000元以下罚款

违 法 行 为	处 罚 规 定
因饮酒后驾驶机动车被处罚,再次饮酒后驾驶机动车的	处10日以下拘留,并处1000元以上2000元以下罚款,吊销机动车驾驶证
醉酒驾驶机动车的	由公安机关交通管理部门约束至酒醒,吊销机动车驾驶证,依法追究刑事责任;5年内不得重新取得机动车驾驶证
饮酒后驾驶营运机动车的	处15日拘留,并处5000元罚款,吊销机动车驾驶证,5年内不得重新取得机动车驾驶证
醉酒驾驶营运机动车的	由公安机关交通管理部门约束至酒醒,吊销机动车驾驶证,依法追究刑事责任;10年内不得重新取得机动车驾驶证,重新取得机动车驾驶证后,不得驾驶营运机动车
饮酒后或者醉酒驾驶机动车发生重大交通事故,构成犯罪的	依法追究刑事责任,并由公安机关交通管理部门吊销机动车驾驶证,终生不得重新取得机动车驾驶证
载客超过额定乘员的	处200元以上500元以下罚款,由公安机关交通管理部门扣留机动车至违法状态消除
载客超过额定乘员20%或者违反规定载货的	处500元以上2000元以下罚款,由公安机关交通管理部门扣留机动车至违法状态消除
违反道路交通安全法律、法规关于机动车停放、临时停车规定的	指出违法行为,并予以口头警告,令其立即驶离
机动车驾驶人不在现场或者虽在现场但拒绝立即驶离,妨碍其他车辆、行人通行的	处20元以上200元以下罚款,并可以将该机动车拖移至不妨碍交通的地点或者公安机关交通管理部门指定的地点停放
上道路行驶的机动车未悬挂机动车号牌,未放置检验合格标志、保险标志,或者未随车携带行驶证、驾驶证的	公安机关交通管理部门应当扣留机动车,通知当事人提供相应的牌证、标志或者补办相应手续,并可处警告或者20元以上200元以下罚款
故意遮挡、污损或者不按规定安装机动车号牌的	处警告或者20元以上200元以下罚款
伪造、变造或者使用伪造、变造的机动车登记证书、号牌、行驶证、驾驶证的	由公安机关交通管理部门予以收缴,扣留该机动车,处15日以下拘留,并处2000元以上5000元以下罚款;构成犯罪的,依法追究刑事责任
伪造、变造或者使用伪造、变造的检验合格标志、保险标志的	由公安机关交通管理部门予以收缴,扣留该机动车,处10日以下拘留,并处1000元以上3000元以下罚款;构成犯罪的,依法追究刑事责任
使用其他车辆的机动车登记证书、号牌、行驶证、检验合格标志、保险标志的	由公安机关交通管理部门予以收缴,扣留该机动车,处2000元以上5000元以下罚款
非法安装警报器、标志灯具的	由公安机关交通管理部门强制拆除,予以收缴,并处200元以上2000元以下罚款
机动车所有人、管理人未按照国家规定投保机动车第三者责任强制保险的	由公安机关交通管理部门扣留车辆至依照规定投保后,并处依照规定投保最低责任限额应缴纳的保险费的2倍罚款

违 法 行 为	处 罚 规 定
未取得机动车驾驶证、机动车驾驶证被吊销或者机动车驾驶证被暂扣期间驾驶机动车的	处200元以上2000元以下罚款，并处15日以下拘留
造成交通事故后逃逸，尚不构成犯罪的	
强迫机动车驾驶人违反道路交通安全法律、法规和机动车安全驾驶要求驾驶机动车，造成交通事故，尚不构成犯罪的	
违反交通管制的规定强行通行，不听劝阻的	
故意损毁、移动、涂改交通设施，造成危害后果，尚不构成犯罪的	
非法拦截、扣留机动车辆，不听劝阻，造成交通严重阻塞或者较大财产损失的	
将机动车交由未取得机动车驾驶证或者机动车驾驶证被吊销、暂扣的人驾驶的	处200元以上2000元以下罚款，并处吊销机动车驾驶证
机动车行驶超过规定时速50%的	
驾驶拼装的机动车或者已达到报废标准的机动车上道路行驶的	
违反道路交通安全法律、法规的规定，发生重大交通事故，构成犯罪的	依法追究刑事责任，并由公安机关交通管理部门吊销机动车驾驶证
造成交通事故后逃逸的	由公安机关交通管理部门吊销机动车驾驶证，且终生不得重新取得机动车驾驶证

表1-6 《道路交通安全法》实施条例对部分违法行为的处罚规定

违 法 行 为	处 罚 规 定
不能出示本人有效驾驶证，又无其他机动车驾驶人即时替代驾驶的	公安机关交通管理部门除依法给予处罚外，可以将其驾驶的机动车移至不妨碍交通的地点或者有关部门指定的地点停放
驾驶的机动车与驾驶证载明的准驾车型不符，又无其他机动车驾驶人即时替代驾驶的	
饮酒、服用国家管制的精神药品或者麻醉药品、患有妨碍安全驾驶的疾病，或者过度疲劳仍继续驾驶，又无其他机动车驾驶人即时替代驾驶的	
学习驾驶人员没有教练人员随车指导单独驾驶，又无其他机动车驾驶人即时替代驾驶的	
机动车驾驶人有饮酒、醉酒、服用国家管制的精神药品或者麻醉药品嫌疑的	应当接受测试、检验

三、道路交通安全违法行为处理程序规定

为了规范道路交通安全违法行为处理程序，保障公安机关交通管理部门正确履行职责，保护公民、法人和其他组织的合法权益，《道路交通安全违法行为处理程序规定》规定了公安机关交通管理部门及其交通警察对道路交通安全违法行为的处理方式和程序。

（一）违法行为的现场处理

交通警察调查违法行为时，应当查验机动车驾驶证、行驶证、机动车号牌，检验合格标志、保险标志等牌证以及机动车和驾驶人违法信息。

调查中需要采取行政强制措施的，依照法律、法规及国家有关规定实施。

交通警察对机动车驾驶人不在现场的违法停放机动车行为，应当在机动车侧门玻璃上粘贴违法停车告知单，并采取拍照或者录像方式固定相关证据。

（二）违法行为的非现场处理

交通技术监控设备记录的违法行为信息录入道路交通违法信息管理系统后3日内，公安机关交通管理部门应当向社会提供查询；并可以通过邮寄、发送手机短信、电子邮件等方式通知机动车所有人或者管理人。

对交通技术监控设备记录的违法行为，当事人应当及时到公安机关交通管理部门接受处理。

交通技术监控资料记录的违法行为可以由

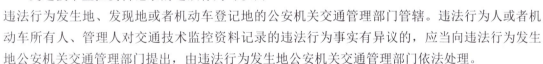

违法行为发生地、发现地或者机动车登记地的公安机关交通管理部门管辖。违法行为人或者机动车所有人、管理人对交通技术监控资料记录的违法行为事实有异议的，应当向违法行为发生地公安机关交通管理部门提出，由违法行为发生地公安机关交通管理部门依法处理。

（三）针对违法行为的行政强制措施

公安机关交通管理部门及其交通警察对道路交通安全违法行为，应当及时纠正。针对道路交通违法行为的行政强制措施包括：扣留车辆，扣留机动车驾驶证，拖移机动车，检验体内酒精、国家管制的精神药品、麻醉药品含量，收缴物品等。具体如表1-7所示。

表1-7 《道路交通安全违法行为处理程序规定》对违法行为的行政强制措施

违 法 行 为	强 制 措 施
上道路行驶的机动车未悬挂机动车号牌，未放置检验合格标志、保险标志，或者未随车携带机动车行驶证、驾驶证的	扣留车辆
有伪造、变造或者使用伪造、变造的机动车登记证书、号牌、行驶证、检验合格标志、保险标志、驾驶证或者使用其他车辆的机动车登记证书、号牌、行驶证、检验合格标志、保险标志嫌疑的	
未按照国家规定投保机动车交通事故责任强制保险的	
公路客运车辆或者货运机动车超载的	
机动车有被盗抢嫌疑的	
机动车有拼装或者达到报废标准嫌疑的	
未申领《剧毒化学品公路运输通行证》通过公路运输剧毒化学品的	
非机动车驾驶人拒绝接受罚款处罚的	
发生道路交通事故，因收集证据需要的	
饮酒后驾驶机动车的	扣留机动车驾驶证
将机动车交由未取得机动车驾驶证或者机动车驾驶证被吊销、暂扣的人驾驶的	
机动车行驶超过规定时速50%的	
驾驶有拼装或者达到报废标准嫌疑的机动车上道路行驶的	
在1个记分周期内累积记分达到12分的	
对酒精呼气测试等方法测试的酒精含量结果有异议的	检验体内酒精、国家管制的精神药品、麻醉药品含量
涉嫌饮酒、醉酒驾驶车辆发生交通事故的	
涉嫌服用国家管制的精神药品、麻醉药品后驾驶车辆的	
拒绝配合酒精呼气测试等方法测试的	
对酒后行为失控或者拒绝配合检验的	可以使用约束带或者警绳等约束性警械
违反机动车停放、临时停车规定，驾驶人不在现场或者虽在现场但拒绝立即驶离，妨碍其他车辆、行人通行的	可以将机动车拖移至不妨碍交通的地点或者公安机关交通管理部门指定的地点
对非法安装警报器、标志灯具的	强制拆除，予以收缴，并依法予以处罚
扣留的拼装或者已达到报废标准的机动车	予以收缴
伪造、变造或者使用伪造、变造的机动车登记证书、号牌、行驶证、检验合格标志、保险标志、驾驶证的	
使用其他车辆的机动车登记证书、号牌、行驶证、检验合格标志、保险标志的	

（四）违法行为简易处罚程序

对违法行为人处以警告或者200元以下罚款的，可以适用简易程序。

适用简易程序处罚的，可以由一名交通警察作出，并按照下列程序实施。

①口头告知违法行为人违法行为的基本事实、拟作出的行政处罚、依据及其依法享有的权利。

②听取违法行为人的陈述和申辩，违法行为人提出的事实、理由或者证据成立的，应当采纳。

③制作简易程序处罚决定书。

④处罚决定书应当由被处罚人签名、交通警察签名或者盖章，并加盖公安机关交通管理部门印章；被处罚人拒绝签名的，交通警察应当在处罚决定书上注明。

⑤处罚决定书应当当场交付被处罚人；被处罚人拒收的，由交通警察在处罚决定书上注明，即为送达。

⑥交通警察应当在2日内将简易程序处罚决定书报所属公安机关交通管理部门备案。

（五）违法行为的消除

对公路客运车辆载客超过核定乘员、货运机动车超过核定载质量的，公安机关交通管理部门应当按照下列规定消除违法状态。

①违法行为人可以自行消除违法状态的，应当在公安机关交通管理部门的监督下，自行将超载的乘车人转运、将超载的货物卸载。

②违法行为人无法自行消除违法状态的，对超载的乘车人，公安机关交通管理部门应当及时通知有关部门联系转运；对超载的货物，应当在指定的场地卸载，并由违法行为人与指定场地的保管方签订卸载货物的保管合同。

③消除违法状态的费用由违法行为人承担。违法状态消除后，应当立即退还被扣留的机动车。

四、刑法的相关规定

《中华人民共和国刑法》对道路交通违法行为及其处罚也作有相关规定。

①违反交通运输管理法规，因而发生重大事故，致人重伤、死亡或者使公私财产遭受重大损失的，处3年以下有期徒刑或者拘役；交通运输肇事后逃逸或者有其他特别恶劣情节的，处3年以上7年以下有期徒刑；因逃逸致人死亡的，处7年以上有期徒刑。

②在道路上驾驶机动车追逐竞驶，情节恶劣的，或者在道路上醉酒驾驶机动车的，处拘役，并处罚金。

有前款行为，同时构成其他犯罪的，依照处罚较重的规定定罪处罚。

第五节　机动车及驾驶人管理规定

一、机动车管理规定

（一）机动车登记

国家对机动车实行登记制度。机动车经公安机关交通管理部门登记后，方可上道路行驶。机动车的登记分为注册登记、变更登记、转移登记、抵押登记和注销登记。

1. 注册登记

机动车所有人应当到机动车安全技术检验机构对机动车进行安全技术检验，取得机动车安全技术检验合格证明后申请注册登记。申请机动车注册登记，机动车所有人应当填写申请表，交验机动车，并提交以下证明、凭证。

◆机动车所有人的身份证明；

◆购车发票等机动车来历证明；

◆机动车整车出厂合格证明或者进口机动车进口凭证；

◆车辆购置税完税证明或者免税凭证；

◆机动车交通事故责任强制保险凭证；

◆车船税纳税或者免税证明；

◆法律、行政法规规定应当在机动车注册登记时提交的其他证明、凭证。

不属于经海关进口的机动车和国务院机动车产品主管部门规定免予安全技术检验的机动车，还应当提交机动车安全技术检验合格证明。

2. 变更登记

已注册登记的机动车有下列情形之一的，机动车所有人应当向登记该机动车的公安机关交通管理部门申请变更登记。

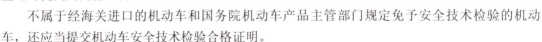

◆改变机动车车身颜色的；

◆更换发动机的；

◆更换车身或者车架的；

◆因质量有问题，制造厂更换整车的；

◆营运机动车改为非营运机动车或者非营运机动车改为营运机动车的；

◆机动车所有人的住所迁出或者迁入公安机关交通管理部门管辖区域的。

机动车所有人为两人以上，需要将登记的所有人姓名变更为其他所有人姓名的，可以向登记地车辆管理所申请变更登记。

申请变更登记的，机动车所有人应当填写申请表，交验机动车，并提交相关证明和凭证。

机动车所有人的住所在公安机关交通管理部门管辖区域内迁移、机动车所有人的姓名(单位名称)或者联系方式变更的，应当向登记该机动车的公安机关交通管理部门备案。

3. 转移登记

已注册登记的机动车所有权发生转移的，现机动车所有人应当自机动车交付之日起30日内向登记地车辆管理所申请转移登记。

机动车所有人申请转移登记前，应当将涉及该车的道路交通安全违法行为和交通事故处理完毕。

申请转移登记的，现机动车所有人应当填写申请表，交验机动车，并提交相关证明和凭证。

4. 抵押登记

机动车所有人将机动车作为抵押物抵押的，应当向登记地车辆管理所申请抵押登记；抵押权消灭的，应当向登记地车辆管理所申请解除抵押登记。

申请抵押登记的，机动车所有人应当填写申请表，由机动车所有人和抵押权人共同申请，并提交相关证明和凭证。

申请解除抵押登记的，机动车所有人应当填写申请表，由机动车所有人和抵押权人共同申请，并提交相关证明和凭证。

5. 注销登记

国家实行机动车强制报废制度，根据机动车的安全技术状况和不同用途，规定不同的报废标准。应当报废的机动车必须及时办理注销登记。

已注册登记的机动车达到国家规定的强制报废标准的，公安机关交通管理部门应当在报废期满的2个月前通知机动车所有人办理注销登记。

机动车所有人应当在报废期满前将机动车交售给机动车回收企业，由机动车回收企业将报废的机动车登记证书、号牌、行驶证交公安机关交通管理部门注销。

机动车所有人逾期不办理注销登记的，公安机关交通管理部门应当公告该机动车登记证书、号牌、行驶证作废。

因机动车灭失申请注销登记的，机动车所有人应当向公安机关交通管理部门提交本人身份证明，交回机动车登记证书。

已注册登记的机动车有下列情形之一的，车辆管理所应当公告机动车登记证书、号牌、行驶证作废。

表1-8　车辆管理所应当公告机动车登记证书、号牌、行驶证作废的几种情形

序　号	情　形
一	达到国家强制报废标准，机动车所有人逾期不办理注销登记的
二	机动车登记被依法撤销后，未收缴机动车登记证书、号牌、行驶证的
三	达到国家强制报废标准的机动车被依法收缴并强制报废的
四	机动车所有人办理注销登记时未交回机动车登记证书、号牌、行驶证的

(二) 机动车号牌的申领与使用

1. 申领规定

初次申领机动车号牌、行驶证的，应当向机动车所有人住所地的公安机关交通管理部门申请注册登记。公安机关交通管理部门应当自受理机动车登记申请之日起5个工作日内完成机动车登记审查工作，对符合前款规定条件的，发放机动车登记证书、号牌和行驶证。

尚未登记的机动车，需要临时上道路行驶的，应当取得临时通行牌证。临时通行牌证应放置在机动车前风窗玻璃内侧。有下列几种情形之一的，机动车所有人应当向车辆管理所申领临时行驶车号牌。

表1-9 需要申请临时行驶车号牌的情形

序 号	情 形
一	未销售的
二	购买、调拨、赠予等方式获得机动车后尚未注册登记的
三	进行科研、定型试验的
四	因轴荷、总质量、外廓尺寸超出国家标准不予办理注册登记的特型机动车

2. 使用规定

驾驶机动车上道路行驶，应当在车前、车后指定位置悬挂机动车号牌，并保持号牌的清晰、完整，不得故意遮挡、污损。应随车携带检验合格标志、保险标志、驾驶证、行驶证等相关证件。

前号牌应安装在机动车前端的中间或者偏右的位置，后号牌应安装在机动车后端的中间或者偏左的位置。

任何单位或者个人不得伪造、变造或者使用伪造、变造的机动车登记证书、号牌、行驶证、检验合格标志、保险标志、驾驶证；不得使用其他车辆的机动车登记证书、号牌、行驶证、检验合格标志、保险标志。

机动车登记证书、号牌、行驶证丢失或者损毁，机动车所有人申请补发的，应当向公安机关交通管理部门提交本人身份证明和申请材料。

(三) 机动车的安全技术检验

①申请机动车登记时，应当接受对该机动车的安全技术检验。

②对登记后上道路行驶的机动车，应当依照法律、行政法规的规定，根据车辆用途、载客载货数量、使用年限等不同情况，定期进行安全技术检验。

③对符合机动车国家安全技术标准的，公安机关交通管理部门应当发给检验合格标志。

④机动车应当从注册登记之日起，按照下列期限进行安全技术检验。

表1-10　机动车安全技术检验期限相关规定

营运载客汽车	5年以内每年检验1次；超过5年的，每6个月检验1次
载货汽车和大型、中型非营运载客汽车	10年以内每年检验1次；超过10年的，每6个月检验1次
小型、微型非营运载客汽车	6年以内每2年检验1次；超过6年的，每年检验1次；超过15年的，每6个月检验1次

⑤已注册登记的机动车进行安全技术检验时，机动车行驶证记载的登记内容与该机动车的有关情况不符，或者未按照规定提供机动车第三者责任强制保险凭证的，不予通过检验。

二、机动车驾驶人管理规定

（一）机动车驾驶人

①驾驶机动车，应当依法取得机动车驾驶证。符合国务院公安部门规定的驾驶许可条件的人，可以向公安机关交通管理部门申请机动车驾驶证。学习机动车驾驶，应当先学习道路交通安全法律、法规和相关知识，考试合格后，再学习机动车驾驶技能。

②驾驶人应当按照驾驶证载明的准驾车型驾驶机动车；驾驶机动车时，应当随身携带机动车驾驶证。

③驾驶人驾驶机动车上道路行驶前，应当对机动车的安全技术性能进行认真检查；不得驾驶安全设施不全或者机件不符合技术标准等具有安全隐患的机动车。

④机动车驾驶人应当遵守道路交通安全法律、法规的规定，按照操作规范安全驾驶、文明驾驶。

⑤饮酒、服用国家管制的精神药品或者麻醉药品，或者患有妨碍安全驾驶机动车的疾病，或者过度疲劳影响安全驾驶的，不得驾驶机动车。

⑥机动车驾驶人在实习期内不得驾驶公共汽车、营运客车或者执行任务的警车、消防车、救护车、工程救险车以及载有爆炸物品、易燃易爆化学物品、剧毒或者放射性等危险物品的机动车；驾驶的机动车不得牵引挂车。

⑦机动车驾驶人在机动车驾驶证丢失、损毁、超过有效期或者被依法扣留、暂扣期间以及记分达到12分的，不得驾驶机动车。

（二）机动车驾驶证

①申请机动车驾驶证，应当符合国务院公安部门规定的驾驶许可条件；经考试合格后，由公安机关交通管理部门发给相应类别的机动车驾驶证。

②机动车驾驶证的有效期为6年，机动车驾驶人初次申领机动车驾驶证后的12个月为实习期。在实习期内驾驶机动车的，应当在车身后部粘贴或者悬挂统一式样的实习标志。

③公安机关交通管理部门依照法律、行政法规的规定，定期对机动车驾驶证实施审验。

④公安机关交通管理部门对机动车驾驶人违反道路交通安全法律、法规的行为，除依法给予行政处罚外，实行累积记分制度。

⑤公安机关交通管理部门对累积记分达到规定分值的机动车驾驶人，扣留机动车驾驶证，对其进行道路交通安全法律、法规教育，重新考试；考试合格的，发还其机动车驾驶证。

⑥对遵守道路交通安全法律、法规，在一年内无累积记分的机动车驾驶人，可以延长机动车驾驶证的审验期。

⑦换发机动车驾驶证时，公安机关交通管理部门应当对机动车驾驶证进行审验。

⑧机动车驾驶证丢失、损毁，机动车驾驶人申请补发的，应当向公安机关交通管理部门提交本人身份证明和申请材料。公安机关交通管理部门经与机动车驾驶证档案核实后，在收到申请之日起3日内补发。

（三）记分

①公安机关交通管理部门对机动车驾驶人的道路交通安全违法行为除给予行政处罚外，实行道路交通安全违法行为累积记分制度，记分周期为12个月。

②机动车驾驶人在一个记分周期内记分未达到12分，所处罚款已经缴纳的，记分予以清除；记分虽未达到12分，但尚有罚款未缴纳的，记分转入下一记分周期。

③对在一个记分周期内记分达到12分的，由公安机关交通管理部门扣留其机动车驾驶证，该机动车驾驶人应当按照规定参加道路交通安全法律、法规的学习并接受考试。考试合格的，记分予以清除，发还机动车驾驶证；考试不合格的，继续参加学习和考试。

④机动车驾驶人在一个记分周期内记分2次以上达到12分的，除按规定扣留机动车驾驶证、参加学习、接受考试外，还应当接受驾驶技能考试。考试合格的，记分予以清除，发还机动车驾驶证；考试不合格的，继续参加学习和考试。

⑤机动车驾驶人记分达到12分，拒不参加公安机关交通管理部门通知的学习，也不接受考试的，由公安机关交通管理部门公告其机动车驾驶证停止使用。

⑥机动车驾驶人在机动车驾驶证的6年有效期内，每个记分周期均未达到12分的，换发10年有效期的机动车驾驶证；在机动车驾驶证的10年有效期内，每个记分周期均未达到12分的，换发长期有效的机动车驾驶证。

第六节 | 道路交通事故处理的相关规定

《道路交通安全法》及其实施条例以及《道路交通事故处理程序规定》对道路交通事故的处理都做有明确规定，在道路上发生交通事故时应按照相应的规定进行处理，以维护道路交通事故当事人的合法权益。

一、事故现场的处理

《道路交通安全法》规定在道路上发生交通事故，车辆驾驶人应当立即停车，保护现场；造成人身伤亡的，车辆驾驶人应当立即抢救受伤人员，并迅速报告执勤的交通警察或者公安机关交通管理部门。因抢救受伤人员变动现场的，应当标明位置。乘车人、过往车辆驾驶人、过往行人应当予以协助。

道路交通事故现场的一般处理方法如表1-11所示。

表1-11 道路交通事故现场的一般处理方法

步 骤	处 理 方 法
第一步	立即停车
第二步	开启危险报警闪光灯，夜间还需开启示廓灯和后位灯
第三步	不得移动肇事车辆及捡落现场与事故相关的散落物
第四步	迅速报告执勤的交通警察或拨打报警电话，造成人员伤亡的应及时拨打120电话
第五步	保护现场，在来车方向50～100米（高速公路150米）以外设置警告标志，防止继发事故
第六步	驾驶人和乘客除采取上述措施外，应立即离开车辆，转移到右侧路肩、车行道以外或其他安全的位置

> **温馨提示**
>
> 道路交通事故有下列情形之一的，当事人应当保护现场并立即报警：
>
> ◆ 造成人员死亡、受伤的。
>
> ◆ 发生财产损失事故，当事人对事实或者成因有争议的，以及虽然对事实或者成因无争议，但协商损害赔偿未达成协议的。
>
> ◆ 机动车无号牌、无检验合格标志、无保险标志的。
>
> ◆ 载运爆炸物品、易燃易爆化学物品以及毒害性、放射性、腐蚀性、传染病病源体等危险物品车辆的。
>
> ◆ 碰撞建筑物、公共设施或者其他设施的。
>
> ◆ 驾驶人无有效机动车驾驶证的。
>
> ◆ 驾驶人有饮酒、服用国家管制的精神药品或者麻醉药品嫌疑的。
>
> ◆ 当事人不能自行移动车辆的。

二、事故处理程序

（一）自行协商

《道路交通安全法》规定在道路上发生交通事故，未造成人身伤亡，当事人对事实及成因无争议的，可以即行撤离现场，恢复交通，自行协商处理损害赔偿事宜；仅造成轻微财产损失，并且基本事实清楚的，当事人应当先撤离现场再进行协商处理。

《道路交通事故处理程序规定》当事人对事实及成因无争议的，可以自行协商处理损害赔偿事宜。车辆可以移动的，当事人应当在确保安全的原则下对现场拍照或者标划事故车辆现场位置后，立即撤离现场，将车辆移至不妨碍交通的地点，再进行协商。

对应当自行撤离现场而未撤离的，交通警察应当责令当事人撤离现场。

当事人自行协商达成协议的，填写道路交通事故损害赔偿协议书，并共同签名。损害赔偿协议书内容包括事故发生的时间、地点、天气、当事人姓名、机动车驾驶证号、联系方式、机动车种类和号牌、保险凭证号、事故形态、碰撞部位、赔偿责任等内容。

（二）简易程序

《道路交通安全法实施条例》规定当事人对交通事故事实及成因有争议的，应当迅速报警，交通警察到达事故现场后对未造成人身伤亡，事实清楚，并且机动车可以移动的道路交通事故，可以适用简易程序处理。

交通警察适用简易程序处理道路交通事故时，应当在固定现场证据后，责令当事人撤离现场，恢复交通。拒不撤离现场的，予以强制撤离。

表1-12 道路交通事故简易处理程序

第一步	当事人对交通事故事实及成因有争议，迅速报警
第二步	接到交通事故报警，交通警察及时赶赴现场
第三步	交通警察在记录事故情况后责令当事人撤离现场，恢复交通
第四步	交通警察当场出具事故认定书，由当事人签名
第五步	当事人共同请求调解的，交通警察当场对损害赔偿争议进行调解并给出调解结果
第六步	对交通事故损害赔偿有争议的，当事人可以向人民法院提起民事诉讼

（三）一般程序

对不适于道路交通事故简易处理程序的，采用一般处理程序。

表1-13　道路交通事故一般处理程序

第一步	当事人对交通事故事实及成因有争议,迅速报警
第二步	接到交通事故报警,交通警察及时赶赴现场
第三步	对人员伤亡和财产损失进行勘验、检查现场
第四步	现场勘查完毕,组织清理现场,恢复交通
第五步	在勘查现场之日起10日内制作交通事故认定书
第六步	当事人对交通事故认定有异议的,可以向上一级公安机关交通管理部门提出书面复核申请(当事人向人民法院提起诉讼并经法院受理的,处理完毕)
第七步	当事人对交通事故损害赔偿有争议,可以共同提出调解申请(对交通事故损害赔偿的争议,当事人向人民法院提起民事诉讼的,调解终止)
第八步	公安机关交管部门在规定期限内作出调解结果
第九步	对交通事故损害赔偿仍有争议的,当事人向人民法院提起民事诉讼

三、交通事故责任认定

《道路交通安全法》规定公安机关交通管理部门应当根据交通事故现场勘验、检查、调查情况和有关的检验、鉴定结论,及时制作交通事故认定书,作为处理交通事故的证据。交通事故认定书应当载明交通事故的基本事实、成因和当事人的责任,并送达当事人。

《道路交通安全法实施条例》规定公安机关交通管理部门应当根据交通事故当事人的行为对发生交通事故所起的作用以及过错的严重程度,确定当事人的责任。

表1-14　事故情况及责任认定

事　故　情　况	责　任　认　定
发生交通事故后当事人逃逸的	承担全部责任
当事人故意破坏、伪造现场、毁灭证据的	
因一方当事人的过错导致道路交通事故的	
因两方或者两方以上当事人的过错发生道路交通事故的,根据其行为对事故发生的作用以及过错的严重程度	承担主要责任、同等责任和次要责任
各方均无导致道路交通事故的过错,属于交通意外事故的	各方均无责任
一方当事人故意造成道路交通事故的	他方无责任

四、交通事故损害赔偿调解

《道路交通安全法》规定对交通事故损害赔偿的争议,当事人可以请求公安机关交通管理部门调解,也可以直接向人民法院提起民事诉讼。经公安机关交通管理部门调解,当事人未达成协议或者调解书生效后不履行的,当事人可以向人民法院提起民事诉讼。

(一)调解开始时间

①当事人对交通事故损害赔偿有争议,各方当事人一致请求公安机关交通管理部门调解

的，应当在收到交通事故认定书之日起10日内提出书面调解申请。

②公安机关交通管理部门按照下列规定日期开始调解，并于10日内制作道路交通事故损害赔偿调解书或者道路交通事故损害赔偿调解终结书。

表1-15　事故损害赔偿调解开始日

事　故　情　况	开始调解时间
造成人员死亡的	从规定的办理丧葬事宜时间结束之日起
造成人员受伤的	从治疗终结之日起
因伤致残的	从定残之日起
造成财产损失的	从确定损失之日起

（二）调解依据

交通警察根据道路交通事故认定书认定的事实及以下规定，确定当事人承担的损害赔偿责任。

①机动车发生交通事故造成人身伤亡、财产损失的，由保险公司在机动车第三者责任强制保险责任限额范围内予以赔偿；不足的部分，按照下列规定承担赔偿责任。

◆机动车之间发生交通事故的，由有过错的一方承担赔偿责任；双方都有过错的，按照各自过错的比例分担责任。

◆机动车与非机动车驾驶人、行人之间发生交通事故，非机动车驾驶人、行人没有过错的，由机动车一方承担赔偿责任；有证据证明非机动车驾驶人、行人有过错的，根据过错程度适当减轻机动车一方的赔偿责任；机动车一方没有过错的，承担不超过10%的赔偿责任。

②交通事故的损失是由非机动车驾驶人、行人故意碰撞机动车造成的，机动车一方不承担赔偿责任。

（三）不适用调解的情况

有下列情形之一的，不适用调解，交通警察可以在道路交通事故认定书上载明有关情况后，将道路交通事故认定书交付当事人。

◆当事人对道路交通事故认定有异议的；

◆当事人拒绝在道路交通事故认定书上签名的；

◆当事人不同意调解的。

（四）终止调解的情况

有下列情形之一的，公安机关交通管理部门应当终止调解，并记录在案。

◆在调解期间有一方当事人向人民法院提起民事诉讼的；

◆一方当事人无正当理由不参加调解的；

◆一方当事人调解过程中退出调解的。

第二章　机动车基本知识

作为驾驶机动车的驾驶人应了解车辆的结构与性能、安全装置、操纵装置，车辆检查与维护的基本常识。只有对车辆非常了解，才能实现对车辆的安全驾驭。

<table>
<tr><td>第一节</td><td>汽车构造基础</td></tr>
</table>

汽车主要由发动机、底盘、车身和电气设备等四个基本部分组成。

一、发动机

（一）发动机的组成及工作原理

发动机是将燃料燃烧产生的热能转化为机械能，为汽车行驶提供动力的装置，由两大机构、五大系统组成，即曲柄连杆机构、配气机构、燃料供给系、润滑系、冷却系、点火系（仅汽油发动机）和启动系。

发动机的工作循环由进气、压缩、做功、排气四个过程组成。活塞往复四个行程完成一个工作循环的发动机称为四冲程发动机。

1.曲轴
2.连杆
3.活塞
4.进气门
5.凸轮轴
6.燃油喷射装置
7.排气门

四冲程汽油发动机

行程1：进气——从进气门进入燃油和空气的混合气。

行程2：压缩——气缸容积密度变大，接近行程的末端，由火花塞点燃燃油空气混合气。

行程3：做功——通过气体的膨胀，使活塞移动到下止点。

行程4：排气——从排气门排出燃烧过的气体。

进气冲程　　　　　　压缩冲程　　　　　　做功冲程　　　　　　排气冲程

> **小 知 识**
>
> **柴油发动机与汽油发动机的主要区别**
>
> ◆ 柴油发动机进气冲程进入的只是空气，在压缩过程中再喷入柴油；汽油发动机在进气冲程进入的则是空气和汽油的混合物。
>
> ◆ 柴油发动机采用高压压燃的方法，使油气混合物发生燃烧；汽油发动机则通过火花塞点燃油气混合物。
>
> ◆ 柴油发动机压缩比高，热效率和经济性都要好于汽油发动机；但柴油发动机振动噪声大，柴油不易蒸发，冬季启动困难。

（二）发动机各部件功用和组成

1. 曲柄连杆机构

曲柄连杆机构是发动机的主要机构，其作用是将燃料燃烧时产生的热量转变为活塞往复运动的机械能，再通过连杆将活塞的往复运动变为曲轴的旋转运动而向外输出动力。

曲柄连杆机构由机体组（气缸体、气缸垫、气缸盖、曲轴箱、油底壳）、活塞连杆组（活塞、活塞环、活塞销、连杆）、曲轴飞轮组（曲轴、飞轮）三部分组成。

2. 配气机构

配气机构的功用是按照发动机每一气缸内所进行的工作循环和发火次序的要求，定时开启和关闭各气缸的进、排气门，使新鲜充量得以及时进入气缸，废气得以及时从气缸排出；在压缩与做功行程中，保证燃烧室的密封。新鲜充量对于汽油机而言是汽油和空气的混合气，对于柴油机而言是纯空气。

配气机构按其功用可分为气门组和气门传动组两大部分。气门组包括气门及与之相关联的零件，其组成与配气机构的型式基本无关。气门传动组是从正时齿轮开始至推动气门动作的所有零件，其组成视配气机构的型式而有所不同，它的功用是定时驱动气门开启或关闭。

3. 汽油机燃料供给系

汽油机所用的燃料主要是汽油。汽油在未进入气缸前，须经过雾化和蒸发，并按照一定比例和空气混合，形成可燃雾化混合气体。汽油机燃料供给系的任务是根据发动机工况的不同要求，配制成一定数量和浓度的可燃混合气并供入气缸。最后，供给系还要将燃烧产生的废气排出。

小 知 识

汽油和汽油箱

汽油是从石油提炼而来的密度小且易挥发的液体燃料。汽油的性能用辛烷值来表示，90、93、97等标号即说明汽油的辛烷含量。辛烷值越低的汽油，抗爆能力越差。汽油箱的作用是安全存储汽油，容量根据车型而定。

汽油机燃料供给系由汽油箱、汽油滤清器、汽油泵、化油器、空气滤清器、进气管、排气管、排气消音器组成。

汽油滤清器的作用是清除汽油中的杂质和水分，以免堵塞油道和量孔；空气滤清器的作用是将空气中的灰尘除掉，使清洁空气进入缸内（空气滤清器一般分为纸质式和惯性油浴式两种）；汽油泵的作用是将汽油从油箱中抽出并输送到化油器浮子室；化油器的作用是将汽油雾化并与空气按需要以一定比例形成混合可燃气（化油器是根据喷雾器原理工作的）。

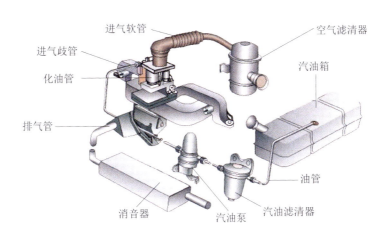

4. 柴油机燃料供给系

柴油黏度大、蒸发性差、自燃温度低，因此不能用化油器来形成可燃混合气。柴油机燃料供给系统的作用就是通过喷油器把高压油喷入气缸，使之在气缸内与高温高压的空气混合燃烧。

柴油机燃油系统由油箱、输油泵、输油管、滤清器、喷油泵、高压油管、喷油器、回油管等部件组成。喷油泵是将柴油加压后送到喷油器；喷油器将压力极高的柴油在气缸需要的时候以雾状形式均匀地喷入气缸，并做到迅速地供给和切断燃油供应。

小 知 识

如何选用柴油

柴油有不同的黏度和凝点。柴油的标号是以其凝点来表示的，选用柴油主要是根据外界环境温度。一般选用柴油的凝点应比最低气温低5℃左右，保证柴油在最低气温时不致凝固，以免影响使用。

5. 润滑系

发动机润滑系统的作用是，在发动机工作时，接连不断地把数量足够、温度适当的洁净润滑油输送到全部传动件的摩擦表面，并在摩擦表面之间形成油膜，实现液体摩擦，从而减小摩擦阻力、降低功率消耗、减轻机件磨损，提高发动机工作可靠性和耐久性。此外，活塞环和气缸壁上的油膜可以起到密封的作用，还可以防止零部件生锈。

发动机润滑系由机油泵、机油滤清器、限压阀油道、集滤器、机油压力表、油道、油管及油底壳等组成。

6. 冷却系

冷却系的任务是使工作中的发动机得到适度的冷却，从而保证其在最适宜的温度范围内工作。发动机的冷却方式有水冷和风冷两种。水冷是利用水流循环散热；风冷是利用空气高速流过气缸表面进行散热。

汽车发动机多采用水冷却，其作用是利用冷却液的循环，带走发动机气缸释放出的热量，使发动机的工作温度保持在85℃～95℃。发动机冷却液不能进行循环时，发动机温度将升高。

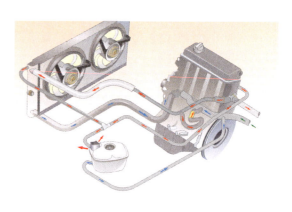

冷却系由水箱、水泵、散热器、风扇、节温器、水温表和放水开关组成。

7. 汽油机点火系

功用　点火系将电源的低电压变成高电压（一般为15～20KV），再按照发动机点火顺序轮流送至各气缸，点燃压缩混合气。点火系能适应发动机工况和使用条件的变化，自动调节点火时刻，实现可靠而准确的点火。

类型　蓄电池点火系：蓄电池点火系由蓄电池、点火开关、点火线圈、容电器、分电器和火花塞等组成。蓄电池或发电机提供低压直流电，借点火线圈和断电器产生高压电，通过配电器按工作顺序把高压电送到各缸的火花塞，产生电火花点燃可燃混合气。

其他类型：晶体管点火系、微机控制的点火系、磁电机点火系等。

8. 启动系

要使发动机由静止状态过渡到工作状态，必须先用外力转动发动机的曲轴，使活塞做往复运动，气缸内的可燃混合气燃烧膨胀做功，推动活塞向下运动，使曲轴旋转，发动机才能自行运转，工作循环才能自动进行。因此，曲轴在外力作用下开始转动，到发动机开始自动地怠速运转的全过程，称为发动机的启动。完成启动过程所需的装置，称为发动机的启动系。

发动机各组件日常检查要点

汽车发动机是一辆车的心脏，发动机各组件的工作状况需要经常关注。因此我们应该做到以下几点。

◆ 行驶一段路程后，选择平坦、宽阔、安全的地方停车，检查有无漏水、漏油、漏气现象；

◆ 检查发动机润滑油液面是否符合要求；

◆ 检查和补充机油、冷却水；

◆ 检查发动机舱设备线路是否有裂损、老化现象。

二、底盘

（一）底盘的组成

底盘的作用是支承、安装汽车发动机及其各部件、总成，形成汽车的整体造型，并接受发动机的动力，使汽车产生运动，保证正常行驶。底盘由传动系、行驶系、转向系和制动系四部分组成。

（二）底盘各部件功用和组成

1. 传动系

传动系的功用是将发动机产生的动力传到车轮，使得汽车行驶。传动系一般由离合器、变速器、万向传动装置、主减速器、差速器和半轴等组成。

离合器　离合器安装在发动机与变速器之间，用来分离或接合前后两者之间的动力联系。其功用为：使汽车平稳起步；中断给传动系的动力，配合换挡；防止传动系过载。离合器由从动盘、压盘、压盘弹簧、离合器盖、分离杠杆、分离轴承、分离叉、踏板、操纵杆等组成。

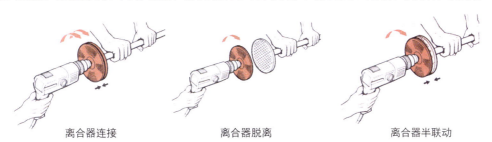

离合器连接　　　　　　离合器脱离　　　　　　离合器半联动

变速器　发动机的动力通过离合器后，首先传给变速器。变速器的作用是：改变传动比，满足不同行驶条件对牵引力的需要，使发动机尽量在有利的工况下工作，满足可能的行驶速度要求；实现倒车行驶，用来满足汽车倒退行驶的需要；中断动力传递，在发动机启动、怠速运转、汽车换挡或需要停车进行动力输出时，中断向驱动轮的动力传递；实现空挡，当离合器接合时，变速箱可以不输出动力。

传动轴及万向传动装置　传动轴的作用是将变速器传来的动力，传给主减速器的主动齿轮，经差速器齿轮和半轴传给车轮，使得汽车前进。万向传动装置由传动轴、伸缩节、中间轴承、万向节等组成，万向传动装置可以在各种不同角度的情况下实现动力传递。

后桥　汽车驱动后桥是汽车传动系的最后一个组成，其基本作用是，在承受载荷的同时，将发动机发出的扭矩传递到驱动轮，以达到车辆行驶的目的。后桥是有关汽车性能和安全的关键部件之一，主要由减速器、差速器、半轴以及桥壳组成。

2. 转向系

汽车转向系的作用是通过转向盘改变或者保持汽车的行驶方向，主要由转向盘、转向器、转向节、转向节臂、横拉杆和直拉杆等部件组成。

前桥　前桥由前轴、转向节、轮毂等组成，其作用是承受汽车前部的重量，把汽车前进的动力传递给前轮，并与转向装置一起完成汽车的转向。

前轮定位　前轮定位包括轮外倾角、前轮前束、转向节主轴销内倾角、转向节主轴销后倾角，其作用是保证汽车直线行驶的稳定性和操纵的轻便性，减小轮胎和其他零部件的磨损。

3. 行驶系

行驶系由车架、车桥、车轮和悬架等组成。行驶系的功用是：接受传动系的动力，通过驱动轮与路面的作用产生牵引力，使汽车正常行驶；承受汽车的总重量和地面的反力；缓和不平路面对车身造成的冲击，衰减汽车行驶中的振动，保持行驶的平顺性；与转向系配合，保证汽车操纵稳定性。

4. 制动系

制动系统的作用是：使行驶中的汽车按照驾驶人的要求进行强制减速甚至停车；使已停驶的汽车在各种道路条件下（包括在坡道上）稳定驻车；使下坡行驶的汽车速度保持稳定。车辆在最短的时间内强制停车的效能称为制动效能。

车辆制动系统主要包括行车制动器和驻车制动器两种（通常称为"脚刹"和"手刹"）。其中，行车制动器又分为液压和气压两种形式。

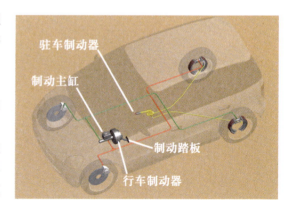

驻车制动器
制动主缸
制动踏板
行车制动器

气压式行车制动器　以发动机的动力驱动空气压缩机作为制动器制动唯一能源的制动系统，称之为气压制动系统。气压式行车制动器由制动踏板、空气压缩机、气压表、制动阀、制动器室、车轮制动器、制动管路等组成。

液压式行车制动器　液压式行车制动器由"总泵"和"分泵"组成，总泵的压力通过管道分向四个分泵（分泵在四个轮子的制动系统上）。用脚踩踏制动踏板，通过杠杆传递到总泵的活塞上，就是给总泵油缸加压，压力油通过管道传到四个分泵。分泵实际上是液压制动的执行机构，由油缸、双活塞组成。

驻车制动器　驻车制动器的作用是使已停驶的汽车驻留原地不动，同时也便于在坡道起步。其主要部件包括驻车制动拉杆，凸轮轴和制动蹄、鼓等。

5.操纵机构

汽车的驾驶操纵机构，一般都设在驾驶人能方便操作的位置，其装置的布置因车型不同而有所区别，但其作用和操作方法基本是相同的。

转向盘　转向盘是控制汽车行驶方向的装置，用于控制车辆的行驶方向。驾驶人对转向盘的作用力通过转向柱、转向器传递给横、直拉杆，最终作用于转向轮，进而改变车辆的行驶方向。转向盘向左转动，转向轮向左摆动，车辆向左转弯；转向盘向右转动，转向轮向右摆动，车辆向右转弯。

变速杆　变速杆是变速器的操纵机构，一般安装在驾驶座的右侧位置。手动变速器设有多个等级不同的前进挡、一个空挡和一个倒挡（R）。自动变速器设有倒挡（R）、空挡（N）、正常行驶挡（D）和低速挡（2、L）。

驾驶人可通过变速杆分离或啮合变速箱内相应的各挡齿轮，实现挡位的变换，进而改变车辆的行驶速度。

离合器踏板　离合器踏板在驾驶室底部最左侧，是离合器的操纵装置，用于控制发动机与传动系动力的接合与分离。

驾驶人踩下离合器踏板时，离合器片与发动机输出动力分离，中断能量的传输；抬起离合器踏板时，离合器片与发动机输出动力接合，保持能量的传输。

自动挡车辆没有离合器踏板。

加速踏板　加速踏板在驾驶室底部最右侧，是控制发动机节气门开度或喷油泵柱塞有效行程的装置，用以控制发动机的转速和输出功率。

驾驶人踩下加速踏板，发动机转速升高；松抬加速踏板，发动机转速降低。

制动踏板　制动踏板是行车制动器的操纵装置，用于减速和停车。

驾驶人踩下制动踏板，制动作用产生；抬起制动踏板，制动作用解除。

驻车制动器操纵装置 驻车制动器的操纵装置有三种类型：一种是手动拉杆式，一种是手动按钮式，还有一种是脚踏式。驻车制动器操纵装置用于避免车辆停止时的溜车现象。

驾驶人拉紧驻车制动器操纵杆或按下驻车制动按钮装置或踏下驻车制动踏板时，制动作用产生；反之，制动作用解除。

三、车身

汽车车身安装在底盘的车架上，用以驾驶人、旅客乘坐或装载货物。轿车、客车的车身一般是整体结构。

汽车车身结构主要包括：车身壳体、车门、车窗、前后板制件、车身附件、车身内外装饰件、座椅、通风、冷气等。汽车车身起到封闭作用，能保证行车安全，并能够减轻事故后果。

（一）车身壳体

车身壳体是一切车身部件的安装基础，通常是指纵、横梁和支柱等主要承力元件以及与它们相连接的钣件共同组成的刚性空间结构。车身壳体通常还包括在其上敷设的隔音、隔热、防振、防腐、密封等材料及涂层。

（二）车门

车门通过铰链安装在车身壳体上，其结构较复杂，是保证车身使用性能的重要部件。

（三）车身外部装饰件

车身外部装饰件主要是指装饰条、车轮装饰罩、标志和浮雕式文字等等。散热器面罩、保险杠、灯具以及后视镜等附件也有明显的装饰性。

（四）车内部装饰件

车内部装饰件包括仪表板、顶篷、侧壁、座椅等表面覆饰物，以及窗帘和地毯。在轿车上广泛采用天然纤维或合成纤维的纺织品、人造革或多层复合材料、连皮泡沫塑料等表面覆饰材料。

（五）车身附件

车身附件包括：门锁、门铰链、玻璃升降器、各种密封件、风窗刮水器、风窗洗涤器、遮阳板、后视镜、拉手、点烟器和烟灰盒等。在现代汽车上常常装有无线电收放音机和杆式天线，在有的汽车车身上还装有无线电话机、电视机或加热食品的微波炉和小型电冰箱等附属设备。

（六）座椅

座椅是车身内部重要装置之一。座椅由骨架、坐垫、靠背和调节机构等组成。坐垫和靠背具有一定的弹性。调节机构可调节坐垫和靠背的倾斜角度，还可以使座位前后或上下移动。

四、电气设备

（一）电气设备的组成

汽车电气设备包括电源（蓄电池和发电机）、点火系统、起动机、信号照明、仪表和辅助电气装置等。

（二）电气设备各部件功用和组成

1.蓄电池和发电机

汽车电源包括蓄电池、发电机及调节器。汽车上用电所需的电能，由发电机和蓄电池两个电源供应。

蓄电池的作用是：在发动机启动时，向发动机点火系供电；在发动机低速运转时向其他用电设备供电；当发动机高速运转时，蓄电池储存发电机多余的电能。

发电机是由汽车发动机带动发电的，附有电压等调节装置，以保证电压等参数的稳定，传统的发电机为直流发电机，现在大都用交流发电机。

2.起动机

起动机由直流电动机、传动装置和控制机构三部分组成，主要作用是启动发动机。

直流电动机的作用是将蓄电池输出的电能转换为机械运动。

传动机构的作用是：发动机启动时，使起动机的驱动齿轮和发动机飞轮齿环啮合，将电动机的转矩传给飞轮；发动机启动后，自动切断动力传递，防止电动机被发动机带动，超速旋转而受损。

3.照明、信号装置

外部照明装置 前照灯（通俗叫"大灯"）：用于汽车夜间行车照明，有两灯制和四灯制之分。防雾灯：在有雾、下雪、暴雨或尘埃弥漫时改善道路的照明情况，每车为一只或两只。示廓灯（通俗叫"小灯"）：夜间行车指示汽车的宽度。牌照灯，夜间行车为汽车牌照照明。

内部照明装置 仪表灯：仪表照明。顶灯：室内照明。其他辅助用灯：辅助照明，如门控灯、发动机维修灯、行李箱照明灯等。

警示信号装置 尾灯：夜间行驶时，显示车辆的位置，警示后面的车辆。制动灯：制动时，发出较强的红光，以示制动。转向灯：指示汽车的行驶方向，一般前后都有，一般为橙色，接通时闪烁发亮。遇到紧急情况时，前后转向灯同时闪烁。驻车灯：停车时点亮，提醒来往的车辆和行人。倒车灯：照亮车后路面，

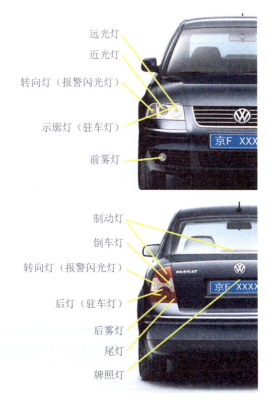

远光灯
近光灯
转向灯（报警闪光灯）
示廓灯（驻车灯）
前雾灯

制动灯
倒车灯
转向灯（报警闪光灯）
后灯（驻车灯）
后雾灯
尾灯
牌照灯

提醒车后的行人和车辆。喇叭：行车时发出声音提醒来往的行人和车辆。其他警示装置，如倒车报警等装置。

4.仪表

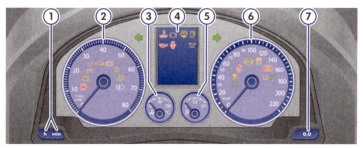

1. 调表键
2. 转速表
3. 水温表
4. 液晶显示屏
5. 燃油表
6. 速度表
7. 日里程表归零键

表2-1　汽车仪表相关指示灯及报警灯

充电报警灯 　　表示发动机运转中电池的充电情况。正常情况下，一打开点火开关，警告灯就亮起，发动机启动后自动关闭。 　　如果指示灯在发动机运转中常亮，说明发电机出现故障。此时，蓄电池不能继续充电，应关闭所有不必要的用电设备，并尽快选择修理厂进行维修。	
水温表与温度报警灯 　　在行驶中，冷却液温度正常为85℃左右。指示灯常亮或闪烁时，说明冷却系统出现故障。 　　如果温度过高，应立即选择安全的路段停车，关闭并冷却发动机，检查冷却液液面的高度。 　　如果冷却液液面合适，则冷却器风扇可能出现故障，要及时检查或进行替换，如有必要去修理厂维修。	
机油压力指示灯 　　表示发动机运转过程中，发动机内部的润滑油的油压状况。正常情况下，点火开关打开时亮起，发动机启动后关闭。 　　如果车辆行驶时该指示灯常亮，应立即选择安全地点停车，关闭发动机进行检查。如果不及时处理，可能会严重损坏发动机。	
燃油表及燃油报警灯 　　如果最低燃油液面报警灯在行驶中亮起，说明燃油不能支持太远的路程，需要及时补充燃油。为了预防出现燃油不足的紧急情况，要定期地注意燃油液面高度的指示表。	
发动机转速表 　　转速表显示发动机的转速(r/min×100)。这个示数对节能驾驶有重要的指导作用。例如，在合适的转速范围内，应及早加挡。转速表上标有红色示警限度，发动机的转速不得超过该红色区域。	
车门打开报警灯 　　如果该信号灯在行驶中常亮，说明至少有某一车门打开或关闭不严。为了避免乘客被甩出车外，要马上停车并正确地锁好车门。	

安全带报警灯 　　安全带报警灯始终亮着，说明驾驶人没有按规定系好安全带，需要马上系好安全带。同时检查并指导乘客也系好安全带，以便在发生碰撞事故时，安全带能够减轻乘客受到的伤害。	
安全气囊报警灯 　　打开点火开关时，车辆会自动对安全气囊的工作状况进行检测。如果工作正常，该指示灯则会在发动机启动后自动熄灭。	
防抱死制动系统报警灯 　　在打开点火开关时，如果该指示灯没有熄灭或在行驶过程中保持常亮，说明防抱死制动系统工作不正常，此时，车辆只能用通常的制动装置制动，轮胎在制动时相对容易发生抱死，增加了侧滑的危险！ 　　制动过程中，如果该指示灯闪烁，表明系统工作正常。	(ABS)
驻车制动器指示灯 　　该报警灯在行驶中保持常亮，应检查驻车制动器是否处于拉紧状态，并及时松开，以避免制动器更大的摩擦或过热。 　　如果在松开驻车制动器时，报警信号灯还是没有熄灭，有可能出现了制动故障。	(P)
雾灯指示灯 　　用来显示前后雾灯的工作状况，当前后雾灯点亮时，该指示灯就会点亮。关闭雾灯后，该指示灯熄灭。	
近光指示灯 　　用来显示车辆近光灯的状态。当近光灯开启时，该指示灯就会点亮，以提示车主，车辆的近光灯处于开启状态。	
远光指示灯 　　用来显示车辆远光灯的状态。当远光灯开启时，该指示灯就会点亮，以提示车主，车辆的远光灯处于开启状态。	
转向指示灯/危险报警闪光灯 　　表示车辆向左或向右转向。通常为熄灭状态。当车主点亮转向灯时，相应的转向指示灯会同时点亮，转向灯熄灭后，该指示灯自动熄灭。当危险报警闪光灯打开时，两个转向指示灯同时闪烁。	⬅➡
示廓指示灯 　　用来显示车辆示廓灯的工作状态，平时为熄灭状态，当示廓灯打开时，该指示灯随即点亮。当示廓灯关闭或者关闭示廓灯打开前照灯时，该指示灯自动熄灭。	
制动系统报警指示灯 　　当驻车制动器手柄被拉起后，该指示灯自动点亮。驻车制动器手柄被放下时，该指示灯自动熄灭。如果驻车制动器手柄放下后指示灯仍亮，说明行车制动出现问题，可能制动液不足。	((!))

2

玻璃清洗液储量不足指示灯 　　用来显示玻璃清洗液（俗称玻璃水）存量，平时为熄灭状态，该指示灯点亮时，说明需添加玻璃清洁液。添加玻璃清洁液后，该指示灯熄灭。	
空气内循环指示灯 　　该指示灯用来显示车辆空调系统的工作状态，平时为熄灭状态。当点亮内循环按钮，车辆关闭外循环，空调系统进入内循环状态时，该指示灯自动点亮。内循环关闭时熄灭。	
发动机自检灯 　　该指示灯用来显示车辆发动机的工作状况，当打开钥匙门车辆自检时，该指示灯点亮后自动熄灭，如常亮则说明车辆的发动机出现了机械故障，需要维修。	
冷却液不足指示灯 　　用来显示冷却液的存量，平时为熄灭状态，该指示灯亮，说明冷却液不足。添加冷却液后，该指示灯熄灭。	

5. 辅助电气装置

　　辅助电气装置主要包括风窗玻璃刮水、除霜和除雾装置等。风窗玻璃刮水、除霜和除雾装置用来及时除去风窗玻璃上的水、雾、霜和冰，帮助恢复驾驶视野。

第二节　汽车性能简介

一、车辆性能及评价指标

　　车辆性能从理论角度划分，主要包括汽车的动力性、燃油经济性、制动性、操纵稳定性、平顺性、通过性等。

（一）汽车的动力性

　　汽车的动力性是表示汽车行驶的能力。动力性指标如表2-2所示。

表2-2　汽车动力性指标

最高车速	在良好的路面（沥青铺设路面）和良好的天气条件下，汽车所能达到的最高行驶速度，一般以每小时多少公里表示，公里/小时
起步加速时间	汽车从静止状态下，由第一挡起步，并以最大的加速强度(包括选择最恰当的换挡时机)逐步换至高挡后，到某一预定的距离车速或车速所需的时间。目前，常用0～96公里所需的时间(秒数)来评价
超车加速时间	用最高挡或次高挡加速至某一所需要速度的时间。加速时间越短，汽车的加速性就越好
爬坡度	汽车满载时，在良好的路面上以最低前进挡所能爬行的最大坡度。这个性能指标对于越野汽车非常重要

（二）汽车的燃油经济性

汽车燃油经济性是一个重要性能指标，是指汽车以最少的燃料消耗完成单位运输工作量的能力。汽车的燃油经济性一般用平均燃料消耗量来表示。汽车燃油经济性指标如表2-3所示。

表2-3　汽车燃油经济性指标

百千米油耗（百公里油耗）	汽车在良好路面和良好天气条件下，行驶100千米平均消耗的燃料量。这个指标主要用于轿车。通常所说"100公里6个油"就是这个意思，但正确说法是6升/100千米，即每百千米消耗6升汽油
吨千米油耗	汽车在良好路面和天气条件下，运输单位重量物资所消耗的油量。这个指标主要用于运输车，一般按"吨千米"为单位

（三）汽车的制动性

汽车的制动性能是评价汽车制动性能优劣的技术指标。它主要从制动效能、制动恒定性和方向稳定性这三个方面来评价。汽车制动性指标如表2-4所示。

表2-4　汽车制动性指标

制动距离	汽车处于某一速度的情况下，从开始制动到汽车完全静止时，车辆所行驶的路程。制动距离是衡量汽车制动性能的关键性参数之一。制动距离越大，表示制动性能越差
制动恒定性	汽车多次强制动情况下，保持制动效能的性能，这是保证行车安全的要素之一。特别是在汽车长时间、反复制动的情况下，更应维护其制动性能，以免由于汽车制动不良或失效引发危险
方向稳定性	在制动过程中汽车按驾驶人给定轨迹行驶的能力，即维持直线行驶或按预定弯道行驶的能力。如果汽车制动时出现跑偏、转向、侧滑、甩尾等现象，将失去操控性

（四）汽车的操纵稳定性

汽车的操控稳定性是指驾驶人在不感到紧张、疲劳的情况下，汽车能按照驾驶人通过转向系统给定的方向行驶，而当遇到外界干扰时，汽车所能抵抗干扰而保持稳定行驶的能力。汽车操控稳定性通常用汽车的稳定转向特性来评价。转向特性有不足转向、过度转向以及中性转向三种状况。易操控的汽车应当有适当的不足转向特性，以防止汽车出现突然甩尾现象。

（五）汽车的平顺性

汽车平顺性是指汽车行驶时对路面引起的振动所具有的阻振能力。汽车行驶时，路面的不平会激起汽车的振动，振动达到一定程度时，不仅会使乘客感到不舒适和疲劳，还会缩短汽车的使用寿命。汽车平顺性与汽车的底盘参数、车身几何参数、汽车的动力性以及操控性等有密切关系。

（六）汽车的通过性

汽车的通过性是指汽车在一定的载荷下通过坏路、无路区域和克服各种障碍物所具有的能力。汽车的用途不同，对通过性的要求也不一样。行驶在城市道路的汽车，对通过性要求并不突出，但农用车或军用车辆就要求有良好的通过性。汽车通过性的性能指标有离地最小间隙、接近角、离去角、最小转弯半径等。

二、车辆制动性能对行车安全的影响

（一）制动方向稳定性

车辆在高速路上行驶，尤其是在附着力不强的路面上高速行驶或紧急制动时，容易失去控制，偏离原来的行驶方向，出现跑偏或侧滑，进而酿成事故。制动跑偏和制动侧滑的故障现象和预防措施如表2-5所示。

表2-5　制动跑偏和制动侧滑的故障现象和预防措施

类　别	现　象	原　因	预　防　措　施
制动跑偏	车辆沿直线行驶，转向盘固定不动，车身自动向左或向右侧滑移	- 左右轮制动力不平衡； - 制动管路或接头渗漏； - 左右轮胎花纹磨耗程度及胎压不均； - 左右轴距不等； - 前轮定位失准； - 车架或前桥等变形； - 装载不均匀，负荷分配不合理	- 注意对车辆进行例行检查；装载时应保证货物装载均匀； - 发现制动跑偏及时维修
制动侧滑	后轮抱死：车辆可能发生甩尾	车轮抱死后，车轮只能在路面上滑动，失去了承受侧向力的能力，车辆向侧面发生滑动或甩动	- 制动防抱死系统能有效防止制动侧滑； - 没有制动防抱死系统的车辆，应尽量避免紧急制动； - 万一发生侧滑，应立即放松制动踏板，以缓解车轮抱死，同时将转向盘向侧滑的方向转动，修正方向； - 避免在转弯时制动
	前轮抱死：车辆失去转向动力，不能改变行驶方向		

（二）制动衰退

1. 涉水行驶后的制动水衰退

车辆涉水行驶后，制动器被水浸泡，车辆制动性能衰退。此时应反复踩踏制动踏板，恢复车辆制动性能。尤其是在北方寒冷地区，车辆在冰雪路面上或"冬雨"里行驶，制动器易冻结，驾驶人应对车辆制动性能给予特别关注。

2. 下长坡时的制动热衰退

下长坡时，车辆受惯性影响，速度会越来越快，如果持续使用行车制动，制动器长时间剧烈摩擦，温度就会急剧升高，从而导致热衰退。同时，制动液也会因过热产生气泡，造成制动效果急剧下降，导致制动失效。因此，下长坡时禁止空挡滑行，应提前挂低速挡，充分利用发动机的制动阻力控制车速。

三、车辆的通过性对行车安全的影响

不同车辆的通过能力是不一样的。一般来说，越野车、军用车、自卸汽车和载货汽车具有较强的通过性。

（一）离地最小间隙

离地最小间隙是指汽车在满载（允许最大荷载质量）的情况下，其底盘最突出部位与水平地面的距离。离地最小间隙反映的是车辆无碰撞通过有障碍物或凹凸不平的地面的能力。

离地间隙越大，车辆通过能力就越强，但重心偏高，稳定性较低；离地间隙越小，车辆通过能力就越弱，但重心偏低，稳定性较高。

> **温馨提示**
>
> **特殊路段防"托底"**
>
> 在山区道路，泥泞、崎岖道路，施工路段以及一些低等级公路上行驶时应特别注意，车辆骑越有一定高度的障碍物时，应预见到车辆存在被障碍物"托底"的可能。此时应注意观察路况，必要时下车观察，不可存侥幸心理盲目通过，以免发生事故。

（二）纵向通过半径和横向通过半径

纵向通过半径是指车辆前后轮之间最低点与前、后两轮外圆相切的圆弧半径。轴距越短、车辆长度越短，车辆的纵向通过半径就越小，通过性也就越好。

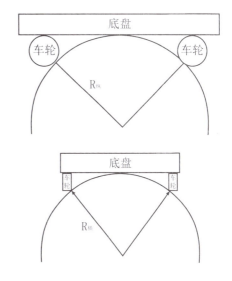

横向通过半径是指汽车前桥或后桥的左右车轮内侧与车桥最低点相切的圆弧半径。轮距越小，前、后桥的最低点离地距离越大，横向通过半径越小，通过性也就越好。

> **温馨提示**
>
> **"左顾右盼"安全通过**
>
> 在进入窄路，特别是转弯进入窄路时，要考虑车辆的转弯半径。一般来说，左转弯时要尽量贴靠右侧，并多向右"探头"；右转弯时要尽量贴靠左侧，并多向左"探头"。

购车必看汽车配置表

汽车配置表记录了该车的各种参数数据。驾驶人可通过车辆参数数据认知汽车的结构和性能，选购适合的车型。

汽 车 配 置	具 体 介 绍	
车身总长（mm）/总宽（mm）/总高（mm）	车身尺寸是反应车型车身大小的重要参考信息之一，一般用长、宽、高表示，单位为毫米(mm)。需要注意的是，车辆尺寸大小并不一定与车内空间有直接联系。受车内、车外设计、轴距、悬挂等因素影响，车身尺寸相同的两辆车也有可能拥有完全不同的车内尺寸。因此并不是外形尺寸越大的车就越舒适，驾驶人应该选择适合自己需求和驾驶习惯的车辆。	
行李箱容积（L）	——	
油箱容积（L）	——	
整备质量（kg）	——	
发动机排量（L）	发动机排量指发动机气缸工作容积的总和，即活塞从上止点运行到下止点的容积乘以气缸数，一般用毫升(cc)或升(L)作为单位。理论来讲排量越大，发动机越大，发动机动力越强劲。	
发动机型式	直列排列	所有气缸均为排直线排列，缸体和曲轴结构简单，制造成本较低，尺寸紧凑，但功率输出相对较低，应用比较广泛。
	V型排列	相邻气缸以一定夹角布置在一起，使两组气缸形成一个夹角的平面，从侧面看气缸呈V字形。V型发动机高度和长度尺寸小，可以在小空间内通过扩大气缸直径来提高排量和功率。
	W型排列	将V型发动机的每侧气缸再进行小角度的错开，即气缸排列形式由两个V型组成。严格来说属于V型发动机的变种。特点是功率更大，节奏更紧凑，是德国大众专属技术。
	水平对置排列	发动机气缸平均分布在曲轴两侧，活塞在水平方向左右运动，发动机体积缩小且重心更低，发动机安装在整车的中心线上，两侧活塞产生的力矩相互抵消，大大降低车辆在行驶中的振动，减少噪音。保时捷和斯巴鲁都广泛应用此技术。
	转子发动机	直接将可燃气的燃烧膨胀力转化为驱动扭矩，取消了无用的直线运动，因而尺寸较小，重量较轻，振动和噪声较低，但油耗较大且不易保养。马自达是唯一大批量生产转子发动机的公司。
功率/转速（KW/rpm）	最大功率指发动机可实现的最大动力输出，使用千瓦(KW)为单位，有时也用马力(Ps)表示，1KW=1.36 Ps。功率越大转速越高，汽车的最高速度也越高。扭矩指发动机从曲轴端输出的力矩，扭矩越大发动机输出的"劲"越大，曲轴转速的变化也越快，车辆的加速性能越好。最大功率和扭矩随发动机转速变化而不同，并不是转速越高功率和扭力就越大，每款发动机都有其独特的最大输出转速或转速区间。一般同排量发动机的功率和扭矩都有可能不同，由此可以判断发动机的工作效率和优越性。	
最大扭矩/转速（Nm/rpm）		
变速箱型式	变速箱可分为两大类：手动和自动。自动变速箱中还包含传统自动、CVT无级变速、手自一体变速箱以及双离合变速箱等。变速箱的前进挡数量也是衡量车辆档次的一个要素。目前大多数手动车型都配备5速或6速变速箱，部分低端车型可能会配备4速手动变速箱。理论上来说，挡位越多换挡越平顺，油耗越少。但挡位数不是衡量车辆好坏的唯一标准，还要根据质量、可靠程度等具体情况而定。	

汽 车 配 置	具 体 介 绍
驱动方式	汽车的驱动形式一般分为三种：前轮驱动，后轮驱动以及四轮驱动。 前轮驱动为国内最为常见的驱动形式之一，顾名思义发动机带动前面的两个轮子驱动整个车身运动并负责车辆转向，后轮只作为辅助车轮随速旋转。前轮驱动车型结构简单，成本较低且易于维修，但偶尔会出现于转向不足的情况。国内大多数轿车采用前轮驱动。 后轮驱动与前轮驱动正好相反，即前轮负责转向，后轮负责驱动车辆行驶，分工更加均匀。后轮驱动的轿车需要配备连接发动机和后轮的车轴，结构比前轮驱动车型更为复杂，故成本也较高，因此后轮驱动更多见于中高级车辆。由于结构所致，后轮驱动车辆操控更加灵活，但容易出现转向过度的情况，更适合富有一定经验的驾驶人。
综合工况油耗 （L/100km）	综合工况油耗是特定条件下的几种不同路况的油耗的平均值。这里的工况就是路况，路况可分为：城市公路、高速公路、郊区等。一般来讲，综合工况油耗是根据不同道路情况的油耗量计算出来的平均值。如：综合工况油耗为7.5L，就是每百公里的耗油量是7.5升。
最高车速 （km/h）	汽车的最高车速，是评价汽车动力性能的指标之一。最高车速是指汽车在水平良好的路面上能达到的最高行驶速度。设计的汽车最高车速要考虑道路条件与交通情况。
悬架系统	麦弗逊式独立悬挂是当今最普遍的悬挂系统之一，由螺旋弹簧、减振器、三角形下摆臂组成，大部分车型还会增加横向稳定杆。其优点是结构简单、反应较快，占用空间小并且成本较低易于制造。缺点是稳定性欠佳且转弯侧倾略大。 多连杆悬挂可以实现主销后倾角的最佳位置，大大减少来自路面的前后方向力，由此改善加速和制动时的平顺性、舒适性以及平稳性。其优点是操控性和稳定性较好，缺点是成本较高，制造略复杂。
制动系统	汽车上常用的制动器都是利用固定元件与旋转元件工作表面的摩擦而产生制动力矩，称为摩擦制动器。它有鼓式制动器和盘式制动器两种结构型式。

小知识

盘式和鼓式制动器的区别

鼓 式		盘 式	
优 点	缺 点	优 点	缺 点
（1）制造成本更低，维修保养便宜。 （2）排水性较好，制动系统在一个相对密闭空间，不易受到水、泥沙影响。 （3）以相同力量踩下制动踏板时，因为鼓式制动系统的接触面积大，获得的制动力也大。在没有助力制动的情况下，制动效果更加明显。	（1）热衰退现象明显，因为在一个相对封闭的环境，制动时产生的热量并不能及时散去，长时间制动效果明显变差。 （2）由于鼓式制动的制动来令片密封于制动鼓内，造成制动来令片磨损后的碎屑无法散去，影响制动鼓与来令片的接触面从而影响制动性能。	（1）盘式制动盘等制动部件全部暴露在空气中，通风效果好，热衰退现象不明显，长时间制动效果依然好。 （2）制动盘在受热之后尺寸的改变并不使踩制动踏板的行程增加。 （3）与鼓式制动相比，盘式制动的构造简单，且容易维修。	（1）盘式制动的来令片与制动盘之间的摩擦面积较鼓式制动的小，所以制动的力量也比较小。 （2）虽然易于维修，但使用过程中磨损较快，维修成本较高。

车辆主要安全装置分为主动安全装置和被动安全装置。主动安全装置是指能够帮助车辆和驾驶人主动有效预防并避免事故发生的配置，例如常见的ABS防抱死制动系统等。被动安全装置指不能防止和避免事故发生，但一旦事故发生能最大程度发挥作用保护车辆和人身安全的配置，例如安全带、安全气囊。

一、主动安全装置

随着电子技术的飞速发展与应用，主动安全装置日益完备并逐渐智能化。表2-6中汇集了目前常见的主动安全装置，虽然不同厂商对这些装置的称呼略有不同，但工作原理都基本相同。

表2-6 常见汽车主动安全装置

简 称	中 文 名 称	功 能
ABS	防抱死制动系统	通过自动控制迅速"点刹"，防止车轮在紧急制动时抱死失控，保持车辆在紧急制动时的正常转向，减少制动距离
EBD	电子制动力分配	制动瞬间计算出每个车轮的摩擦力数值，并将合理的制动力度分配到每个制动器上，保证车辆在制动时的平稳和安全
EBA/EVA	制动辅助	通过传感器探测分辨车辆是否处于紧急制动状态，在紧急情况下瞬间提供最大的制动力，辅助达到最强制动效果
ESP/DSC/VSA	电子稳定程序	通过控制车轮转速达到稳定车辆的目的，转向过度时减慢外侧车轮来稳定车辆；转向不足时减慢内侧车轮从而校正行驶方向
TCS/ASR	牵引力控制	一旦系统发现某车轮处于打滑状态，便会迅速调节该车轮的输出扭矩，同时启动ABS对打滑的驱动轮进行适当制动，以平衡每个车轮的抓地力
LCA/BLIS	变道辅助系统	通过左右后视镜的传感器探测车辆盲区内是否有障碍物并通过指示灯告知驾驶人，提高并线时的安全系数
TPMS	胎压监测系统	行驶过程中对轮胎气压进行实时自动监测，并对轮胎漏气和低气压进行报警
ACC/CCS	自适应巡航	通过前方传感器和自动控制加速踏板、制动踏板，与前车保持安全设定距离并自动跟车
-	自动制动	制动通过车辆前方传感器探测车辆与前方障碍物的安全距离并在必要时自动辅助制动
-	雷达/倒车影像	通过前后传感器探测车辆与障碍物的位置并以声音或影像形式传递给驾驶人
-	驾驶人安全监控系统	驾驶人面前的摄像头将实时监控驾驶人的瞳孔反应和驾驶行为并与正常数据进行对比，如有异常将随时提醒或警告驾驶人

（一）ABS防抱死制动系统

"ABS（Anti-Lock Braking System）"中文译为"防抱死制动系统"，它是一种具有防滑、防抱死等优点的汽车安全控制系统。ABS使汽车在制动状态下仍能转向，保证汽车的制动方向稳定性，防止产生侧滑和跑偏。没有装备ABS的车辆在紧急制动时，车轮转速会急速降低，当制动力超过车轮与地面的摩擦力时，车轮就会抱死，完全抱死的车轮会使轮胎与地面的摩擦力下降，车轮与路面间的侧向附着力完全消失。如果是前轮（转向轮）制动到抱死滑移而后轮还在滚动，车辆将失去转向能力（跑偏）；如果是后轮制动到抱死滑移而前轮还在滚动，即使受到不大的侧向干扰力，车辆也将产生侧滑（甩尾）现象。这些情况均极易造成严重的交通事故。为了充分发挥轮胎与路面间的这种潜在附着能力，目前在轿车、大客车和重型载货车辆上广泛采用了防抱死制动系统。

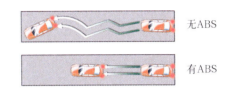

①ABS的功用是保证车辆在任何路面上进行紧急制动时，能自动控制和调节制动力，防止车轮抱死，使每个车轮产生尽可能大的地面制动力，进而消除制动过程中的跑偏、甩尾等不稳定状态，以获得良好的制动性能、操纵稳定性能。

②无论是在液压制动系统，还是气压制动系统中，ABS主要由轮速传感器、电控单元和液压调节器三部分组成。轮速传感器监测车轮的速度，作为轮胎滑移的测算依据；电控单元接收传感器信息，判断轮胎滑移的状态，进而发出控制指令；液压调节器根据电控单元的指令调节制动系统的压力。

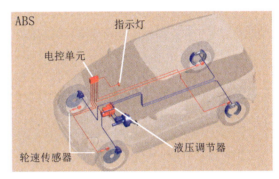

小知识

ABS使用注意事项

①要始终踩住制动踏板不放松。制动时这样操作，才能保证足够和连续的制动力，使ABS有效地发挥作用。

②要保持足够的制动距离。在良好的路面上行驶时，至少要保证离前面的车辆有3s的制动时间；在条件较差的路面上行驶时，要留给制动更长一些的时间。

③要事先练习驾驶配置ABS的车辆。提前了解紧急制动时ABS的工作特性十分必要。ABS工作时，制动踏板会有震颤，液压调节器会有工作噪声。但不要担心制动踏板震颤和工作噪声，也不必怀疑制动系统有故障。

④不要过度相信和夸大ABS的作用而做出一些危险的驾驶行为。即使对于有ABS的车辆，急转弯、快速变更车道以及其他急打转向盘的做法，也是不适当和不安全的。

⑤不要反复踩制动踏板。驾驶有ABS的车辆时，反复踩制动踏板会造成ABS工作间歇，导致制动效能降低和制动距离增加。

⑥不要忘记转动转向盘。ABS为驾驶人提供了转向盘的可控能力，但它本身并不能自动完成车辆转向操作。

（二）驱动防滑控制装置

虽然ABS能有效防止车轮抱死，避免车辆在紧急制动时因车轮抱死而出现失控的现象，有效地提高车辆制动安全性能，但ABS并不能解决车辆在湿滑路面起步或加速时出现的车轮打滑问题，更不能避免车辆发生侧滑，因此，在ABS的基础上，进一步开发出了驱动防滑控制装置（ASR）。

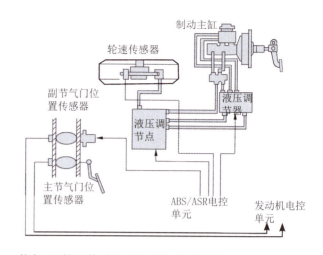

驱动防滑控制装置（Anti-Slip Regulation，简称ASR），也称为驱动力控制系统（TCS）或牵引力控制系统（TRC）。装备ASR的目的是防止车辆加速时打滑。

ABS和ASR都是用来控制车轮相对地面滑动，以提高车轮与地面之间附着力的。ABS是在车辆制动过程中工作，即在车轮出现滑移时起作用，而ASR则是在车辆行驶过程中工作，即在驱动车轮出现滑转时起作用。一般在车速很低（小于8公里/小时）时ABS不起作用，而ASR一般在车速很高（大于80公里/小时）时不起作用。由于ABS与ASR密切相关，常将它们合在一起，可使用共同的部件来控制车轮的运动。

（三）电子稳定程序

据统计，有25%导致严重人员伤亡的交通事故是由侧滑引起的，而更有60%的致命交通事故是因侧面相撞而引起的，其主要原因就是车辆发生了侧滑。因此，有效降低车辆侧滑危险的ESP变得非常重要，它可以有效避免发生交通事故，或减轻事故所造成的后果。

①电子稳定程序(Electronic Stability Program，简称ESP)通过调节车轮的制动力或者发动机的输出功率，防止车辆在紧急情况下或转弯时的过度转向或转向不足，使车辆不偏离合适的行驶路线，保持在原来的车道内行驶。

ABS及ASR只能被动地做出反应，而ESP则能够探测和分析车辆的行驶状况，并主动纠正驾驶的错误，防患于未然。ESP是对ABS的补充，通过传感器对车轮转速、车速和转向角度进行相互比较，如果测算出车辆的性能不稳定，就会自动进行修正。

车辆左转弯，转向不足时，车辆将向车道外偏移，此时，ESP通过调节制动系统，使左后轮受到合适的制动力，使车辆保持原来的行驶路线。

车辆左转弯，过度转向时，车尾将甩出车道，此时，ESP通过调节制动系统，使右前轮受到合适的制动力，以避免侧滑的危险。

②ESP由转向角传感器、轮速传感器、侧滑传感器、横向加速度传感器和控制单元等组成。转向角传感器监测转向盘的转向角度，帮助确定车辆行驶方向是否正确。轮速传感器监测各车轮的速度，确定车轮是否在打滑。侧滑传感器监测车体绕垂直轴线的运动状态，确定车辆是否在打滑。横向加速度传感器监测车辆转弯时的离心力，确定车辆是否在通过弯道时打滑。控制单元通过这些传感器的信号对车辆的运行状态进行判断，进而发出控制指令，修正车辆的行驶状态。

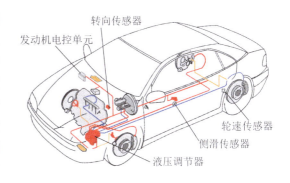

（四）巡航控制系统

巡航控制系统（Cruise Control System，简称CCS）也称为恒速控制系统或车速控制系统，是一种可以使车辆自动地以固定速度行驶的装置。由于巡航控制系统能准确地控制设定的速度，从而使高速行驶的车辆更加安全和平稳。不论是手动变速器还是自动变速器，均可装备巡航控制系统。

①CCS的功用是使车辆在高速公路行驶时，按照驾驶人所设定的速度，不踩加速踏板就可以使车辆自动地以一定的速度行驶。既可以保持车辆车速的稳定，减轻驾驶的操作负担，提高车辆行驶的舒适性，又可以节约燃料和减少有害气体排放。

②CCS主要由巡航控制开关、车速传感器、电控单元和执行器（控制节气门的开度）四部分组成。车辆在高速公路上行驶速度超过40公里/小时，道路交通状况良好的情况下，驾驶人打开巡航控制开关，电控单元根据巡航控制开关和车速传感器信号自动地增减节气门的开度，使车辆的行驶速度保持在驾驶人打开巡航控制开关时的速度，省去了驾驶人频繁地踩加速踏板的动作，驾驶人只要掌握转向盘就可轻松地进行驾驶。当驾驶人再踩踏加速踏板、制动踏板、离合器踏板或者操纵巡航控制开关取消巡航控制时，CCS立即解除巡航状态。

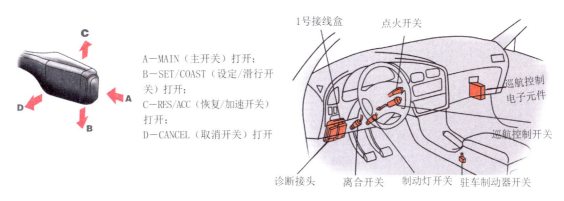

A—MAIN（主开关）打开；
B—SET/COAST（设定/滑行开关）打开；
C—RES/ACC（恢复/加速开关）打开；
D—CANCEL（取消开关）打开

对自动泊车入位系统的认知：

◆ 不是所有空隙都能自动泊车入位，需预留更多空间方可操作。一般大于车身1米以上。

◆ 自动泊车还是需要驾驶人根据提示控制制动及挂入相应挡位操作，当驾驶人人为干预自动泊车系统时，如打转向盘或踩制动踏板，则自动泊车系统会当即停止。

◆ 不是所有停车位都可实现自动泊车。大部分自动泊车仅支持侧方停车。

◆ 操作方式并不统一。目前采用自动泊车入位的品牌有奔驰、雷克萨斯、大众和斯柯达等，其根据系统的不同，自动泊车入位的操作方式也有不同。

（五）车辆灯光和喇叭

合理使用灯光和喇叭可以起到正确提示其他交通参与者和与其交流的作用，对行车安全具有重要作用。在急转弯、十字路口、窄路、拱桥、夜间、雨天、雾天和雪天等存在驾驶盲区和恶劣天气条件下行车时正确使用灯光和喇叭对安全行车非常重要。此外，正确使用灯光和喇叭也是文明行车的一项重要内容。

二、被动安全装置

（一）头枕

座椅安全头枕的作用是保护颈椎。车辆发生追尾事故时，碰撞所产生的巨大冲击力会使人的头部突然后仰，从而使驾驶人的颈椎受到较为严重甚至是致命的伤害。

驾驶人调整座椅时，应使背部尽可能直立，脚部能将离合器踏板和制动踏板轻松踩到底，颈部与身体间角度趋于平缓。头枕的高度也要合适，使头枕中心与脑后部在同一水平，以降低追撞时对驾驶人颈椎的伤害程度。

（二）安全带

1. 安全带的作用

汽车安全带的作用就是在车辆发生碰撞或使用紧急制动时，预紧装置收束并瞬间绷紧，将乘员牢牢地"捆"在座椅上，防止发生二次碰撞，有效保护身体。

启动发动机后，如果驾驶人没有系好安全带，仪表盘的安全带报警灯会保持常亮。

2. 不系安全带的风险

如果没有安全带的保护，车辆在碰撞或紧急制动的瞬间，巨大的惯性会使驾驶人与转向盘、风窗玻璃等发生碰撞，严重时会将驾驶人抛离座位甚至抛出车外，伤亡率大大升高。

汽车发生碰撞事故后，驾驶人、乘车人的身体还会继续向前运动，与车厢内部结构、人员发生第二次碰撞，这种伤害有时甚至是致命的。

对于具有安全气囊装置的车来说，不系安全带更加危险，因为安全气囊膨出时的爆发力很强，如果没有安全带的保护，会对人体造成严重的伤害。

3. 安全带使用注意事项

正确使用安全带，能够降低突发事件对人员造成伤害的几率和程度。

经常检查安全带的技术状态，如发现损坏应及时更换。

严禁双人共用；避免安全带卷曲；避免与锋利物体（如刀刃、玻璃碴等）接触。

不能让安全带压在坚硬或易碎的物体上，如衣服里的眼镜、钢笔和钥匙等。

座椅上无人时，要将安全带送回卷收器中，将扣舌置于收藏位置，以免在紧急制动时扣舌撞击到其他物体上。

温馨提示

安全带和儿童安全座椅

车辆安全带通常依据成人的身高设计，因此，12岁以下、身高不足150厘米的儿童不适合佩戴常规的安全带。否则在紧急制动和发生交通事故时，儿童会因安全带起不到束缚作用而面临严重的伤害。儿童乘车必须用专门的儿童安全座椅。

适用于体重9kg以下儿童　　适用于体重9～18kg儿童　　适用于体重18kg以上儿童

（三）安全气囊

1. 安全气囊的作用

车辆发生强烈碰撞时，安全气囊会在瞬间充气、膨出，防止驾驶人的头部和胸部与转向盘、仪表板，和前风窗玻璃发生碰撞，从而避免、减轻人员的伤亡。

未系安全带，无气囊　　　未系安全带，有气囊　　　系安全带，无气囊　　　系安全带，有气囊

☆☆☆☆☆（安全指数）　★☆☆☆☆（安全指数）　★★★☆☆（安全指数）　★★★★★（安全指数）

值得说明的是，并非所有的碰撞事故都会触发安全气囊，这取决于车辆碰撞的剧烈程度以及碰撞的角度。一般来说，车辆在20公里/小时以下的速度正面撞击物体或者在车辆前方左右两侧30°以外的方向受到撞击时，均不会触发安全气囊。

2.使用注意事项

①配合安全带使用。装有安全气囊的车辆在行驶中，前排乘员应当系好安全带。系好安全带是安全气囊发挥保护作用的一个重要条件。否则，安全气囊展开时强大的瞬间撞击力，会对人的头部和颈部等较为脆弱的部位造成严重的伤害，尤其对于儿童，这种伤害可能是致命的。

②禁止在安全气囊附近放置物件。安全气囊触发的瞬间会弹起放置在其上面的物件，从而给乘车人造成伤害。因此，驾驶人应及时清除安全气囊附近的物件，包括打火机、香水等。

（四）其他安全设备

1.警告标志

车辆在行驶中出现故障停车检修或者发生事故时，应在车后方放置警告标志。一般的道路上，警告标志放置在来车方向50米以外；高速公路上应该在150米以外；特殊情况，如雨天、雾天、夜间和弯道摆放警告标志尤为重要。

2.车载灭火器

车载灭火器是车辆发生火灾时，驾驶人进行灭火，消灭初期火灾的器材，是车辆应急救援的必备物品。驾驶人应为车辆配备与其相适应的有效的灭火器，灭火器应安装牢靠并便于使用。驾驶人应每月检查一次灭火器压力，或查看商标上标注的有效期。灭火器失效后可以到消防器材销售部门重新填装使用，并且在测试合格后粘贴标签。

3.安全锤

安全锤一般放置在车内容易拿到的地方，在发生火灾或车辆倾翻等紧急情况时，方便车内人员敲碎玻璃，逃离车辆。车辆车窗的钢化玻璃中间部分最牢固，四角和边缘最薄弱。因此，使用安全锤时，应使用尖的一头敲击玻璃的四个角或四条边的中间部位，不应敲击正中位置。

对车辆进行日常检查和维护，能够使车辆保持良好的运行状态，避免和减少车辆故障以及由此引发的交通事故。汽车日常维护以清洗、补给和检查为主要内容。驾驶人在每天的出车前、行车过程中和收车后，均要坚持进行车辆的日常检查和维护。

一、日常维护的内容和方法

（一）驾驶室内部的检查和维护

驾驶室内部的检查主要包括检查转向盘、离合器踏板、制动踏板和驻车制动器的状况，检查发动机的运行状况，检查刮水器的工作状况。

1.转向盘

检查转向盘的自由转动量（转向轮不动，转向盘自由活动的范围），最大不得超过30°。也可以采用一种经验值检查方法，即自由转动量不超过两个手指的宽度。

2.离合器踏板

用力踩离合器踏板，感觉踏板是否能够顺利地被踏下且自动回位。

3.制动踏板

用力将制动踏板踩到底后，检查制动踏板的自由行程及与车厢地板之间的间隙是否符合要求。

4.刮水器

检查刮水器时，主要检查玻璃清洗液的喷射状态、喷射方向和高度、喷射量是否正常；开启刮水器，检查各挡位下的运转状态，察看玻璃是否擦拭干净。尽量避免在干燥状态下启动刮水器，以免划伤风窗玻璃，损坏刮水器电机。

（二）发动机舱的检查和维护

发动机舱的检查主要包括发动机机油、冷却液、蓄电池电解液、制动液、玻璃清洗液、风扇传动带等。

1.机油

检查发动机机油时，应在发动机冷车启动之前或熄火10分钟后进行。先拔出机油尺，并用清洁毛巾擦拭干净油尺，然后将油尺重新插入，再拔出，检查机油量是否在刻度的上限和下限之间。

2.冷却液

检查冷却液液面是否在刻度的上限和下限之间。如果液面过低，容易造成发动机工作温度过高的现象。此时应检查水箱、水管是否存在漏水现象。

加注冷却液的注意事项

检查冷却液液面位置时，应将车辆停在平坦地面上，并且需要等待发动机完全冷却后才能打开加注口盖，否则冷却液易溅出，造成烫伤事故。

3.蓄电池电解液

检查蓄电池电解液液面是否在刻度的上限和下限之间；检查蓄电池通气孔是否畅通；检查蓄电池极柱连接线是否牢固。

4.制动液

检查制动液液面是否在刻度的上限和下限之间。如果液面过低，会影响制动管路对制动力的传递、扩大效果，车辆的制动性能也会相应地变差。当制动性能变差时，应检查是否存在制动管路漏油现象。

5.玻璃清洗液

检查玻璃清洗液液面是否在刻度的上限和下限之间。如果清洗液液面过低，应及时进行添加。

处理风窗玻璃清洗液的注意事项

风窗玻璃清洗液极度易燃。驾驶人在处理风窗玻璃清洗液时，严禁点火、明火及吸烟。

6.风扇传动带

检查风扇传动带时，先检查传动带上是否有损伤，再用手指压在传动带中央，检查传动带的松紧程度。如果传动带弯曲较大，表明过松，容易出现打滑，发动机的冷却效果会变差。

（三）车辆外部的检查和维护

1.刮水器叶片和号牌

检查刮水器叶片的磨损情况；检查前、后号牌有无遮挡，是否清晰可见，号牌有无污损。

检查刮水器的注意事项

◆ 检查和清洁刮水器时，应注意不要生硬拉动刮水器叶片，否则可能损坏刮水器叶片。

◆ 驾驶人不要过于频繁清洁刮水器叶片，且擦拭时不要过于用力，否则会损坏其表面涂层，导致刮水器运行时产生噪音。

2. 底盘

检查车辆有无漏油、漏水等现象。

3. 车窗玻璃、风窗玻璃和后视镜

检查车窗玻璃、风窗玻璃和后视镜是否有污垢，后视镜是否调整得当。

4. 车灯

检查前照灯、制动灯、转向灯、示廓灯、危险报警闪光灯、后位灯及号牌灯等照明、信号灯是否正常。检查照明装置时，可与同伴合作确认或利用墙壁、围墙的反射确认。

（四）车辆轮胎及备胎

检查轮胎时，转向轮的轮胎表面花纹厚度应不低于3.2毫米；其他轮胎表面花纹厚度应不低于1.6毫米，以保证轮胎与路面之间有足够的附着力，否则应更换轮胎。

定期检查车辆的车轮和轮胎是否损坏，检查轮胎上有无切口、刺孔、撕裂、凸起或异物（如铁钉、石子等），以及车轮有无变形、裂缝或者严重腐蚀。

检查轮胎气压是否符合标准。

> **温馨提示**
>
> **校正轮胎压力时的注意事项**
>
> 校正轮胎压力时，应该在轮胎处于冷态时进行校正。根据不同的车外温度、行驶车速和轮胎负荷、轮胎温度，温度每变化10℃，轮胎压力可能就会改变10千帕。

轮胎气压过低时，因轮胎变形而与路面的接触面增大，行驶阻力增大，燃油消耗相应地增加。此外，轮胎反复变形会造成过度生热升温，磨损加剧，容易发生爆胎。

轮胎气压过高时，轮胎与路面的接触面减小，附着力下降，制动距离增大；过高的胎压还会使轮胎变硬，弹性变差，轮胎中间磨损加剧，车身易受路面影响颠簸，降低驾驶的舒适性，在受外力冲击时，同样存在爆胎的危险。

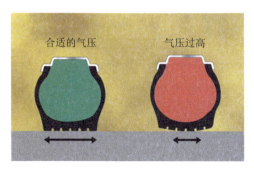

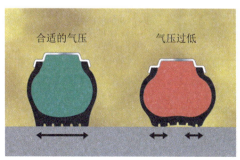

驾驶人可以依照车辆使用说明书、邮箱盖内侧或者驾驶室车门内侧标明的轮胎充气压力标准，保持合理的轮胎气压。

专用备胎的气压也需要经常检查。专用备胎只能在轮胎漏气或发生爆胎时临时使用。

二、运行材料的选择与使用

（一）汽油

汽油的标号是按照其抗爆震（汽油在气缸里一种不正常的燃烧状态）能力划定，一般有90号、93号、97号汽油。标号越高，抗爆性越好。

（二）柴油

柴油的标号按照其凝点的高低标示。例如，-10号表示其凝点不高于-10℃。柴油的选用主要依据当地季节和最低气温，保证其凝点低于当时最低气温4℃～6℃。

表2-7　柴油的标号和适用范围

标　　号	适　用　范　围
0 号轻柴油	适合最低气温在4℃以上的地区使用
-10号轻柴油	适合最低气温在-5℃以上的地区使用
-20号轻柴油	适合最低气温在-5℃～-14℃的地区使用
-35号柴油	适合最低气温在-29℃以上的地区使用
-50号柴油	适合最低气温在-44℃以上的地区使用

（三）发动机润滑油

发动机润滑油的牌号是按照其黏度来分类的。发动机润滑油主要是按照车辆的使用说明书规定选用。冬夏季节变化时需要更换发动机润滑油。一般我国北方地区宜选用黏度较低的润滑油，而南方地区则应选用黏度较高的润滑油。

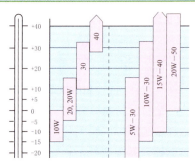

表2-8　润滑油的选用

黏　度　等　级	使用温度/℃	黏　度　等　级	使用温度/℃
5W	-30～-10	5W-30	-30～30
10W	-25～-5	10W-30	-25～30
20	-10～20	10W-40	-25～40
30	0～30	15W-40	-20～40
40	10～40	20W-40	-15～40

（四）冷却液

冷却液，有时也称防冻液，是保证发动机正常工作的重要运行材料。冷却液作用如表2-9所示。

表2-9　冷却液的功能与作用

功　能	作　用
防冻	有效防止发动机被冻坏
防腐蚀	有效防止发动机冷却系统的锈蚀
防水垢	优质冷却液具有防水垢功能，有效提高散热器工作效率
防"开锅"	优质冷却液的沸点通常在110℃，能有效防止水箱"开锅"

（五）玻璃清洗液

玻璃清洗液具有去污、防冻、抗静电、防腐蚀等功能，有些还具有融雪融冰、防眩、防雾气等性能，对提高驾驶视野清晰度，保证行车安全具有重大作用。玻璃清洗液的分类和使用如表2-10所示。

表2-10　玻璃清洗液的分类与作用

分　类	作　用
夏季使用	可以快速清除留在风窗玻璃上的飞虫残留物、动植物液体和淤泥等
冬季防冻型	冬季外界气温在-20℃时，保证风窗玻璃不会结冰
冬季特效防冻型	冬季外界气温在-40℃时，保证风窗玻璃不会结冰

第五节　残疾人车辆

残疾人驾驶的车辆除了满足一般车辆的技术要求外，还增加了汽车驾驶辅助装置和车辆标志。

一、残疾人车辆辅助装置

双下肢或右下肢残疾人驾驶的车辆都需要加装专用设施。残疾人驾驶的车辆的转向盘下方，比普通汽车多了连接制动和加速踏板的操作杆，用来将用脚控制的制动和加速装置转化为用手来控制，转向盘上还会加装一个方向助力柄，方便残疾人单手控制方向。左上肢残疾人驾驶的车辆需加装单手控制方向盘手柄，如有必要，还可加装转向灯控制迁延开关。右上肢残疾人驾驶的车辆需加装单手控制方向盘手柄，如有必要，还可加装驻车装置控制迁延手柄。

制动和加速迁延控制手柄的结构和操作方法如下。

①加速控制：杠杆上提或横向转动（两种设计方式），完成加速动作。

②制动控制：杠杆下压制动踏板，完成制动动作。

该装置有朝左和朝右的两种设计方式，可根据使用者个人习惯选择安装。该装置通过支架固定在转向盘下方，水平横置，装置的端头为操作手柄。该装置为一杆两控（加速和制动），所以只能安装在自动挡车型上。

右下肢残疾的驾驶人还可以驾驶加装制动和加速迁延控制踏板的汽车。制动和加速迁延控制踏板加装在汽车上与正常的制动和加速踏板联动工作。脚踏力度越大，制动力或加速力就越大，汽车停止或行驶的速度就越快，反之越慢。借助此装置驾驶人还应根据自身身体条件及对装置掌握的熟练程度谨慎驾驶，确保行车安全。

二、残疾人车辆标志

在车身前部和后部设置专用标志，便于其他车辆注意礼让，为残疾人驾驶汽车提供特别关爱，并保障残疾驾驶人在停泊车辆等方面的优先权。

第三章　场地驾驶技能

场内道路是一个相对封闭的环境，没有复杂的交通情况，没有过多的行人，我们可以在这里练习上车、起步、制动、停车、倒车、下车等基本操作以及一些驾驶技巧，掌握驾驶过程中常见道路状况下的基本操作和驾驶技能，为正式上道路驾驶做好准备。在这一章里，我们将为学员讲述一些基本操作的要领，并设计一些线路供大家练习车辆位置感，同时体会不同驾驶速度下的人体感知，为日后的安全驾驶奠定坚实的基础。

第一节　基础操作知识

学习基本的操作知识是学习驾驶的开始，掌握规范的基础操作有助于今后快速和正确地掌握更多的驾驶技能。

一、上车前的安全检视

（一）车辆外观检视

从车辆右前方开始，按照逆时针方向绕车一周，检查车辆外观以及各部位有无漏水、漏油、漏气等现象，检查车轮下是否有影响起步的障碍物，检查轮胎磨损、气压等情况是否正常。

（二）车辆灯光的检视

检查车辆灯光的工作状况，包括转向灯、前照灯、雾灯、示廓灯、后位灯、制动灯、倒车灯和危险报警闪光灯。

（三）车辆发动机舱、驾驶室内安全检视

检查发动机机油、变速箱机油、转向助力油、制动液、蓄电池液、冷却液、玻璃清洗液是否充足；检查仪表灯光工作状况是否正常；检查制动踏板是否灵敏有效。

检查冷却液

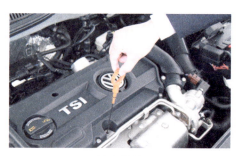

检查机油

检查玻璃清洗液

检查仪表板

（四）车内安全检视

检查安全带是否齐全、有效；检查车内有无影响行车安全或未正确摆放的物品。

二、上、下车规范动作

（一）上车规范动作

1. 确认安全

驾驶人在打开车门前，首先应观察车辆周围的情况，确认车辆周围无行人、车辆或其他影响安全起步的障碍物。

2. 规范上车

左手握住门把，打开车门，右手在门内方便的位置接应一下，左手再移至车门内侧，以防止车门迎风失控等造成损坏；右手握住转向

盘边缘，右脚伸向制动踏板；侧身使臀部、腰部、上身进入驾驶室，自然坐下；收左脚进驾驶室并放在离合器踏板左下方。

3. 关闭车门

左手握住内门把，将车门关至离门框10厘米左右时，适当加力将车门关好并确认是否关严，随手锁好车门。

（二）下车规范动作

1. 确认安全

下车前，注意观察侧后方情况，确认安全后再缓开车门。先用左手打开车门1/2，侧头观察后面是否有车辆或行人临近，确认安全后，再打开车门。

2. 规范下车

左手扶住驾驶室门框，右手握住转向盘左缘，先迈出左脚踏在地面上，身体向外转体、站立，撤出右脚落到地面，右手松开转向盘。

3. 关闭车门

先用左手将车门关至离门框10厘米左右时，然后用力将门关严，锁车。

三、驾驶准备工作

（一）调整座椅、头枕

1. 调整座椅

调整座椅时要伸直腰，后背轻靠在靠背上；用右手握住转向盘，左手控制座椅调节手柄或按钮，前后滑动调整到膝盖微弯曲、能将离合器踏板和制动踏板轻松踩到底的位置，不易过远或过近。

2. 调整头枕

调整头枕时要使头枕中心与头部中心平齐，以保证头枕能够支撑自己的头部。座椅和头枕位置调整不当，如将头枕中心与颈部平齐，会增加驾驶人驾驶疲劳和操作不当的危险。

（二）调整后视镜

1. 调整外后视镜

调整外后视镜时应调至地面位于镜面上下方的中间，能观察到的车体占镜面横向的1/4，车外物体占镜面横向的3/4。

2. 调整内后视镜

调整内后视镜时，要保持正确的驾驶姿势，面向正前方，右手握后视镜边缘，使整个后风窗置于镜框内为佳。

（三）系好安全带

1. 正确的佩戴方法

左手掌心向前，将安全带慢慢拉出，不要使其折、卷，右手将安全带扣插入锁止机构，听到"咔"的一声为止。

2. 正确的摘除方法

左手握住胸前的安全带，用右手按下锁止机构按钮，左手慢慢将其送回。摘安全带时，不要将摘下的安全带马上松手，以防安全带金属扣弹回，打碎玻璃或伤人。

四、发动机启动、升温和停熄

（一）发动机启动

点火开关用于接通或切断起动机、点火和电器线路。0（LOCK）：关闭位置，可拔出或插入点火钥匙；Ⅰ（ACC）：发动机停熄位置，发动机停熄后辅助车用电器设备可正常使用；Ⅱ（ON）：发动机工作位置；Ⅲ（START）：启动发动机工作位置。

启动发动机按下列顺序进行。

①确认驻车制动器有效制动。

②踏下离合器踏板。

③检查变速杆是否在空挡，若在挡位上，应将变速杆置于空挡。

④打开点火开关至Ⅰ（ACC)位置，车内电器进行自检。

⑤打开点火开关到ON挡。

⑥进一步转动点火开关钥匙至START位置，接通起动机。

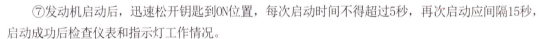

⑦发动机启动后，迅速松开钥匙到ON位置，每次启动时间不得超过5秒，再次启动应间隔15秒，启动成功后检查仪表和指示灯工作情况。

⑧发动机运转平稳后，放松离合器踏板。

（二）发动机升温

启动发动机后，发动机的温度缓慢上升。驾驶人应及时检查仪表有无异常情况。初始启动发动机时，水温表显示的温度会很低，需要一段时间的预热，才能达到适合的温度（水温表中央附近）。驾驶人可采取原地怠速预热车辆或低挡低速行驶一段距离，使水温升至60摄氏度（水温表2/3的位置）后再正常行驶。

（三）发动机停熄

将钥匙转动到点火开关ACC位置，发动机熄火。一般情况下，将钥匙转动到"LOCK"位置即可拔出（但是需要注意不同车型拔取钥匙的方式有时也不尽相同）。若因为转向盘自锁装置锁止住了钥匙而导致钥匙转动困难，可通过一边左右轻轻转动转向盘，一边转动钥匙的方式将其拔出。对于自动挡汽车，变速器挡位不在P挡位置，钥匙将无法拔出。

五、正确的驾驶姿势

①学员入座时，臀部应顶住座位角，尽量往里坐。

②操作时正对转向盘，两手按规定握住转向盘两侧，上身正直、胸部微挺、头部端正，两眼向前平视，能看远顾近，注意两侧。

③两膝自然分开，左脚放在离合器踏板下方（手动挡车），右脚放在加速踏板上，脚跟应靠在驾驶室底板上。

④行驶中换挡、踩踏板及操纵其他机件开关时，不允许低头观察。

六、操纵装置的规范操作方法

（一）转向盘的规范操作方法

1. 握位

左手为时钟9点位置，右手为时钟3点位置。

2. 握法

两手分别放在转向盘的两侧边缘，拇指顺压在转向盘边缘上，其余四指由外向里自然握住转向盘，依靠手腕、肩部、手指的力量，轻柔、协调地操控转向盘。严禁双手同时离开转向盘。

3. 转动方法

（1）非交叉式

当任何一侧的手转到腹部位置时，该手立即撤回到原来的位置握住转向盘，另一侧的手再撤回原来的位置，继续转动转向盘。

（2）交叉式

当任何一侧的手转到腹部位置时，该手立即移到12点的位置并握住转向盘，另一只手从9点或3点的位置撤回原来的位置，继续转动转向盘。

4. 学员在操纵转向盘时容易出现的问题

汽车驾驶时，"打转向"是一个最具职业性的标志性动作。学员往往会出现以下几种误操作。

（1）小倒把

小倒把是指学员几乎趴在转向盘上，双手在12点至2点之间快速地小幅度"倒把"。这种转向盘的操作方法不仅会使操作忙乱，而且转向效率极低。因此，提醒广大学员在驾车转向时，要根据需要双手大把交叉，打成"整把转向"，千万不要"小倒把"。

（2）窜转向

窜转向是指汽车转弯打转向时，明明足够打成整把，却要半把半把的双手对接。例如，汽车向右转弯，左手由9点位置将转向盘推至2点位置，右手在2点位置接过之后拉至4点位置，然后左手再推右手再拉，如此反复。这种转向盘打法的缺点是：学员本来对转向轮直线行驶的位置就找不准，如此窜来窜去就更难把握了。

（3）掏转向

掏转向是指打转向时，一只手在转向盘外侧由上向下拉，而另一只手从转向盘的内侧由上向下拉。这种转向盘打法的缺点是：在道路不平或前轮遇有障碍，转向盘突然反弹，很容易打伤驾驶人的手。另外，掏转向也不美观。

（4）打死轮

打死轮是指转向盘已经转到左或右的极限位置还硬打转向盘。这种操作方法的缺点是：容易加大转向盘的自由行程，加速转向轮的磨损。

（5）跑方向

跑方向是指学员在行车中因做其他动作，如换挡、按动开关，以及精力不集中等，造成行驶偏离预定方向，这种现象对行车安全威胁极大。

（二）变速器操纵杆的规范操作方法

操纵变速器操纵杆时，驾驶人手掌轻握球头，五指向下握向手心，自然地握住球头；以手腕和肘关节的力量为主，肩关节为辅，随着推、拉方向的变化，掌心贴球头的位置可以适当变化。

1. 手动变速

①起步时，挂入1挡，如果挂挡不进，可尝试重新踩踏离合器踏板后再试挂。

②起步后，应平稳加速，并适时挂入2挡。行车中，应能够根据路况、交通情况和行车速度等，及时进行加减挡操作，选择合适的挡位。加减挡位应逐级进行，不得无故越级换挡。

③换挡时不得低头下视，学员最容易出现这种情况。

④倒车时，应先将车完全停稳，再挂入挡位。

2. 自动变速

自动变速器各挡位用途及操作注意事项如表3-1所示。

表3-1　自动变速器各挡位用途及操作注意事项

挡位名称	使 用 范 围	注 意 事 项
P挡	在驻车时使用	-启动发动机时，应将操纵杆放在"P挡"位置 -停放时，应在操纵杆置于"P挡"时拔下钥匙 -起步时，踩下制动踏板，方可从"P挡"换入其他挡位
2挡	在缓坡行驶时使用	———
L挡	在陡坡行驶时使用	———
R挡	在倒车时使用	"R挡"只有在停车状态且发动机转速在怠速状态时，才可以换入
N挡	在停车、换挡时使用	———
D挡	在正常行车时使用	———

（三）离合器踏板的规范操作方法

踩踏离合器踏板时，左前脚掌踩离合器踏板，用左腿膝关节和踝关节的伸屈动作踩下或放松踏板，实现离合器的分离、半联动和结合。离合器踏板的操作规范是：快踩、慢抬、一停顿。

1. 快踩

快踩指用脚踩下离合器踏板时的动作要快，一次到位。目的是为了使离合器摩擦片从结合状态到分离状态的过程中，尽量减少结合与分离时的磨损，从而延长离合器摩擦片的使用寿命。

2. 慢抬

慢抬是指离合器踏板的松抬要"先快后慢"。先快是指在抬脚放松离合器踏板的前一段空行程要快，以免拖延时间；后慢是指抬脚放松离合器踏板的后一段行程，离合器摩擦片临近结合点位置前的动作要慢、幅度要小，尤其是车辆起步时必须要精准地控制好平稳的半离合。松抬过快，离合器接触过猛，会出现车辆闯动或熄火的现象。

3. 一停顿

一停顿是指车辆起步时抬脚放松离合器踏板至半联动的位置时要停顿2～3秒，利用离合器摩擦片的摩擦来达到平稳起步的技术效果。但是，停顿时间不宜过长，否则就会造成离合器摩擦片磨损加大，缩短使用寿命。

（四）加速踏板的规范操作方法

踩踏加速踏板时，驾驶人的右脚跟部靠在驾驶室底板上作为支点，脚前掌轻踩加速踏板。行驶中，除使用制动踏板时，其他时间右脚应自然放在加速踏板上。加速踏板的操作规范是：轻踩、缓抬、幅度小。

1. 轻踩

要求脚腕灵活，轻轻地踩下加速踏板即可，禁止采用大幅度猛踩的动作。

2. 缓抬

要求在正常驾驶时的松抬动作应轻缓，禁止在加速踏板上采用猛踩、猛回等大幅度动作。

3. 幅度小

加速踏板带动的节气门从接近水平状态的最小开度到垂直状态的最大开度转动幅度只有90°。节气门一侧打开1毫米，另一侧同时也打开1毫米，也就等于是同时打开了2毫米的幅度，此时发动机的进气量及转速就能出现很明显的增加。因此加速踏板的操作一定要严格遵守上述操作规范。

（五）制动踏板的规范操作方法

用右脚前脚掌踩制动踏板，脚跟部不要靠在驾驶室底板上，用膝关节和踝关节的伸屈动作踩下或放松踏板。

制动踏板的操作规范：轻踩、长摩。

1. 轻踩

轻踩是指轻缓、准确地踩下制动踏板。踩下的幅度和力度需根据车速、车辆载荷、道路是否存在明显的坡度以及所驾驶车辆的制动性能等因素来掌握。制动力过大会造成车辆低头抬尾，制动力不足会造成制动反应迟缓和制动距离增长等不安全后果。

2. 长摩

长摩是指车辆制动系统中，鼓式制动器的制动鼓与制动蹄片之间或盘式制动器的制动盘与摩擦片之间的较稳定的摩擦，使车辆平稳地减速或停车。

3. 制动注意事项

车辆长距离下坡时，坚决避免长时间、频繁地踩制动器控制车速，以免因制动系统摩擦件长时间的摩擦而升温，造成制动性能减弱甚至失效，导致车辆失控。长距离下坡时，应该提前降低车速，将挡位降到低挡，充分利用发动机制动下坡。

（六）驻车制动器的规范操作方法

驻车制动器，俗称手刹，用于在车辆停止后稳定车辆。驻车制动器的功用是：车辆停驶后防止滑溜；使车辆在坡道上能顺利起步；行车制动系失效后临时使用或配合行车制动器进行紧急制动。

手动拉杆式驻车制动器（上提式）设置驻车制动时，右手握住驻车制动器拉杆快速用力向上拉紧。解除时，右手握住驻车制动器拉杆先向上用力提起后，用拇指压下制动拉杆顶端的按钮，再将制动拉杆放松至底部。

脚踏式驻车制动器设置驻车制动时，直接用脚使劲踏下即可。解除时，大致分为两种：一种是直接再踏一下即可；另一种是在驻车制动器踏板的上方专门设有解除驻车制动的拉手，直接拉一下即可。

（七）照明和信号装置的规范操作方法

照明装置主要包括近光灯、示廓灯、牌照灯和内部照明装置，这些装置一般在打开车辆开关时就会自动开启。信号装置主要包括尾灯、雾灯、制动、转向灯、停车灯、倒车灯、危险报警闪光灯和喇叭等，这些装置需要按动或拨动相应的按钮才能启动。

光控开关

灯光、信号组合开关

危险警报闪光灯开关

喇叭按钮

第二节 起步、变速、停车和倒车

很多学员在学车时都存在一种错误观点，认为驾驶的基础技能很简单，没必要花太多时间学习基础驾驶技能。其实，掌握任何一门技术都需要打好基础，驾驶学习更是如此。如果学员在学习驾驶时没有掌握这些基础技能的规范操作方法，从一开始便养成了不正确、不规范的驾驶习惯，势必会为以后的安全行车埋下隐患。掌握起步、变速、停车和倒车这些驾驶基础技能对驾驶人今后熟练驾驶汽车起着至关重要的作用，驾驶人必须重视这些驾驶基础技能的学习。

一、起步

（一）上车准备

1. 确认周围环境及车辆安全

（1）确认车辆周围的安全状况。上车之前驾驶人应逆时针绕车一周，确认车辆周围的安全状况，主要检查车辆周围有没有车、人或其他障碍物。

（2）确认车辆自身的安全状况。检查乘车人员和车载物品安全状况；检查车辆技术状况，前后灯是否有损坏，随车工具是否齐全，轮胎气压是否正常；检查机油高度位置和蓄电池液面高度是否正常。

2. 安全上车

观察前后道路情况，确认安全后，打开车门上车，按照上车规范动作进入驾驶室，关好车门。

（二）起步操作

1. 起步前的准备

驾驶人进入驾驶室后，确认关好车门，调整好座椅、左右后视镜及内视镜，系好安全带；踩下离合器踏板，将挡位置于空挡位置，启动发动机；查看各仪表和车内设施是否正常，燃油是否充足，制动器气压是否正常；观察后视镜，注意车身两侧的交通情况。

盲区，要转头看
盲区
左后视镜
右后视镜
内后视镜

2. 平稳起步

起步时，左脚将离合器踏板踩到底，并将变速器操纵杆挂入低速挡；打开左转向灯，再次观察左右后视镜并向左方侧头观察交通情况（左侧有后视镜看不到的驾驶盲区），必要时鸣喇叭向其他道路交通参与者示意。

左脚缓抬离合器踏板至半联动接触点，放松驻车制动器操纵杆，同时右脚缓慢踩下加速踏板，左脚逐渐松抬离合器踏板；在松抬离合器踏板过程中，应做到"先快后慢"。

二、变速

（一）加速行驶

1.加速行驶实例

①路况较好时加速。在道路交通情况较好、车流量较少或前方道路没有其他车辆影响等情况下，驾驶人可以适当加速，但要注意观察周围的交通情况，做好随时减速的准备。

②超车时加速。超越前车时，往往需要以高于前车的速度从其左侧超越，因此，必须在确认安全的情况下，缓踩加速踏板进行充分的加速，迅速超越前车。

③从辅路驶入主路时加速。车辆从辅路进入主路前，应开启左转向灯，在主路的加速车道内进行加速，使车速提高，并通过后视镜或向左侧头观察主路车流情况，选择适当时机汇入主路车流。

2.加速行驶操作技术

①起步、超车和变更车道需要加速时，应提前观察周围交通情况，确认是否允许加速。

②在交通情况和道路条件允许的情况下，通过踩加速踏板和增加挡位来实现加速。

③加挡时，先踩下加速踏板，使发动机转速提高，再把离合器踏板踩到底，使发动机动力输出中断，同时迅速把变速器操纵杆挂入相邻的高一级挡位，不可以越级加挡。

④加挡之后，松抬离合器踏板，适度踩下加速踏板提升速度至高一级挡位的时速，再进行加挡。

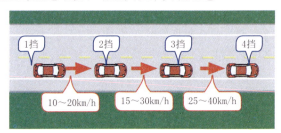

| 1挡 | 2挡 | 3挡 | 4挡 |
| 10～20km/h | 15～30km/h | 25～40km/h | |

小知识

挡速与挡位

挡速与挡位相适当：从最低挡速到最高挡速都是本挡的适应范围，尽可能避免长时间使用最低或最高挡速。

加挡：原则上只要达到挡速范围，就能换挡，挡位的取舍要考虑车速、动力性和经济性。驾驶人应尽量参照车辆使用说明书的指导进行操作。

一般道路加速时应采用慢加速，即慢慢踩踏加速踏板，换挡也要慢，速度会逐渐提高。

高速公路加速时应采用快加速，即用力踩踏加速踏板，快速调整挡位，使车速适合高速公路要求。

1挡一直加速可加速到30～40km/h　2挡可加速到40～50km/h　3挡可加速到50～70km/h

注意：加挡时，必须从低挡逐级加挡，不能越级。

拖挡：低于某个挡位的最低挡速行驶一般称为拖挡，拖挡会使车辆行驶无力、前后窜动，严重时会造成发动机熄火。

(二) 减速行驶

1. 减速行驶实例

①驶入交叉路口前减速。车辆驶入交叉路口前，应适当降低车速，低速通过路口。车辆需要左转弯或右转弯时，应提前减速变更车道。

②驶入弯道前减速。驶入弯道前，必须提前降低车速，观察道路的弯度，掌握转向时机，并考虑车轮的内外轮差。

③从主路驶入辅路前减速。车辆从主路进入辅路时，应开启右转向灯，在主路的减速车道内减速，低速行驶，并通过后视镜观察辅路的交通情况，选择适当时机汇入辅路车流。

2. 减速行驶操作技术

①车辆需要减速时，应提前观察周围交通情况，确认是否允许减速。

②缓慢放松加速踏板到适当位置且保持不动，利用发动机的牵阻作用降低车速。如果需要减速的幅度较大，可以完全放松加速踏板。需减速停车时，应适时踩下制动踏板，用行车制动器减速。

③减挡时，先松抬加速踏板，踩下离合器踏板，然后迅速把变速器操纵杆移至低一级挡位，逐级减挡。

> **温 馨 提 示**
>
> 挡位与车辆的速度应匹配。使用低挡位时，车辆速度不能过高；使用高挡位时，车辆速度不能过低，即避免"低挡高速，高挡低速"。

三、停车

(一) 停车实例

1. 路口等红灯时停车

进入路口前，应降低车速，提前变更车道；路口信号灯为红色时，应放松加速踏板，踩下行车制动器，使车辆平稳地停在停止线后。

2. 礼让他人停车

前方遇行人或骑自行车人正横过道路时，尤其是遇到老年人、孕妇、残疾人等行动不便的行人时，应停车让行。

3. 因故障等原因临时停车

行车过程中，突然遇到发动机温度过高、制动失灵等影响行车安全的情况时，驾驶人需要立即开启右转向灯，选择安全区域靠道路右侧停车检查、处置。

(二) 停车操作技术

①利用左右后视镜观察道路交通情况，确认安全；松抬加速踏板，利用发动机制动降低车

速,准备靠边停车。

②打开右转向灯,松抬加速踏板,并轻踩制动器踏板,使车速降低;当车速降到10公里/小时时,左脚应同时踩下离合器踏板,使得动力输出中断。

③当车辆接近停车点时,车身应与路边保持小于0.3米的距离,转动转向盘调整车身与路边缘平行。

④如果车速降到10公里/小时后,还没有调整好车身的位置,应挂低速挡,缓抬离合器踏板,调整角度,使车身正直平稳地停靠在预定地点。停车后,拉紧驻车制动器操纵杆,将变速器操纵杆挂入空挡位置,放松左脚的离合器踏板,再放松右脚的制动踏板,关闭转向灯。

⑤在道路上临时停车,应开启危险报警闪光灯,夜间还应开启示廓灯、后位灯。如遇故障停车,还应在规定位置放置警告标志。若长时间停车,应关闭点火开关,将变速器操纵杆挂入空挡,坡道停车时还应放置三角垫木。

四、倒车

(一)倒车掉头

认真观察车辆后侧及两侧道路的交通情况,确认安全后,缓慢起步,控制好转向盘并随时做好停车准备。

(二)倒车入位

为了方便车辆驶出车位,通常使车辆头部朝向车位外。因此,在车辆驶入车位时,常常采取倒车入位的方法,即车辆先转向,使得车尾正对向车位,再直线倒入车位。

(三)倒车操作技术

1. 倒车前的安全确认

倒车前,仔细观察倒车路线,必要时下车观察,注意障碍物、行人、来往车辆。

2. 通过后视镜及后窗观察

倒车时,通过后视镜选好远处的参照物(比如车后的树木、标杆等),顺着车体延长线进行判断,以便确定行驶路线。通过后视镜观察到的视野是有限的,可转头通过汽车后窗观察,并做好与后视镜的相关配合观察。

3. 车速控制

倒车时,应保持较低的车速,可利用离合器半联动,控制车速。若需要加速或遇有凸凹不平的路面时,应平稳轻轻踩踏加速踏板,保持合适的车速,不可忽快忽慢,防止车辆熄火或因倒车过猛而发生危险。

4. 倒车线路的修正

倒车过程中,应随时观察车辆行驶路线,及早发现方向偏差,并降低速度,及时调整转向盘。

场内道路驾驶训练是学员的必修课，对学员驾驶技术的掌握具有重要作用，学员应在这一阶段认真学习，规范操作，掌握高超驾驶技能。

一、行驶位置和路线

学员刚驾驶车辆时对车体位置和路线的掌控不是很好，稳定性不强。所以，在学习具体的驾驶技能之前，应先学习如何保持正确的行驶位置和路线，增强对车辆操控的稳定性。

（一）操作要求

能够保持正确的行驶位置和行驶路线。

（二）练习方法

1. 观察点以及视野的选择

选择正确的观察点，对于收集驾驶所必要的信息，为机动车驾驶人提前确定汽车的行驶方向和行驶位置非常重要，应该尽量向前方远处看，同时要随时观察车周围的情况，尽量扩大行车的视野。在初学时，通常利用车身的某些部位作为参照点，通过参照点的位移来判定汽车的位置，参照点的选择因人的高矮，座位的高低，车型的差异，所看的位置会有所不同，因而应根据实际情况，自行选定，以便准确地把握车幅的运行感觉。

2. 直线行驶

练习时，主要是注意体会和掌握车体正直行驶，与偏向行驶的区别，找出其中的动感差异，从而观察车体运动的趋势，并正确选择修正行驶方向的时机。选择正确的行驶位置，行驶时应该在车道正中央行驶，保持直线行驶应做到以下几点。

①尽量目视远方，往远处看容易发现行驶偏差。

②将头微抬驾驶，增加视野的范围。

③不要始终盯着车跟前，注视点应随着车速的增加而前移。

当发现汽车偏离正直行驶方向时，应该尽早调整转向盘进行修正。先向相反方向消除转向盘游动间隙，再依偏离量将转向盘向正确的方向适当修正，要掌握转向盘的转动幅度和车辆方向变化幅度之间的关系。直线行驶时修正方向的时机很重要，过早过晚，都会造成汽车来回偏向。

3. 弯道行驶

弯道行驶时，前轮轨迹通常应沿着路边沿线的曲度移动，即汽车顺弯行驶。初学时，一般以车身的某个部位作为参照点，让参照点始终沿着边线运动，就可以保证汽车顺弯行驶。弯道行驶尽量做到以下几点。

①入弯道之前应看清楚弯道的状况，再确定行驶路线。

②降低行驶速度，保证稳定行驶，根据曲线的弯度及时转动转向盘，动作要准确柔和。

③行驶在平缓的弯道上，可以双手握住转向盘，不倒手进行转向；对于急弯，需要倒手操作转向盘。

4. 车体的感觉方法和行驶位置的确定

所谓车体的感觉就是机动车驾驶人对车身整体形状、尺寸和组成部分与路面相对应位置的直接感觉，有助于确定行驶位置，合理选择路面，保证行车安全。

机动车驾驶人对汽车车身整体的感觉一般包括车宽、车长、车高的感觉，应该确认从驾驶座位看车前的宽度、长度的感觉，确认汽车车身的大小和路面的视觉，可以利用标杆来感觉一下，还要掌握汽车前方、后方位置的距离感。

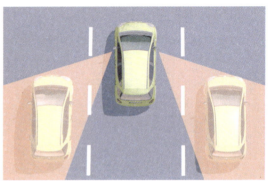

机动车驾驶人处于驾驶位置，其视线顾及不到的部位和空间，称为视线盲区。对于初学者来说，还要体会视线盲区的范围，掌握盲区内的距离感。

二、倒车入库

倒车入库是在日常驾驶中需要经常进行的操作，对把握车身空间和操控方向的能力要求很高。

（一）场地设计

库长：车长加70厘米；
库宽：车宽（不含倒车镜）加60厘米；
路宽：车长的1.5倍；
起点：距目标车库外边线1.5倍车长。

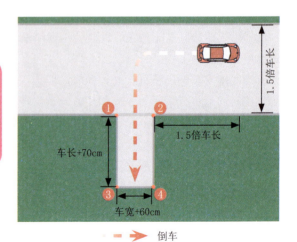

（二）操作要求

项目操作要求是从目标车库的两侧准确倒入目标车库停正。

（三）练习方法

以从目标车库右前方倒车入库为例。

①按操作规范上车，系好安全带，将车辆在右前方起点位置停正，保证车辆左侧与场地外边线横向距离1.5米左右，开启右转向灯，挂入倒挡，轻抬离合器到半联动位置，缓慢起步直线倒车。

②当车后端距目标车库外侧边线（点2和点4连线）的延长线3米左右时，迅速将转向盘向右转到接近极限位置（打方向慢要适当提前转向），让车右后角慢慢靠近点2，根据车右后角与点2的距离适当回转转向盘，使车右后角绕着点2转动，同时注意观察车左后角与点1的距离，左右两侧都不能越线。

③当看到车身与车位平行且位于车位中间（即左右后视镜看到的车身外侧与车库外侧边线距离相等）时，方向必须回正，然后保持直线后倒，如果感觉车身位置不当可以小幅度调整转向盘。当车后端距离目标车库后边线20至30厘米时，停车。

④出库时，车辆后轮越过点1时向左打转向，避免车轮骑轧点1。车辆全部驶出车库后调正方向，在规定地点停车。

整个倒车入库过程中，应保持离合器半联动，只有车速慢下来，才能有充足的方向操控时间。同时还应把握好转向和回轮的时机，过早或过晚都会导致倒库不入或触轧车库线。还应注意回转向的圈数，不要出现回轮不够或过度的现象。注意中途不要停车。

从目标车库左前方倒车入库的操作和上述操作原理相同，操作方向相反。

（四）注意事项

学员训练时应注意把握好打方向的时机和速度，防止倒库不入；在入库过程中还要注意方向的调整和把握停车的时机，防止车辆左后角或右后角越线。

考试评分标准

不按规定路线、顺序行驶，不合格。

车身出线，不合格。

倒库不入，不合格。

中途停车，不合格。

三、坡道定点停车和起步

坡道定点停车和起步训练的目的是帮助学员掌握在上坡路段驾驭车辆的能力，通过训练能够准确判断车辆位置，正确使用加速踏板、离合器踏板、制动踏板、变速器操纵杆及驻车制动操纵杆，以适应上坡路段停车和起步的需要。

（一）场地设计

定点停车位置距坡底大于1.5倍车长，全坡长大于等于20米。

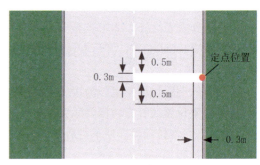

（二）操作要求

项目操作要求是学员应通过视觉和感觉及时判断坡道的坡度大小、长短及路宽等道路情况，采取正确的操作方法，控制车辆平稳停车和起步。做到换挡迅速，操纵加速踏板、驻车制动器和离合器踏板的动作准确协调。

训练过程包括两个步骤。

步骤一：上坡路定点停车，即车辆上坡后，在坡道定点停车位置平稳停住；

步骤二：坡道起步，即车辆在坡道定点停车位置平稳起步。

（三）练习方法

1.上坡路定点停车

①训练时，学员系好安全带，坐姿端正，目视前方。上坡前，使汽车靠向道路的右侧，距边线30厘米以内。

②上坡前挂1挡，在接近停车位置时，放松加速踏板，踩下离合器踏板，后轻踩制动踏板，使车辆缓慢驶近停车位置。

③根据自己的身高和视觉感，目测目标，当停车标线与前保险杠对齐（左后视镜下沿根部越过停止线10厘米）时，用力踩下制动踏板，平稳地将车停住。关闭右转向灯，并拉紧驻车制动器。

2.坡道起步

①开启左转向灯，观察左后侧情况。

②踩下离合器踏板，挂1挡，右手握紧驻车制动器操纵杆并按下按钮，做好放松的准备。

③根据坡度的大小，适当踩下加速踏板，同时松抬离合器踏板到半联动。

④当发动机声音有变化、车身开始抖动时，放松驻车制动器操纵杆，同时踩下加速踏板，并逐渐松开离合器踏板，使车辆平稳起步。起步时间超过30秒不合格。

（四）注意事项

训练中，学员应注意两个方面的动作要点：一、体会定点停车的位置；二、坡道起步时，协调操控离合器踏板、加速踏板和驻车制动器操纵杆。

考试评分标准

车辆停止后，汽车前保险杠或者摩托车前轴未定于桩杆线上，且前后超出50厘米，不合格。

起步时间超过规定时间，不合格。

车辆停止后，汽车前保险杠或者摩托车前轴未定于桩杆线上，且前后不超出50厘米，扣10分。

车辆停止后，车身距离路边缘线30厘米以上，扣10分。

四、侧方停车

侧方停车项目主要考核学员将车辆正确停入道路右侧车库位的技能。

（一）场地设计

车位（库）长：1.5倍车长加1米；
车位（库）宽：车宽加80厘米；
车道宽：1.5倍车宽加80厘米。

→ 前进　▸ 倒车

（二）操作要求

项目操作要求是学员驾驶车辆在车轮不轧碰车道边线、车位边线的情况下，通过一进一退的方式，将车辆停入右侧车位中。

（三）练习方法

①车辆前进，在车身尾部驶过车位约半个车位长的距离后停车，车身与右侧车道边缘线保持平行，且保持30厘米左右的距离。

②开启右转向灯，观察周边的交通情况，确保安全后，挂倒挡起步，保持直线倒车。

③通过后视镜观察右后侧的情况，注意车右侧尾部与点1的距离。当车辆右后轮中心与1、3线的延长线平齐时，迅速向右转动转向盘至接近极限位置。

④观察车辆左后侧情况，从左后视镜能够观察到点4时，迅速向左回转向盘至接近极限位置。打转向盘的速度要与车速相吻合，车速快回轮快，车速慢回轮慢。

⑤交替观察右前侧和车后侧的情况，注意车右前方与点1的距离。当车身与车位平行时停车，注意车尾与车位后边线的距离，不要越线。

⑥打左转向灯，踩离合、挂1档，松驻车制动器，准备出车位。当右后视镜驶过点1时向右回车轮，驶出车位。驶出车位后使车身尽量贴边线行驶，但不能越线，调整方向，回正车轮并停车。

（四）注意事项

训练中，学员应注意几个方面：一、控制好车速，防止车速过快；二、倒车进库时，掌握车辆右侧尾部与边线的距离；三、倒车进入车位后，掌握回转向盘的时机。

考试评分标准

车辆入库停止后，车身出线，不合格。

中途停车，不合格。

行驶中轮胎触轧车道边线，扣10分。

五、曲线行驶

曲线行驶考试主要考察驾驶人对转向盘的运用与车轮轨迹运行的掌握。也就是说，曲线行驶考试技巧的关键点就在于对转向盘和轨迹的掌握。

（一）场地设计

路宽：3.5米；
半径：7.5米；
弧长：3/8个圆周

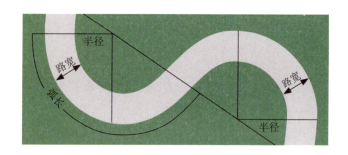

（二）操作要求

项目操作要求学员驾驶车辆从弯道的一端前进驶入，减速换挡，以低挡低速从另一端驶出。行驶中不得轧弯道边缘线，转向自如。

（三）练习方法

①接近弯道时应减速，降为1挡，保持全程1挡行驶。

②驶入曲线路口时，车辆左前角位于路中间时，向左打转向，此时用车头的左前角盖着外侧边缘线行驶。

③转为向右行驶时，车辆右前角位于路中间时，向右打转向。通过右后视镜观察右侧边缘线，调整转向。接近出口时，逐渐回正即可。

（四）注意事项

训练中，学员应注意两个方面的动作要点：一、车辆通过曲线时，掌握车身与弯道边缘的距离；二、掌握车辆在弯道处转动和回转转向盘的时机，逢左必先右，逢右必先左。

考试评分标准

车轮轧道路边缘线，不合格。

中途停车，不合格。

六、直角转弯

直角转弯项目主要考核学员在急转弯路段驾驶车辆时，正确操纵转向，准确判断车辆内外轮差的能力。

（一）场地设计

路长：大于等于1.5倍车长；
路宽：轴距加1米。

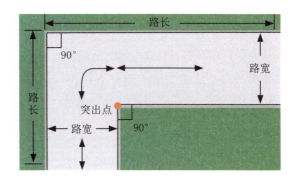

（二）操作要求

项目操作要求是学员驾驶车辆按规定的线路低速行驶，由左向右或者由右向左直角转弯，一次通过，中途不得停车。

（三）练习方法

①车辆进入直角弯道前，提前降低车速，并换入低速挡。

②进入直角弯道时，及时转动转向盘，调整车辆的行驶方向，使车辆尽量靠近外侧边线行驶，外侧车轮与边线保持约10～20厘米的距离为宜。

③当车后视镜与突出点平齐时，迅速转动转向盘至极限位置，直到内侧后轮将要越过突出点时，再回正转向盘，使车身外廓与车道边缘线保持平行，平顺通过直角弯道。

（四）注意事项

训练中，学员应注意三个方面的动作要点：一、车辆通过直角弯道时，控制好车辆的行驶速度；二、掌握转动转向盘的时机；三、掌握车身与外侧边线的距离，避免车辆转弯时内、外轮差的影响。

考试评分标准

车轮轧道路边缘线，不合格。

中途停车，不合格。

七、模拟城市街道驾驶

城市街道是行车的主要场所，同时城市街道的行车环境也十分复杂，在城市街道上驾驶车辆要十分谨慎。所以，在取得正式驾驶证之前学员应在模拟环境下熟悉城市街道的驾驶环境，掌握城市街道驾驶的基本技能，如在城市街道上如何起步、跟车、转弯、停车，遇到车辆尾随该如何处置，通过人行横道、学校、居民小区等人员集中区域时如何控制驾驶行为等。

（一）按照交通规则通行

驾驶人必须遵章守法，按照交通信号灯的指示通行；在有交通警察指挥的地段，按照交通警察的指挥手势行驶；执行右侧通行的规则，各行其道，不得占用非机动车道和人行道行驶。

按照道路标志标线的指示通行，在有限速标志的路段，必须将车速降到规定的范围以内；在禁止掉头的地段不得掉头；在有禁止鸣喇叭的地段不得鸣喇叭；在有禁止停车标志的地点不得停车；通过人行横道时，要避让行人；在划有黄色实线的道路上行驶，严禁越线改变车道或越线超车。

（二）控制车速

在城市街道行驶时应控制行驶速度，时刻注意观察车辆周围的环境，通过繁华交叉路口、行人稠密地区、铁路和街道交叉地点时，最高时速不得超过15公里/小时；转弯、调头、上下桥、通过积水或结冰路段时，最高时速不得超过15公里/小时；大风、雾天等能见度在30米以内时，最高时速不得超过15公里/小时。

（三）保持安全间距

在城市街道行车要与其他车辆和行人保持安全的纵向和横向距离，遇特殊天气和路段还要加大安全间距。行车过程中必须根据车辆的位置、车速、道路、地形等变化，调整安全距离，同时照顾前后及两侧的非机动车和行人，与非机动车和行人要保持1～2米以上的距离。

八、速度感知

通过对不同速度的感知让学员体会速度对人体视觉、制动距离的影响，明白高速驾驶的危险性。练习不同速度下的跟车行驶，使学员亲身体会在不同速度下要保持不同跟车距离的重要性。

（一）车速对驾驶人视觉的影响

随着车辆行驶速度的提高，驾驶人的视力变差、视野变窄，操纵稳定性降低，车辆行驶的安全性也降低。在限定的速度内，驾驶人体验车速由低到高的速度感知变化，可充分感受到高速行驶的危险性。

1.视力变差

驾驶人的视力在行车中根据运动状态的不同可以分为静视力和动视力。驾驶人在静止状态下的视力为静视力；在行车过程中的视力为动视力。动视力随车速的变化而变化，车速越高，动视力越低，一般来说，动视力比静视力低10%～20%。夜间动视力比白天动视力低，雨、雾天也会使视力明显下降。

科学研究表明，驾驶人的动视力随着车速的提高而下降，平均静视力为1.2的驾驶人在车速为70公里/小时时，其视力下降为0.7。

2.视野变窄

视野是指驾驶人在驾驶过程中头部和眼球不转动时，两眼所能看到的范围。驾驶人的视野会随着车速的提高而变窄。

车速为40公里/小时时，视野范围可达90°～100°；车速为95公里/小时时，视野范围只有40°。也就是说，速度越快，驾驶人的视野越窄，单位时间内遇到的情况越多，行驶的危险性就越大。

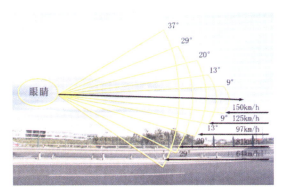

（二）车速高对车辆操纵性的影响

1.制动距离延长

车辆制动距离会随着车速的提高而延长。车辆制动距离的大小与车速的平方成正比，即车速是原始速度的2倍时，制动距离会增加4倍；车速是原始速度的4倍时，制动距离会增加16倍。因此，控制好行驶速度，对保证行车安全至关重要。

2.操纵稳定性变差

车辆在转弯时产生的离心力与车速、车辆的转弯半径、转向轮的回转速度等有关。车速是影响车辆操纵稳定性的关键因素。离心力与转弯时车速的平方成正比，车速越高，离心力越大，车辆越不容易控制。速度提高2倍时，离心力会增加4倍，此时车辆容易发生侧滑。

九、独立驾驶训练

有些学员在拿到驾驶证之后依然不敢开车上路行驶，主要原因就是在练习及考核时一直都是在教练的指导下进行，对教练产生依赖感，缺乏独立驾驶和判断的能力。所以，为了使拿到驾驶证的驾驶人能够独立上路、安全驾驶，在学习阶段就应进行独立驾驶训练。

（一）做好心理准备

良好的驾驶心理对安全驾驶具有重要的作用，独立驾驶前应进行必要的心理训练，形成良好的驾驶心理状态。训练胆大心细、沉着冷静、顽强果断的心理素质，在独自驾驶的环境下，甚至在高度紧张、危险、发生意外等情况下依然能保持稳定的情绪和意志，不惊慌、不轻率行事。

（二）熟悉车辆及场内驾驶环境

在独立驾驶之前先要熟悉所驾驶的车辆，检查车辆和设备的完好程度，以免在行车时发现故障而无法独自应对。在了解车辆时尤其要十分熟悉车辆的挡位、加速和制动装置，这些对行车安全尤为重要。如果对挡位不熟悉，很容易在换挡时低头看变速器操纵杆，就会分散注意力，导致安全事故，还可能会由于紧张而出现挂错挡位导致熄火的情况。因此独自驾驶之前必须先熟悉车辆情况。

场内独立驾驶还需要对场内的环境进行了解，以便明确行驶线路和方向。对场地非常了解后，在独立驾驶时就可以提前采取措施，如在知道前方要转弯时，就应提前降挡减速，做好转向的准备。防止在没有教练指导的情况下手忙脚乱，从而发生错误操作。

（三）勤学苦练

学员要想能够很好地完成独立驾驶，就要在平时多多练习，对每一个操作动作不断进行练习巩固，在多次练习中就会慢慢掌握操作的要领和技巧。在练习中不但要多动手，还要多动脑，善于总结规律，在没有教练指导的情况下要学会独立分析。如在转弯时何时打转向盘，转动多少角度比较容易通过弯道等，这些都需要学员在不断的练习中，不断总结规律，才能掌握。

十、科目二通用评判扣分标准

在科目二的所有考试项目中，如出现以下情况，将会被扣掉相应的分数。

扣 分 项 目	扣 分 值
不合格情形	
不按规定使用安全带	100
遮挡、关闭车内音视频监控设备	100
不按考试员指令驾驶	100
不能正确使用灯光、雨刮器等车辆常用操纵件	100
起步时车辆后溜距离大于30厘米	100
驾驶汽车双手同时离开转向盘	100
使用挡位与车速长时间不匹配，造成车辆发动机转速过高或过低	100
车辆在行驶中低头看挡或连续2次挂挡不进	100
行驶中空挡滑行	100
视线离开行驶方向超过2秒	100
违反交通安全法律、法规，影响交通安全	100

扣　分　项　目	扣　分　值
不按交通信号灯、标志、标线或者民警指挥信号行驶	100
不按规定速度行驶	100
车辆行驶中骑轧车道中心实线或者车道边缘实线	100
长时间骑轧车道分界线行驶	100
对可能出现危险的情形未采取减速、鸣喇叭等安全措施	100
因观察、判断或者操作不当出现危险情况	100
行驶中不能保持安全距离和安全车速	100
行驶中身体任何部位伸出车外	100
制动、加速踏板使用错误	100
考生未按照预约考试时间参加考试	100
扣10分情形	
驾驶姿势不正确	10
起步时车辆后溜距离小于30厘米	10
操纵转向盘手法不合理	10
起步或行驶中挂错挡，不能及时纠正	10
起步、转向、变更车道、超车、停车前不使用或错误使用转向灯	10
起步、转向、变更车道、超车、停车前，开转向灯少于3秒即转向	10
转弯时，转、回方向过早、过晚，或者转向角度过大、过小	10
换挡时发生齿轮撞击	10
遇情况时不会合理使用离合器半联动控制车速	10
因操作不当造成发动机熄火一次	10
制动不平顺	10

3

第四章　实际道路驾驶技能

实际道路驾驶训练是培养学员在真实道路环境下的驾驶技能，对学员以后的实际驾驶具有重要作用。在这一阶段学员要努力掌握实际道路环境下的驾驶技能及行车风险控制，为以后的安全行车打下良好的基础。

第一节　上车准备与起步

上车准备与起步的内容请参阅本教材第三章第二节关于"上车准备与起步操作"的介绍。

考试评分标准

上车准备：

不绕车一周检查车辆外观及周围环境，不合格。

打开车门前不观察后方交通情况，不合格。

起步：

制动气压不足起步，不合格。

车门未完全关闭起步，不合格。

起步前，未观察内、外后视镜，未侧头观察后方交通情况，不合格。

启动发动机时，变速器操纵杆未置于空挡（驻车挡），不合格。

不松驻车制动器起步，未及时纠正，不合格。

不松驻车制动器起步，但能及时纠正，扣10分。

发动机启动后，不及时松开启动开关，扣10分。

道路交通情况复杂时起步不能合理使用喇叭，扣5分。

起步时车辆发生闯动，扣5分。

起步时，加速踏板控制不当，致使发动机转速过高，扣5分。

启动发动机前，不检查调整驾驶座椅、后视镜、检查仪表，扣5分。

第二节 | 直线行驶

直线行驶在行车中最常见、运用最多。

一、行驶方向的控制

（一）控制行驶方向

车辆在直线道路上行驶时，驾驶人应控制好车辆的行驶方向，保持车辆处于直线运动状态，禁止长时间骑、轧车道分界线。

（二）观察交通情况

车辆在直线道路上行驶时，驾驶人应两眼目视前方，注意观察前方的交通情况。视线往远处看，更容易察觉车辆行驶方向的偏差，不可始终盯着车的跟前，避免因前车紧急制动而发生追尾。

（三）及时修正偏驶

车辆在直线道路上行驶时，驾驶人两手应轻松地握稳转向盘，不得双手同时离开转向盘。感觉车辆偏离行驶方向时，要及时修正方向，消除车辆偏驶现象。

（四）交替观察

车辆在直线道路上行驶时，驾驶人应每隔一定时间通过左、右外后视镜观察一次车辆两侧后方的交通情况，每隔一定时间通过内后视镜观察一次车辆后侧的交通情况，及时预见潜在的危险，合理采取减速、鸣喇叭等安全措施，避免紧急情况的发生。

二、行驶速度的控制

（一）控制车速

车辆在行驶过程中，驾驶人应考虑限速规定、周边的道路交通情况和道路条件等因素，利用发动机制动、行车制动器等，合理控制好车辆的行驶速度。

（二）减速

车辆在行驶过程中，当前车紧急制动、遇行人等横穿道路以及发现路面障碍物时，驾驶人应及时采取减速措施。

三、控制好安全间距

汽车在道路上一辆接一辆地排成"车列"行驶或跟车行驶时，要保持一定的纵向距离，跟车距离过大、过小都不利于安全行车。车距过大，会造成跟不上车流而影响其他车辆行驶，降低道路通行能力，当行至路口时，左右两侧的行人、车辆也很容易在车前穿行或后车不断地超越本车，使行车条件变得更为复杂，不利于行车安全。跟车距离过小，前车的遮挡会加大视线盲区，不利于观察前方的道路情况，一旦前车突然减速很容易造成追尾；另外，跟车距离过小还会形成被动跟随，使得前车所发生的每一个细微变化，都影响到后车的操作，后车要不断地制动、换挡，容易引起驾驶人紧张和疲劳，极不安全。驾驶人应养成如下良好的跟车习惯。

①跟车距离的大小要根据道路、气候、车辆制动性能及驾驶人驾驶水平的不同加以控制。在一般道路上行驶时，通常的做法是：车速为50公里/小时，车距应控制在50米左右；车速为70公里/小时，车距控制在70米左右。原则上讲，车速越快车距要越大，车速慢时车距可适当缩短。

②在遇有冰雪、湿滑、泥泞道路，陡坡，雨雾天气及夜间驾驶等情况时，车距还应加大，预留出一定的缓冲空间。

③在与前车保持一定安全距离的同时，不要总是把目光集中在前车上。

④学会利用眼睛的余光，观察道路两侧或支路上可能与本车发生冲突的动态变化，保持必要的"侧向距离"。

⑤如果行驶中发现后面有车辆跟随时，应注意不要猛打转向和紧急制动。在变更车道或转弯时，一定要提前开启转向灯示意，以便后车采取避让措施，形成良好的"反应车距"。

考试评分标准

方向控制不稳，不能保持车辆直线运行，不合格。

遇前车制动时不及时采取减速措施，不合格。

不适时通过内、外后视镜观察后方交通情况，扣10分。

未及时发现路面障碍物或发现路面障碍物未及时采取减速措施，扣10分。

第三节 加减挡位

掌握正确的加减挡操作很重要。开车时，如果不能使用正确的挡位，将不能很好地控制车辆。

一、加挡操作

（一）加挡操作的基本方法

①松抬加速踏板，同时踏下离合器踏板，将变速杆移入空挡。

②将变速杆换到高一级挡位。

③慢慢松开离合器，同时踩下加速踏板。

实施步骤①的操作后，如果车辆长时间处于空挡，换挡将变得很困难。如果这种情况已发生，不要强制换挡。这时要换回空挡，松抬离合踏板，调整发动机转速，使其与车速匹配，然后重新尝试换挡。

（二）加挡时机的掌握

有两种方法可以了解加挡时机。

1. 利用发动机转速

阅读汽车使用手册，掌握转速范围。观察转速表，当发动机达到转速范围的最高值时加挡。

2. 利用车速

了解每一个挡位适合的车速范围，然后通过车速表就可以知道加挡的时机。

无论使用哪种方法，都可以根据发动机声音判断换挡时机。

二、减挡操作

（一）减挡操作的基本方法

减挡操作的基本方法是：

①松抬加速踏板，踏下离合踏板，同时将变速杆置于空挡位置。

②根据车速将变速杆置于低一级（或更低）挡位。

③慢抬离合器，同时踩踏加速踏板。

减挡与加挡一样，需要了解换挡的时机。换挡时机同样利用转速表或车速表，在适当的转速或车速时减挡。

（二）两种特殊条件下减挡的方法

1. 开始下坡之前

放慢车速，将车速降到一个不用力制动就能控制的速度，以免制动器过热导致制动失效。在开始下坡之前就减挡。确定车辆处于一个足够低的挡位，通常情况下，下坡挡位比上同样的坡所需的挡位要低一些。

2. 弯道前换挡

将车速降低到一个安全的速度。在转弯之前就将车辆减到一个合适的挡位，这样可以让车辆在转弯时更加稳定，还可以使车辆通过弯道后尽快加速。

考试评分标准

未按指令平稳加、减挡，不合格。

车辆运行速度和挡位不匹配，扣10分。

通过划有导向车道的交叉路口，驶近或驶离主、辅路的进出口，本车道前方道路变窄、出现障碍、车流量大，高速公路超车和超车后回到原车道等通常需要变更车道。

变更车道前，驾驶人应先确认与前车的距离、路宽，再通过内、外后视镜或扭头观察车辆侧方、后方和目标车道上的交通流情况，尤其要注意驾驶盲区内的交通情况，注意目标车道上车辆的安全距离是否足够，不得妨碍其他车辆正常行驶。

在确认安全后，开启转向灯示意，并再次观察左右两侧及后方的交通情况，在确保安全且不妨碍其他车辆正常行驶的情况下，适当加速或减速，以适应相邻车道的车流速度，缓打转向盘，逐渐将车辆变更到所需的行驶车道，关闭转向灯。

一、交叉路口变更车道

（一）进入导向车道的路口

车辆进入划有导向车道的路口前，驾驶人应注意观察车道上方的车道行驶方向标志或者路面上的导向箭头，根据自己的行驶意图，提前开启转向灯，变更车道。

（二）向左变更车道

车辆向左侧变更车道时，应先开启左转向灯，注意左后方车辆的速度和距离，根据交通情况判断是加速还是减速变换车道。

（三）向右变更车道

车辆向右侧变更车道时，应先开启右转向灯，通过右后视镜或直接观察右后方机动车、非机动车和行人的动态，确认安全后，再向右侧变更车道。

二、车流量大的路段变更车道

在车流量大的路段频繁地变更车道、争道抢行，不仅不能节省时间，而且还会增加燃油的消耗，妨碍其他车辆的正常行驶，甚至引发交通事故。

（一）注意观察

变更车道前开启转向灯，必要时伸手示意，通过后视镜或直接观察后方车辆的速度和距离，如果后车减速，表明可以变更车道；如果后车没有减速，表明不可以变更车道。

（二）安全变更

在不影响后车行驶的情况下并入车流，汇入车流的速度应保证不影响其他车辆的行驶速度。

顾车尾部情况。注意与两侧的车辆保持足够的间距，确保可以正常打开两侧的车门。如果停车后离停车位的一侧相邻车辆很近，将会影响车辆下一次的顺利驶出。

三、"S形"倒入车位停车

（一）倒车准备

车辆与右侧车位内车辆保持1米左右的距离直线行驶，车辆驶过空车位后停车。

（二）倒车入位

开启右转向灯，观察后侧的交通情况，确认安全后，挂倒挡，慢抬离合器踏板，缓慢向后直线倒车，与前车位外侧边缘线保持30厘米的距离。

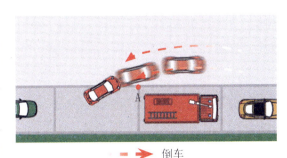

倒车

通过右侧车窗观察右侧车位内的车辆。当车尾与右侧车辆的车尾平齐时，迅速向右转动转向盘至接近极限位置，继续倒车。注意本车右侧与前车左后角的距离，同时兼顾左侧的情况。

当车身前保险杠与前车尾部处于同一水平线时，迅速向左回转向盘至接近极限位置，继续倒车，交替观察右侧和车后侧的情况。

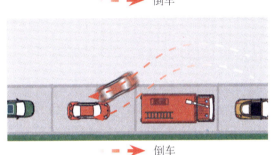

倒车

通过后视镜观察，车身全部进入停车位后，迅速向右回正转向盘，车辆摆正后停车。停车后，应注意与前后侧车辆保持距离，方便驶离。

考试评分标准

停车前，不通过内、外后视镜观察后方和右侧交通情况，不合格。

考试员发出靠边停车指令后，未能在规定的距离内停车，不合格。

停车后，车身超过道路右侧边缘线或者人行道边缘，不合格。

停车后，在车内开门前不侧头观察侧后方和左侧交通情况，不合格。

下车后不关闭车门，不合格。

停车后，车身距离道路右侧边缘线或者人行道边缘大于30厘米，扣10分。

停车后，未拉紧驻车制动器，扣10分。

拉紧驻车制动器前放松行车制动踏板，扣10分。

下车前不将发动机熄火，扣5分。

第六节　通过路口

路口一般行人和车辆较集中，交通比较复杂，车辆通过路口时除严格遵守交通信号灯或交通警察的指挥外，还要格外集中注意力，谨慎驾驶。

一、直行通过路口

（一）有交通信号控制的路口

在有交通信号控制的路口直行，进入划有导向车道的路口前，应提前降低车速，开启转向灯，进入直行车道，并注意观察车道内的交通情况；遇红灯时，应提前松抬加速踏板，利用行驶阻力减速，必要时踩下制动踏板，将车辆停在停止线以后，等待放行信号；绿灯亮或警察发出直行的手势信号时，应观察左、右两侧及路口内的交通情况，尤其要注意对向行驶的大型车辆后侧是否有左转弯的车辆或行人，确认安全后，快速、平稳起步，通过路口；在路口内遇对向车道左转弯车辆抢行时，应注意减速、停车避让；黄灯亮时，已越过停止线的车辆可以继续通行，未越过停止线的车辆需在线后等候；车辆越过停止线后绿灯变为黄灯时，继续通行。

（二）没有交通信号控制的路口

在没有交通信号灯控制的路口直行，应提前减速，并判断路口中哪个方向具有优先通行权，注意礼让其他通过路口的车辆；行至路口时，应仔细观察左右两侧道路上的情况；通过路口时，应注意路口内的各种交通动态，随时做好停车的准备，即使自己有优先通行权，也要注意避让抢行的车辆。

二、路口左转弯

（一）有交通信号控制的路口

在有交通信号控制的交叉路口左转弯时，开启左转向灯示意，应通过后视镜观察车辆左侧和后侧的情况，确认安全后，及时减速进入左转弯车道或靠道路的左侧行驶；遇红灯时，应在停止线后停车等待放行信号。绿灯亮或绿色左转箭头灯亮时，应注意观察左侧、右侧和前方路口内的交通动态，靠路口中心内侧左转弯通过，并礼让路口内对向驶来的直行车辆、对向抢行的右转弯车辆以及横穿道路的行人和骑自行车人；在有方向指示信号灯控制且有左转弯待转区的路口，直行信号灯亮时，左转弯车辆可以进入左转弯待转区，待绿色左转箭头灯亮时，左转通过路口。

（二）没有交通信号控制的路口

在没有交通信号控制的路口左转弯时，应通过后视镜观察车辆左侧和后侧的情况，确认安全后，开启左转向灯示意，靠道路的左侧行驶；注意观察左侧、右侧和前方路口内的交通动态，靠路口中心内侧左转弯通过，并礼让路口内对向驶来的直行车辆、对向抢行的右转弯车辆以及横穿道路的行人和骑自行车人。

三、路口右转弯

（一）有交通信号控制的路口

在有交通信号控制的交叉路口右转弯时，开启右转向灯示意，应通过后视镜观察车辆右侧和后侧的情况，确认安全后，及时减速进入右转弯车道或靠道路的右侧行驶；红灯亮时，应注意观察右方和右转弯方向道路的交通动态，同时注意观察路口内左侧是否有驶来的直行车辆。在不妨碍被放行的车辆、行人和骑自行车人通行的情况下，尽量靠右侧转弯通过路口；绿灯亮时，应注意观察右方和右转弯方向道路的交通动态，并注意礼让路口内对向驶来的左转弯车辆。

（二）没有交通信号控制的路口

在没有交通信号控制的路口右转弯时，开启右转向灯示意，应通过后视镜观察车辆右侧和后侧的情况，确认安全后，靠道路的右侧行驶；注意观察左侧、右侧和右转弯方向道路的交通动态，礼让左侧道路驶来的直行车辆、路口内对向驶来的左转弯车辆以及右侧横穿道路的行人和骑自行车人。

考试评分标准

直行通过路口：

不按规定减速或停车瞭望，不合格。

不观察左、右方交通情况，转弯通过路口时，未观察侧前方交通情况，不合格。

遇有路口交通阻塞时进入路口，将车辆停在路口内等候，不合格。

路口左转弯：

不按规定减速或停车瞭望，不合格。

不观察左、右方交通情况，转弯通过路口时，未观察侧前方交通情况，不合格。

遇有路口交通阻塞时进入路口，将车辆停在路口内等候，不合格。

左转通过路口时，未靠路口中心点左侧转弯，扣10分。

路口右转弯：

不按规定减速或停车瞭望，不合格。

不观察左、右方交通情况，转弯通过路口时，未观察侧前方交通情况，不合格。

遇有路口交通阻塞时进入路口，将车辆停在路口内等候，不合格。

第七节 ｜ 通过人行横道、学校区域和公共汽车站

人行横道、学校和车站地段行人较多，交通混杂，通过这些地段时要特别关注周围的交通情况，谨慎驾驶。

一、通过人行横道

在道路上行驶时，观察到"注意行人"和"人行横道"等交通标志标线时，应及时减速慢行，并注意观察行人、非机动车的动态。车辆驶近人行横道时，应减速慢行，注意观察人行横道两侧是否有行人、非机动车通行。遇行人、骑自行车人正在横穿道路时，应及时停车让行，禁止抢行或急转弯绕行。人行横道内没有行人时，也要低速行驶，避免突然急加速通过。

在交叉路口遇绿灯时，如果仍然有行人、骑自行车人正在通过人行横道，应及时停车礼让。

遇前方车辆在人行横道前停车时，应预见到前车可能在停车避让行人，应提前减速停车，不要盲目超车。

遇前方交通堵塞时，应确认人行横道前方有本车能停放的空间后再通过，禁止在人行横道上停车。

二、通过学校区域

行驶至学校附近或有"注意儿童"标志的路段时，应及时降低车速，注意观察道路两侧及周围的交通情况，随时准备停车，提防学生和儿童突然横穿道路。

遇学生横穿道路时，不可连续鸣喇叭催促或加速抢行，应当减速，必要时停车让行。

学生注意力不集中，常在路上追逐打闹，不走人行横道，喜欢冒险，不顾及行为后果。行车中通过学校区域，要提前减速，观察学生的动态，注意避让。

三、通过公共汽车站

车辆驶近公共汽车站时，应注意观察车站内的动态，提前将车辆变更至内侧车道，禁止占用"公共汽车专用车道"行驶。

跟随公共汽车行驶，遇公共汽车进站时，应提前减速，保持足够的安全距离，必要时向公共汽车的左侧变更车道，禁止从公共汽车的右侧超越。

超越停在车站内的公共汽车时，驾驶人应预防公共汽车突然起步并向左侧变更车道；预防行人从公共汽车的后侧或前侧突然横穿道路。应注意与站内车辆保持足够的横向车距，减速慢行，并随时准备停车。

超越刚刚起步的公共汽车时，要与正在超越它的自行车及其他车辆保持足够的横向安全间距。

考试评分标准

不按规定减速慢行，不合格。

不观察左、右方交通情况，不合格。

未停车礼让行人，不合格。

第八节 | 会车

除了高速公路、带有中央隔离带的一、二级公路外，基本上其他所有道路都存在会车的情况。

一、会车原则

汽车在划有分道线的道路上会车时，应各行其道，不得压线或骑线行驶，不得随意占用对向车道行驶。会车之前首先要确定路权所在，本车前方有障碍，路权在对方时，应采用减速让车的操作方法会车；如果是对面来车的前方有障碍，路权在本车，对方车辆让行时要抓紧时间通过，配合对方会车。若对方车辆抢占本车路权并发信号强行会车时，应减速或停车让行，不要与之斗气。

二、会车地点与间距

在会车过程中，驾驶人虽然无法控制对方车辆、行人等，但是可以通过对本车的车速调整及方向、路线的改变，来完成对会车地点的选择。例如，"提速"赶在最佳位置与对方车辆相会，或"减速"选择较宽阔的地点"会车"等等，都是灵活掌握会车主动权的常用技巧。

会车时两车要保持足够的横向间距，这样才能保证两车顺利通过，避免造成对方心理和物理上的障碍。此外，两车还要注意与道路边缘的距离，当有驶出道路边缘的危险时，应考虑减速或停车后再会车。车辆驶过交汇点后要通过后视镜观察，确认两车拉开一定距离后再驶回车道中间正常行驶。

三、前方无障碍时的会车

（一）有道路中心线的道路上会车

车辆在划有道路中心线的道路上会车，应靠道路右侧行驶，与对面来车保持足够的横向安全间距，会车时不骑轧道路中心线。

（二）没有道路中心线的道路上会车

在没有中心隔离设施或中心线的道路上会车时，应根据双方车型、车速、装载和道路情况提前调整行驶车速，选择正确的交汇地点，与对面车辆保持足够的横向安全车距，并注意与周边的行人和非机动车保持足够的横向安全间距。

（三）弯道、坡道和窄路会车

驶入弯道时应提前减速，靠道路右侧行驶，在转弯处会车时应以道路中心线为参照，与对面车辆保持足够的横向安全车距，驶入视线不良的弯道时尽量鸣喇叭示意。在坡道会车时，下坡车辆应让上坡车辆先行。在窄路上行驶或会车有困难时，有让路条件的一方让对方车辆先行，交汇双方都无让路条件时，交汇双方都应尽量靠右行驶，并随时注意两车之间的

横向间距。

四、前方有障碍时的会车

本车道前方遇有障碍物时应提前减速，观
察对面来车的动态，如果对面来车的速度较慢
且距障碍物距离较远时，应开启左转向灯，观
察后侧的情况，确认安全后超越前方障碍物并
及时返回原车道，以避免在障碍物处会车；如
果对面来车的速度较快或距离障碍物很近时，
应保持低速或停车，让对面来车先行。对向车
道上有障碍物时，应注意观察对面来车的动
态，如果对面来车在对面障碍物前减速或停车
让行时，应正常通过；如果对向来车开启左转向灯示意超越或已加速强行超越时，应立即减速
或停车靠右侧让行。

五、夜间会车

夜间会车时，受光线暗淡或对向车辆灯光的影响，应该提前减速。夜间会车应当在距对面
来车150米处改用近光灯（会车时使用远光灯会使对向驾驶人眼睛产生眩目）。对面来车没有关
闭远光灯时，应减速或停车让行。

考试评分标准

在没有中心隔离设施或者中心线的道路上会车时，不减速靠右行驶，或未与其他车
辆、行人、非机动车保持安全距离，不合格。

会车困难时不让行，不合格。

横向安全间距判断差，紧急转向避让对方来车，不合格。

第九节	超车

超车不仅仅是指超越前方行驶的汽车，还包含超越同方向行进的各类机动车、非机动车、
行人，以及停驶的车辆和其他一些固定的物体等。

一、超车规定

超车时要遵守相关法规的规定，行经繁华路段、交叉路口、铁路道口、人行横道、急弯
路、宽度不足4米的窄路或者窄桥、陡坡、隧道或者容易发生危险的路段，不得超车。高速公路
匝道、加速车道或者减速车道上不得超车。前车正在超车时，后车不得超车。

超车分同向超车和借道超车，同向超车是指在同一方向行驶的车道里超车；借道超车是指
借用反方向行驶的车道超车（虚黄线允许借道超车，实黄线严禁压线行驶和越线超车）。

二、超车

（一）超车准备

超车前，应观察前方的交通情况和路面的交通标志标线，踩加速踏板，靠近前车；通过内、外后视镜观察后方和左侧的交通情况，确认可以超车后，开启左转向灯，示意被超车辆。如果是借道超车还要注意观察对向车道上是否有车辆驶来，确认前后方均安全后再按上述方法开始超车。

（二）进行超车

前车让行后，应与其保持安全的纵向安全距离，向左缓慢转动转向盘，从左侧超越，并注意与被超越车辆保持足够的横向安全间距。

（三）超车后

完成超越后，应开启右转向灯，通过后视镜观察被超越的车辆，在不影响被超车辆正常行驶的前提下，缓慢转动转向盘返回原车道，关闭右转向灯。

三、让超车

（一）准备让超车

行车中发现后车发出超车信号，应根据道路条件和交通情况来决定是否具备减速让超车的条件。如果道路条件和交通情况允许，应主动减速靠右行驶，必要时用手势或开右转向灯示意后车可以超越。

（二）让超车

让超车过程中，不得进行任何形式的突然加速或向左侧变更行驶路线。

四、超车时机的选择

在允许超车的情况下应选择宽阔、平坦、视线良好的直线路段，对面没有来车、交通情况相对简单的时机进行超车。此外，超车时还应具备两个重要因素：速度差距和空间距离。在以高于前车的速度接近前车时，超车的速度问题就基本解决了，剩下的就是等待最佳的空间距离，超越前车。在超车过程中，一定要保证有足够的纵向空间距离与横向空间距离。超车时由于车速快，横向间距相对较窄会使初学者在超车过程中因心理紧张而不能确定是否适合超车。同时，超车的车辆始终是需要借用其他车道高速行驶的，驾驶人在准备超车的跟随观察中，只有发现、捕捉到足以完成超车的纵向空间距离时，才是超车的最佳时机。

超车前不通过内、外后视镜观察后方和左侧交通情况，不合格。

超车时机选择不合理，影响其他车辆正常行驶，不合格。

超车时，未侧头观察被超越车辆动态，不合格。

超车时未与被超越车辆保持安全距离，不合格。

超车后急转向驶回原车道，妨碍被超车辆正常行驶，不合格。

在没有中心线或同方向只有一条行车道的道路上从右侧超车，不合格。

当后车发出超车信号时，具备让车条件不减速靠右让行，扣10分。

第十节　掉头

掉头操作往往需要占用整个道路，且需要多次的前进和后退，是一种危险的驾驶行为，在掉头操作时一定要认真瞭望，注意选择适当的时间、地点进行掉头。一般是选择宽阔、平坦、僻静的广场、路口及设有准许掉头标志的地点进行掉头，尽量避开坡道、狭窄路、转弯处和交通繁杂路段。严禁在人行横道线、铁路道口、窄路、弯路、陡坡、桥梁、隧道（含城门洞、涵洞）、高速公路行车道以及设有禁止掉头标志的地点掉头。

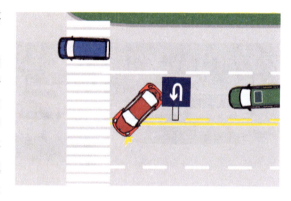

一、一般道路掉头

（一）有隔离设施路段

在有隔离设施，允许掉头的路段掉头时，应提前开启左转向灯，向左侧变更车道，按交通标志和标线的指示完成掉头。掉头时，应严格控制车速，注意路口内车辆的动态，确保安全。

（二）无隔离设施路段

接近掉头地点时将汽车向道路右侧靠行，需开启左转向灯，然后向左将转向盘迅速打到底，低速驶向路左侧。当前轮距路边1米左右时，先踩离合器踏板，再踩制动踏板（这也是低速停车与常规停车的不同之处），同时向右回转向，之后停车。倒车时先观察一下左后方，再将转向盘向右侧打到底，并观察左后侧情况，待后轮距路边1米左右时，先踩离合器踏板，再踩制动踏板，同时向左回转向，之后停车。如需多次前进、后倒时，可重复上述操作，最后将车辆驶向要掉头到的方向，完成掉头操作。掉头时需仔细观察车辆周边的交通同情况，在不影响其他车辆和行人通行的情况下完成掉头动作。

   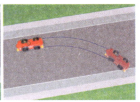

二、路口掉头

（一）T字形路口

驶过路口，停车观察右后侧的交通情况，确认安全后开启右转向灯，挂倒挡，迅速向右转动转向盘，倒车进入路口，待车身摆正后，逐渐回正转向盘，停车。观察左侧、右侧和后侧的交通情况，确认安全后，开启左转向灯，迅速向左转动转向盘，完成掉头。

（二）十字形路口

开左（右）转向灯，驶向与要掉头道路垂直的路上，停车观察掉头路的交通情况，确认安全后，挂倒挡，迅速倒车到垂直路的另一侧。开左（右）转向灯，观察路口的交通情况，确认安全后，向左（右）转向行驶，完成掉头。

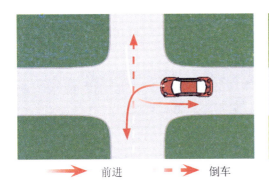

→ 前进　⇢ 倒车

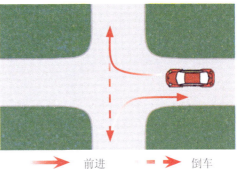

→ 前进　⇢ 倒车

考试评分标准

不能正确观察交通情况选择掉头时机，不合格。

掉头地点选择不当，不合格。

掉头前未发出掉头信号，不合格。

掉头时，妨碍正常行驶的其他车辆和行人通行，扣10分。

注："路口掉头"在此处只作为技术进行讲解，在实际驾驶中一般不提倡此项做法。

夜间由于光线变暗,使驾驶盲区变大,驾驶人容易出现视线不良,不利于驾驶人观察道路情况,尤其遇到下雨天,灯光反射大,有效视野变窄,驾驶车辆难度增大。因而夜间行车与白天行车最大的区别就是要掌握灯光的正确使用。因而,夜间行车与白天行车的最大区别是如何正确使用灯光。

一、夜间起步

学员坐入车内后启动发动机,开启示廓灯,检查各仪表工作是否正常。

车辆起步时,将近光灯开启,挂1挡,打左转向灯,放下驻车制动器。观察左后视镜,确认无车通过时,缓踩加速踏板,慢慢抬起离合器踏板起步。

起步后轻踩加速踏板,迅速挂2挡,同时将近光灯调成远光灯(在没有路灯情况下),继续轻踩加速踏板,尽快换到3挡。同方向近距离跟车行驶时,不得使用远光灯。

二、夜间会车

会车时与对面车灯光对射时,须将远光灯改为近光灯。通过急弯、坡路、拱桥、人行横道或者没有交通信号灯控制的路口时,应使用近光灯,并应交替使用远、近光灯示意、提醒其他车辆和行人。

三、夜间超车

超车时先打左转向灯,然后交替使用远、近光灯提醒被超越车辆,加速超过,大约行驶20米后打右转向灯,驶回原行车道。

四、夜间停车

夜间靠边停车与白天靠边停车操作方法相同,下车前要将发动机熄火,关闭前照灯,但不能关闭示廓灯,还要开启危险报警闪光灯。

五、夜间掉头

夜间车辆掉头时要先打右转向灯,轻踩制动踏板,将速度降下来,但不能踩死停车,开左转向灯并将远光灯改为近光灯,眼睛看前面、对面和后视镜,如无情况迅速向左打死方向,确认安全后可适当加速,若有情况就制动停下。

考试评分标准

不能正确开启灯光,不合格。

同方向近距离跟车行驶时,使用远光灯,不合格。

通过急弯、坡路、拱桥、人行横道或者没有交通信号灯控制的路口时,不交替使用远近光灯示意,不合格。

会车时不按规定使用近光灯，不合格。

通过路口时使用远光灯，不合格。

超车时未交替使用远近光灯提醒被超越车辆，不合格。

在有路灯、照明良好的道路上行驶时，使用远光灯，不合格。

在路边临时停车不关闭前照灯或不开启示廓灯，不合格。

进入无照明、照明不良的道路行驶时不使用远光灯，扣5分。

第十二节　行驶路线选择

选择行驶路线对实际道路驾驶具有重要意义，选择好的行驶路线不但能保证快捷、安全的到达目的地，还有利于节油、减排等。学员在经过各项实际道路驾驶技能的学习和训练之后，应训练在一般道路上独立安全驾驶的能力，保证学员取得驾驶证后能够独立上路行驶，避免拿到驾照却不敢开车上路的情况。

一、训练要求

学员应能在自行选定的线路上，按照道路上的各种交通信号灯和标志标线的规定行驶，并安全的到达目的地。

二、行驶路线选择原则

学员在选择行驶路线时，安全第一，首先要选择路况较好的路线。其次，还应充分考虑道路的通行条件，交通信号的设置情况以及自身的驾驶技术水平等，以便能够在没有教练指导的情况下安全地到达目的地。在选择路线时具体主要考虑以下几个方面。

①选宽不选窄。在道路选择上，尽量选择在较宽的道路上行驶，既可保留情况变化时的处理余地，又可以降低其他因素对车速的影响，保持车速较小变化，提高遇变处理能力，保证行车安全。

②选平不选坡。汽车在颠簸路上行驶，会改变汽车的重心点，使操作难度增大。因此，要尽量选择平路而不要选择坡路行驶。

③选直不选弯。尽量选择弯道少的路线行驶，如无法避开弯道时，尽量选择弯度比较缓的路线。汽车在弯道行驶时，存在视野盲区，不容易发现对向来车，对行车安全有重大影响。

④选硬不选软。要选择地质相对坚硬的路面行驶，尽量避开松软地面。

⑤选少不选多。同向车道过多时会在车体的左右两侧同时产生需要处理的要素，会造成驾驶人精力分散，高度紧张。所以，尽量选择单车道行驶，降低或消除另一侧情况要素变化对行车的影响，以便驾驶人集中精力观察，安全驾驶。

三、途中的路线修正

虽然出发前已经选定了合理的路线，但是很多时候计划没有变化快，由于驾驶疏忽很可能走错行驶路线；或者由于突发的交通拥堵，而不得不改变原来的行驶路线。在行驶中应注意以下几点。

①驾驶人尽量不要走错行驶路线，为了提醒自己，驾驶人可以记住路线上的主要标志和主要建筑物等标志性物体，行车时注意观察；或随车携带地图以备随时查看，防止走错路线。

②当由于疏忽而错过原定的路线，而现在行驶的路段又不允许掉头时，应顺应交通流继续行驶，待到路段允许掉头或者经其他路口再返回原路线。

③当突然出现交通拥堵而无法继续前行时，可考虑变更一下路线，但要保证变更的路线不会偏离预定路线太远，防止不熟悉路线而发生不安全因素或无法到达目的地。同时，也要保证变更路线时不违反交通规则和不影响其他车辆正常行驶。

第十三节 | 模拟驾驶

由于某些驾驶陋习和交通违法行为无法在真实情况下再现，所以，可以通过多媒体软件和教学磁盘等手段进行模拟教学，向学员讲解和分析哪些驾驶行为属于不文明及违法违规行为，防止以后的实际驾驶中出现此类行为。

雨天、雪天、雾天等恶劣天气条件以及山区、高速公路等特殊路段，也不适合或很难在实际环境下进行教学训练，所以这些情况下可以采取模拟器进行模拟教学。

一、驾驶行为综合分析与判断

为了保证交通安全，驾驶人应摒弃各种驾驶陋习和违法违规行为，此阶段可以模拟各种驾驶行为，让学员能够对这些驾驶行为中不合理、不合法的部分进行判断和分析。如，遇到非机动车和执行任务的特种车辆时，不主动避让会有哪些不良后果？

二、模拟山区道路驾驶

山区道路坡多弯多，会车和超车都存在很大危险；山区环境多变，驾驶人需要不断变化驾驶行为，长下坡路段还需要控制好车速和制动；山区道路多依山体而建，有塌方和泥石流的风险；有些山区道路还紧邻山崖，驾驶风险更大。这一阶段主要学习以下知识。

◆山区驾驶的危险源辨识；
◆山区上下坡的安全驾驶方法；
◆山区弯路的安全驾驶方法；

◆山区行车制动的正确使用；

◆山路跟车、会车、超车、转向的操作要领；

◆山路的起步与停车。

三、模拟雨天、涉水和泥泞道路驾驶

雨天行车，驾驶人视线受阻，路面积水湿滑，车轮附着力降低，车辆容易出现制动性能下降、轮胎打滑、车辆侧滑等现象。雨天还会造成车辆在涉水和泥泞路段行驶，同样会给行车安全带来隐患。这一阶段主要学习以下知识。

◆雨天驾驶的危险源辨识；

◆雨天制动器使用的注意事项；

◆雨天跟车、会车、超车的操作要领；

◆涉水路、泥泞路的安全驾驶方法；

◆雨天行车如何照顾其他交通参与者。

四、模拟雾天、雪天和冰雪路面驾驶

雾天和雪天能见度降低，驾驶人视野变窄，对交通环境的观察受到影响，所以在雾天、雪天行车要格外谨慎。下过雪之后，由于天气寒冷会形成冰雪路面，冰雪路面降低了车轮的附着力，车辆制动性能大大降低，极易发生追尾、侧滑和侧翻等事故。这一阶段主要学习以下知识。

◆雾天驾驶的危险源辨识；

◆雾天灯光的正确使用；

◆雾天喇叭的正确使用；

◆雾天跟车、会车、超车的操作要领；

◆雪天驾驶的危险源辨识；

◆雪天跟车、会车、超车的操作要领；

◆冰雪路制动器使用的注意事项；

◆冰雪路跟车、会车、超车、转向的操作要领；

◆冰雪路防侧滑措施。

五、模拟高速公路驾驶

高速公路不同于一般道路，其车速高、车道区分明确、环境封闭、车流量大、出入限制严格，在高速公路上行车需要更高的驾驶技术。由于实际训练场地与高速公路环境相差很大，所以可以通过模拟器实现高速公路模拟教学。这一阶段主要学习以下知识。

◆高速公路驾驶的危险源辨识；

◆高速公路的安全驶入与驶出；

◆高速公路跟车、会车、超车的操作要领；

◆高速公路停车的规定；

◆高速公路发生故障的处置措施。

第十四节　科目三道路驾驶技能考试通用评判扣分标准

科目三道路驾驶技能所有考试项目，如出现以下情况，将会被扣掉相应的分数。

扣　分　项　目	扣　分　值
不合格情形	
不按规定使用安全带	100
遮挡、关闭车内音视频监控设备	100
不按考试员指令驾驶	100
不能正确使用灯光、雨刮器等车辆常用操纵件	100
起步时车辆后溜距离大于30厘米	100
驾驶汽车双手同时离开转向盘	100
单手控制转向盘时，不能有效、平稳控制行驶方向	100
车辆行驶方向控制不准确，方向晃动，车辆偏离正确行驶方向	100
不能根据交通情况合理选择行驶车道、速度	100
使用挡位与车速长时间不匹配，造成车辆发动机转速过高或过低	100
车辆在行驶中低头看挡或连续2次挂挡不进	100
行驶中空挡滑行	100
视线离开行驶方向超过2秒	100
违反交通安全法律、法规，影响交通安全	100
不按交通信号灯、标志、标线或者民警指挥信号行驶	100
不按规定速度行驶	100
车辆行驶中骑轧车道中心实线或者车道边缘实线	100
长时间骑轧车道分界线行驶	100
争道抢行，妨碍其他车辆正常行驶	100
行驶中不能保持安全距离和安全车速	100
连续变更两条或两条以上车道	100

扣 分 项 目	扣 分 值
通过积水路面遇行人、非机动车时，有不减速等不文明驾驶行为	100
遇行人通过人行横道不停车让行，不主动避让优先通行的车辆、行人、非机动车	100
将车辆停在人行横道、网状线内等禁止停车区域	100
行驶中身体任何部位伸出窗外	100
制动、加速踏板使用错误	100
对可能出现危险的情形未采取减速、鸣喇叭等安全措施	100
因观察、判断或者操作不当出现危险情况	100
考生未按照预约考试时间参加考试	100
扣10分情形	
驾驶姿势不正确	10
起步时车辆后溜，但后溜距离小于30厘米	10
操纵转向盘手法不合理	10
起步或行驶中挂错挡，不能及时纠正	10
起步、转向、变更车道、超车、停车前不使用或错误使用转向灯	10
起步、转向、变更车道、超车、停车前，开转向灯少于3秒即转向	10
转弯时，转、回方向过早、过晚，或者转向角度过大、过小	10
换挡时发生齿轮撞击	10
遇情况时不会合理使用离合器半联动控制车速	10
因操作不当造成发动机熄火一次	10
不能根据交通情况合理使用喇叭	10
制动不平顺	10
遇后车发出超车信号，不按规定让行	10

4

第五章　安全文明驾驶

　　学习驾驶的目的不仅仅是为了取得驾驶执照，更重要的是成为一名合格的道路交通参与者，能够安全文明驾驶。保证自身及其他交通参与者的生命、财产安全，还要保障道路通行顺畅、和谐，这是每一个交通参与者的社会责任。所以，在取得机动车驾驶证前，每一位新手驾驶人都要接受交通安全文明驾驶知识的学习。

第一节　｜　安全驾驶

　　驾驶人的安全意识、生理和心理状况以及驾驶习惯很大程度上影响着行车的安全。为了保证行车安全，驾驶人从一开始学习驾驶起，就应该树立良好的安全驾驶意识和养成良好的安全驾驶习惯，保证自身生理和心理健康。

一、安全驾驶基本知识

　　新手驾驶人行车前一般都比较紧张，总害怕出事故。这是新手驾驶人对自己驾驶技能不自信的缘故。所以新手驾驶人在出车前要调整好自己的心理和生理状况，保持头脑冷静，情绪稳定，不意气用事，并注意在驾驶过程中谨记安全行车原则。

（一）驾驶人生理和心理状况对安全行车的影响

1.生理因素与安全驾驶

　　影响安全驾驶的生理因素主要包括视觉、疲劳、饮酒、疾病和服用药物等。

　　（1）视觉特性对安全驾驶的影响

驾驶人驾驶车辆时的视力分为静视力和动视力两种。

驾驶人在车辆静止状态下的视力为静视力，在行车过程中的视力为动视力。一般来说，动视力比静视力低10%～20%。同时，随着车速的提高，驾驶人的有效视野会越来越狭窄。

驾驶人视觉对光线的强弱变化存在一个适应过程，这个过程叫做暗（明）适应。在这一过程中，驾驶人的眼睛会出现短暂的"失明"，不能及时观察周围的人和物，容易发生事故。

一天中最危险的驾驶时段是黄昏。黄昏时，光线较暗，不开灯看不清楚，而打开前照灯时，其亮度与周围环境亮度相差不大，驾驶人视力明显降低，不易看清周围的车辆和行人，往往会因观察失误引发交通事故。

夜间车辆、行人较少，所以从某种意义上说，夜间行车应该比白天行车更为安全。但是，由于夜间物体明暗对比度低，驾驶人视力下降，车辆灯光也会造成眩目，这些因素都会影响夜间行车安全。

（2）疲劳对安全驾驶的影响

驾驶疲劳是指驾驶人长时间连续行车，产生心理机能和生理机能失调，造成驾驶技能下降的现象。驾驶人产生驾驶疲劳的原因主要有以下两个方面。

①生活原因导致疲劳。

◆ 劳逸失调，就寝晚，睡眠时间少于7小时；

◆ 居住环境差，不能保证正常休息、睡眠；

◆ 生活压力大，如生活负担过重，夫妻不能和睦相处等。

②驾驶环境不良导致疲劳。

◆ 长时间在恶劣的道路环境中驾驶；

◆ 长时间在空间狭小、空气质量差的环境中驾驶；

◆ 长时间在过冷、过热，湿度过大的条件中驾驶；

◆ 与同车人的关系紧张；

◆ 在午后、黄昏、凌晨、深夜等人体生理曲线低潮时驾驶；

◆ 在风沙、雨、雪、雾等恶劣气象条件下驾驶等。

缓解疲劳驾驶的方法

规避认识误区。有些驾驶人通过大声播放强节奏音乐、开窗吹风、喝浓茶等方法对抗疲劳驾驶，但这些方法只能起到暂时的缓解作用，不能从根本上解决问题。要完全避免疲劳驾驶，只有严格控制连续驾驶的时间。如果感到疲倦，应立即到安全地点停车休息，时间拖得越长，越容易发生危险。

养成良好的饮食习惯。"饱了发困，饿了发呆"，科学进食以七八成饱为好，且餐后15分钟内消化器官负担最重，人有疲劳感，此段时间内不宜驾驶；空腹驾驶，尤其是不吃早餐，会导致人体血糖降低，影响安全驾驶。因此，驾驶人应尽量定时定量进餐。

愉快驾驶，宽心上路。驾驶人应处理好与家人、同事、领导之间的关系；驾驶车辆时，应保持积极、愉快、平和的心态。

（3）饮酒对安全驾驶的影响

酒精会影响中枢神经系统，导致感觉模糊、判断失误、反应迟钝，对于安全行驶非常不利，且酒后驾驶所造成的交通事故多为重、特大交通事故。

酒精会造成驾驶人反应时间延迟，制动措施滞后，停车距离延长。

知识扩展

人体到底需要多少时间来"醒酒"

对大多数人来说，肝脏分解酒精的速度约为10毫升/小时(mL/h)，而酒精（乙醇）含量可以通过酒瓶标签获得，这样就可以根据酒的摄入量计算出肝脏分解酒精所需要的时间。

分类	摄入量/毫升（mL）	酒精含量换算	体内酒精含量/毫升（mL）	分解酒精所需的时间/小时（h）
5%酒精浓度的啤酒	600mL（1瓶）	600mL×0.05	30mL	3h
12°的红酒	250mL（5两）	250mL×0.12	30mL	3h
38°的白酒	200mL（4两）	200mL×0.38	76mL	8h
48°的白酒	200mL（4两）	200mL×0.48	96mL	10h
56°的白酒	200mL（4两）	200mL×0.56	112mL	11h

值得说明的是，肝脏分解完酒精并不等于彻底"醒酒"，此时大脑可能还昏昏沉沉，身上的酒气可能还未散净，要想彻底摆脱酒精的干扰，还需要一段时间。

（4）疾病和服用药物对安全驾驶的影响

驾驶人带病驾驶（如腹痛、牙痛、手臂受伤、高血压等），其注意力、判断力及反应力都会大大降低，驾驶操作技能也随之降低，增加交通事故发生的可能性。一些作用于中枢神经系统的药物，如镇静剂、兴奋剂和致幻剂，在服用后会产生一系列的副作用，容易诱发交通事故。

（5）毒品对安全驾驶的影响

吸毒后所产生的精神极端亢奋甚至妄想、幻觉等症状，会导致驾驶人脱离现实场景，判断力低下甚至完全丧失判断，驾驶能力严重削弱。近年来"毒驾"行为呈现增长的态势，成了交通安全的新杀手。吸毒毁一生，有多少人因吸毒导致身心俱毁、亲属离散、家破人亡。驾驶人应杜绝侥幸心理，切勿"以身试毒"；加强自我保护，警惕陌生人递来的香烟；长途、夜间驾车时万万不可靠吸毒来提神。

2. 心理因素与安全驾驶

（1）情绪对安全驾驶的影响

在现实生活中，我们每天都有不同的情绪，有时情绪好，有时情绪坏，如兴奋、骄傲、生气、厌恶、愤怒、恐惧等。无论是积极亢奋的情绪，还是消极低沉的情绪，都会影响安全驾驶。

带着兴奋和高亢的情绪时，驾驶人容易分散注意力，降低对交通情况的判断能力，或者

高估自己的驾驶技能而开"英雄"车。

带着生气和厌恶的情绪时，驾驶人也容易分散注意力，增加操作失误，甚至有开"斗气"车的可能。

所以，行车时保持平和的心态、稳定的情绪、良好的精神状态，对安全行车是至关重要的。

（2）性格对安全驾驶的影响

性格是指对人、对事的态度和行为方式上所表现出来的心理特点。性格是人的个性心理特征，不同性格的人，处理问题的方法和效果不同。

性格与安全行车有着极为密切的关系，良好的性格是安全行车的重要条件。只有加强学习，提高自身修养，在实践中磨炼自己的意志，提高自身的驾驶素质，才能养成良好的性格。

（3）注意力对安全驾驶的影响

注意力是指心理活动对一定对象的指向和集中。车辆行驶中，驾驶人心理活动有选择地指向和保持集中于一定的道路交通信息。驾驶人出现注意力不集中的情况时，不能全面观察、正确判断和处理当前的交通状况，容易导致交通事故的发生。

影响驾驶人注意力的原因和解决办法如表5-1所示。

表5-1 影响驾驶人注意力的原因和解决办法

注意力不集中的原因	解 决 办 法
精神紧张或情绪不稳	- 驾驶车辆前减小精神紧张的程度； - 不能使情绪平静时，坚决不能上路行驶
与同伴热烈的交谈	- 驾驶途中不要过多交谈，说话的同时不要忽略对道路交通情况的观察； - 如果交通状况比较混乱，应停止交谈； - 驾驶期间，不要进行热烈的交谈
音响声过大	- 将音量调小，以便及时获知外界的交通动态信息； - 不要被吵闹的音乐或收音机中的有趣节目分散注意力； - 在行驶途中，不要经常摆弄收音机
接听或拨打手机	- 驾驶车辆时，禁止接听或者拨打手机； - 特殊情况时，应先将车辆停放在安全地点后再接听或者拨打电话
车上比较吵闹	- 妥当处理引发吵闹的事件后，再继续行驶

（4）驾驶人不良心态十忌

表5-2 驾驶人不良心态十忌

一忌急躁	遇有天不如意、事不顺心、车不争气、时不等人的情况，心急火燎，脾气急躁，不能控制情绪，抢行强超
二忌逞能	开车时争强好胜，爱与人比高低、赛车速，特别是遇到熟人，格外亢奋，想露一手，不顾驾技、车况、路况如何，处处先行，不占上风誓不罢休
三忌麻痹	快要到家或单位和在熟悉的路段或路况较好时，放松警惕，随意驾驶，心不在焉
四忌恐惧	本人出过事故或见别人出事故，失魂落魄，非常恐惧，上车便害怕、紧张，遇有情况手足无措，难以控制车辆
五忌自满	开了几年车，没有发生问题，自以为技高一筹，骄傲自负，听不进亲友或同事的提醒，处处我行我素

六忌压力	家里出现不顺心的事、婚恋受挫以及受领导批评等，造成情绪波动，心理压力大，反应迟钝，精神涣散
七忌侥幸	不良路况、不好天气、危险情况、车有故障等，自恃能耐非凡，技术了得，侥幸驾驶，结果适得其反
八忌躲避	公车驾驶人不请示报告私自出车、绕道绕行办私事，怕领导知道后挨批评，偷偷摸摸、慌慌张张，争时间抢速度，越怕出事结果偏偏出事
九忌赌气	日常行车中难免发生一些不愉快的事，如车被刮、前车有意不让行、夜间对方不闭远光灯等，于是火上心来，也来个对着干，结果弄出事故
十忌过瘾	由实习驾驶人转为正式驾驶人，独立驾车，或换了新车，高兴不已，难以自持，急于试试车的性能和显示自己身手，开得飞快，遇到特殊情况，措手不及

对这10种不良心态，每个驾驶人必须引起高度重视。

①增强法规意识，强化安全意识。要全面、系统地学习交通法规条例，掌握交通知识，做到学法、懂法、守法。

②加强驾驶人心理训练，提高心理承受能力，自我控制能力、心理反应能力，保持健康的心态、稳定的情绪、良好的精神状态，为安全行车打好基础。

③加强道德修养，增强生命意识，主动礼让，确保其他交通参与者的生命安全。

总之，保持良好的心理状态是保证行车安全的重要环节。驾驶人必须要自觉地克服种种不良心理状态，以确保行车安全。

（二）安全驾驶基本原则

行车中危险时刻存在，实现行车安全平时要做到八项要求。这八项要求是遵守交规、仔细观察、正确判断、提前预防、保持安全车速、保持安全车距、减少驾驶错误行为、抵制危险驾驶行为。只有这样，才能让交通事故和紧急情况远离我们。

1.遵守交规

交通法规的制定就是为了保障交通安全和有序，但前提是广大交通参与者都能自觉地遵守。道路交通参与者的违法行为是诱发道路交通事故的最主要原因，其中车辆驾驶人未按规定让行、超速行驶、违法装载、疲劳驾驶、逆行、违法占道行驶、违法会车、违法超车、违法变更车道等违法行为是导致事故发生的主要原因。

2.仔细观察

驾驶人通过眼睛所获的信息占全部信息的80%以上，所以仔细观察对行车安全起着决定性作用。很多交通事故发生在夜间和雾天，都是由于视线受阻，观察不清导致的。夜间行车，能看得清的路面情况十分有限，白天能看清1公里外的物体，夜晚在灯光照射下也只能看到100到300米的距离。雾天行车，能见度低、视线受阻，驾驶人在行车过程中很难观测前方道路上的交通情况。在无法观察清楚的情况下不要贸然前进。

仔细观察在白天和正常天气条件下也很重要。虽然良好天气下的视野范围较开阔，但依然无法避免驾驶盲区的存在，盲区内的人和物很有可能对安全行车构成威胁。

车辆起步前驾驶人要仔细观察车辆的四周，检查周围的环境，确保车辆周围没有小孩，没有其他影响安全起步的物体，车辆底部也要观察清楚。

转弯和变更车道时更要仔细观察，驾驶人要通过后视镜仔细观察后方情况。有时转弯时不但要看后视镜，还要转动头部向后方观察。这是因为通过固定的后视镜并不能观察后方的所有区域，还有一些我们观察不到的区域，即我们所说的盲区。这时就需要驾驶人通过转动头部来减少盲区的范围。

倒车时仔细观察也非常重要。《道路交通安全法实施条例》第五十条规定，机动车倒车时，应当察明车后情况，确认安全后倒车。倒车前，驾驶人应仔细观察倒车路线，必要时下车观察。倒车过程中，驾驶人不能仅仅依靠后视镜进行观察，因为后视镜里看到的事物只是有限的一部分。为了预防危险情况的出现，驾驶人应不断调整观察角度，重点关注盲区。

3. 正确判断危险源

危险源的存在是事故发生的根本原因，行车中会遇到各种危险源，驾驶人在面对这些危险源时要能够准确判断危险源的存在和性质，之后及时采取相应的对策。如果驾驶人不能准确地判断危险源和其危险性质，就很有可能由于疏忽导致事故的发生。所以驾驶人应掌握一定的危险源辨识知识，主动发现危险，提前预判风险。

（1）跟车危险源辨识

①前车突然制动，会因跟车距离过近而与前车发生追尾。跟车应时刻注意前车的动态，并保持足够的跟车距离。

②前车为大型车辆时，后车驾驶人的视线会受大车的阻挡，而无法看清楚前方道路的情况。所以，跟随大型车辆行驶时应拉大跟车距离，或选择合适的时机进行超越。

③跟随出租车行驶时，出租车很可能会随时停车上下客。跟随出租车行驶时，应密切注意前车的车灯信号和行驶动态，并保持较大的跟车距离。

（2）会车危险源辨识

①在狭窄的路段会车，会有车辆剐碰或驶出道路的危险。在狭窄路段要提前选好会车的地点，不要急于抢行通过。

②在弯道会车时，由于视线受阻无法判断来车的方位，因此要提前做好准备，减速、鸣号、靠右行。

③夜间会车时，会由于对方车辆不关闭远光灯而产生眩目。在夜间会车时应首先关闭远光灯，对方车辆不关闭远光灯时要停车避让。

（3）超车危险源辨识

①借道超车时，对向车道上有车辆驶来，此时有发生撞车的危险。借道超车时应确认对向

车道前方200米范围内无来车时，再进行超车。

②超车时，发现超车道上有障碍物而发生危险。超车前应确认超车道上无影响行车安全的障碍物后，再进行超车。

③超越停止的车辆时，与突然从停止车辆上下来的人员或车前跑出的人员发生碰撞。超越停止车辆时应与其保持足够的横向间距，防止车上突然下人或车前突现行人，并适当鸣喇叭示意。

（4）变更车道危险源辨识

①变更车道时，未注意观察目标车道上的车辆行驶情况强行变更车道，结果与目标车道的车辆发生碰撞。变更车道前要仔细观察目标车道的车辆行驶情况，确认安全后再变更到相应的车道上。

②观察不仔细，忽视驾驶盲区内的情况。变更车道时要通过内、外后视镜和扭头观察的方式，确保周围环境安全后再变更车道。

（5）转弯危险源辨识

①弯道视线受阻，无法清楚观察到弯道另一侧可能出现的情况。驾驶人在接近弯道时应提前降速，以便应付弯道另一侧可能出现的危险情况。

②弯道另一侧驶来的车辆可能无法预见到本车而占用本车道行驶。驾驶人驶近弯道时，应鸣喇叭，夜间应交替变换远近光灯以提示对向车辆和行人，并靠道路右侧行驶，防止与对向车辆和行人发生碰撞。

③驾驶人容易忽视"内轮差"的存在，而与弯道内的行人或物体发生刮碰。驾驶人应预见"内轮差"的影响，与弯道内的行人和物体保持足够的距离。

（6）倒车危险源辨识

①倒车时驾驶视线受阻，驾驶人由于疏忽驾驶盲区的存在，而与盲区内的行人或物体相撞。倒车时，驾驶人除通过内外后视镜观察后方情况外，还要扭头或在他人的帮助下观察盲区内的情况，确认安全后缓慢倒车。

②倒车时对方向的控制变得很难，驾驶人容易偏离倒车路线。倒车前驾驶人应确定好倒车路线，并选好参照物，防止倒车时方向失控。

（7）掉头危险源辨识

①掉头时车辆占用的空间较大，容易影响其他车辆的正常行驶。掉头应在交通流量较小、道路宽阔，没有禁止掉头限制的路段进行。

②驾驶人容易忽视视野盲区和"内轮差"的存在，掉头转弯时与行人或物体发生刮碰。掉头时应注意盲区内的动态，并与其他车辆、行人和物体保持较大的距离。

4. 提前预防

保证行车安全，仅仅靠驾驶人自身遵守交通安全规则是不够的，还要预防其他交通参与者的违法行为和其他的意外情况。比如说，开车时驾驶人不仅自己不随意变更车道，还要预防别人突然变更车道。可以说在参与交通的过程中预防是十分重要的，以下一些防御性驾驶原则对驾驶人会有一些帮助。

①时刻注意观察。通过观察其他驾驶人、行人、骑车人等交通参与者的神情、神态、动作等预见他们的行为倾向，并时刻关注行车环境、路况变化，做好预防危险的准备。

②保持安全距离。保持安全距离的情况下，即使周围突然出现危险情况，自身车辆也能来

得及采取措施，避免引发事故。

③保持合适车速。合适的车速可以保证车辆在遇到紧急情况时，能够在安全的距离内停下来。

④谦虚避让。谦虚避让可以让我们离那些不法行为远一些。

⑤随时准备停车。面对各种不安全状态，驾驶人要做好随时停车的准备，避免紧急时刻慌乱而采取错误行为。

驾驶人在平时的行车过程中要时刻牢记这些准则，逐渐使之成为习惯。

5. 保持安全车速

安全车速是指驾驶人根据自身情况、车辆状况、道路条件和交通情况，在法律法规和道路标志标线规定的限速范围内，选择能够保证行车安全的车速。不按安全车速（包括超速和低速）行车是导致事故的主要原因之一。此外，车辆转向失控、侧滑和侧翻等也都与车速有关。在驾车时保持合理的车速，有利于我们对路面情况正确地观察、判断和应对紧急情况，让我们能安全可靠地驾驭车辆。

驾驶人保持安全车速的原则。

①在保证安全的前提下，在规定的限速范围内，根据道路条件、驾驶人心理和生理状况、车辆技术条件和交通环境灵活掌握和控制车速。

②在交通拥挤、车辆较多、车流已有自然速度节奏的道路上行驶，应使本车随车流速度行进，避免车速太高或太低。

③保持平稳车速，不可强行超车。

④遇到道路条件复杂、恶劣天气、视线不良等不利安全驾驶的情形，应严格控制车速。

6. 保持安全距离

安全距离包括纵向安全距离和横向安全距离，安全距离是为了使人与人之间和车与车之间免于物理、心理上的威胁、侵犯和伤害。保持横向安全距离可以避免车辆之间的横向刮擦和碰撞；保持纵向安全距离可以防止车辆之间追尾相撞。

安全距离的估算方法如下。

①行车时，前后车之间应保持2～3秒的安全距离，即驾驶人反应时间1秒；采取措施处理紧急情况、突发意外情况的时间1～2秒。另外，如下雨天还要再增加1秒，冰雪路面行驶更要加长时间。

②2～3秒安全距离的测算方法：前车经过一个比较明显的标志或固定物体时，后车驾驶人自己就开始默数，当驾驶人不慌不忙数完3个数字，如：301、302、303，后车也正好到达这个明显标志或固定物体时，这个前后车之间的距离，就是安全距离了。这种方法虽然简单，但比较实用。

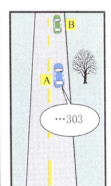

7. 尽量减少驾驶错误

产生驾驶错误的原因有很多，驾驶人在学习驾驶就应该避免出现各种错误驾驶行为，以免养成错误习惯，并加强正确操作的训练。在驾驶中常犯的错误类型及事例如表5-3所示。

表5-3　错误驾驶行为分析

错误类型	表现	具体事例
计划不周密	忽视车辆的检查与维护	制动系统工作不正常
	行程安排得太紧	由于时间紧迫，开车时精力不集中，而且车速过快
	未做好行车的准备	由于对路线不熟悉，驾驶过程中常常走错路
注意力不集中	注意力分散	只顾看路边的热闹，"摆弄"收音机或边开车边打手持电话
没有良好的安全意识	对影响安全驾驶的因素可能产生的后果认识不足	疲劳驾驶、酒后驾驶和超载行驶
观察能力差	视力不佳	不能正确观察周边的交通情况
	对周边的交通情况观察不全面	转弯时只顾往前看，未注意车侧的其他交通参与者
过于紧张	操作位置错误	突然发现险情，把加速踏板错误地当做制动踏板
驾驶技能差	驾驶操作不熟练	- 换挡、转向和制动时，不能注意路上的交通情况，在复杂交通状况下极易犯此类错误； - 操作不当使发动机熄火，因而妨碍交通的畅通
	操作错误	换挡时不使用离合器配合
操作不规范	双手离开转向盘	在平直道路行车时双手离开转向盘去取其他物品
灯光使用错误	不正确使用远近光灯	会车时不关闭远光灯使对向驾驶人产生眩目

8. 抵制危险驾驶行为

很多交通事故究其原因，都与驾驶人的危险驾驶行为紧密相连。危险驾驶行为包括酒后驾驶、超速驾驶、疲劳驾驶、闯红灯、强行超车、会车抢行、超载（员）等违法行为。危险驾驶行为对交通安全的影响如表5-4所示。

表5-4　危险驾驶行为对交通安全的影响

危险驾驶行为	对交通安全的影响
饮（醉）酒	感觉模糊，神志不清、失去自控力，出现超速、强行超车等胆大行为，甚至把加速踏板当制动踏板等
疲劳驾驶	不自觉打瞌睡、走神，驾驶操作不当或不及时导致碰撞他车、他物，甚至坠沟、坠崖等
闯红灯	遇对向行人通过，制动不及，极易导致碾轧及碰撞事故
强行超车	超车时不向他车传递信号，被超车时不减速让行，极易引发刮擦、碰撞事故，危及其他交通参与者通行安全
会车抢行	会车时不顾道路条件，加速抢先通过不良路段，极易导致刮擦、碰撞，甚至翻车事故，危及其他交通参与者通行安全
超载（员）	车辆安全性能下降，易出现制动失效、转向失灵、爆胎等紧急情况；一旦发生交通事故，扩大伤亡人数

二、安全行车操作要求

（一）行车前

1. 熟悉车况

实际道路行驶的车辆与训练场的车辆不同，要提前熟悉自己的车况，了解各仪表的功能，包括车速表、转速表、里程表、行程表、燃油表、水温表、油压警示灯、制动系统警示灯等；提前踩制动、离合，打转向，检视喇叭等，确保车辆各项性能良好。

2. 做好行车准备

调整好座椅、后视镜，系好安全带。正确的驾驶姿势和后视镜位置对安全行车非常重要，不但可以消除长时间驾驶疲劳，保证良好的驾驶视野，而且还可以使驾驶动作更准确、迅速与合理。系好安全带是安全行车的重要保证。

（二）行车中

1. 遵守交通规则

交通规则和交通标志、标线是保证行车安全最基本的条件。遵守交通规则，按照交通标志、标线的规定行车能保障新手驾驶人最大限度地减少交通事故。

2. 安全起步

起步前观察四周有无影响车辆起步的危险因素，检查车门是否关好，确保乘车人系好安全带。一切准备就绪后通过后视镜并向左方侧头，观察左、后方交通情况，看车后有无过往的行人、动物和车辆等情况，不得盲目起步。交通情况复杂时可合理使用喇叭提醒周围交通参与者。

3. 安全汇入车流

驾驶车辆汇入车流前，应提前开启转向灯，通过后视镜观察左、后方正常行驶的车辆，正确估计车流速度和安全距离，根据车流情况选择汇入的最佳时机，在不影响正常行驶车辆的情况下安全汇入车流。不得不观察直接汇入车流或强行汇入车流，更不得连续变更车道。

4. 安全跟车

跟车时一定要与前车保持安全的跟车距离，新手驾驶人缺乏处理紧急情况的实际经验，出现紧急情况易紧急制动，这种情况下极易引发追尾事故。前后车之间应保持2～3秒的安全距离，行驶速度越快跟车距离应越大；在山路等复杂路段和雨雪等恶劣天气条件下还应加大跟车距离；在城市等拥堵路段跟车要保持平常心态，切忌急躁抢行；大型客车和货车的驾驶盲区较大，跟随这类车辆时更要加大跟车距离，防止意外情况发生。

5. 正确变更车道

变更车道时，不要一次并跨两条以上车道。那样做不仅不安全，也是违章的。安全的操作方法是先打转向灯，看好后视镜，先缓缓变更一条车道，慢慢居中，再看后视镜，再缓缓变更一条车道，关闭转向灯。这样会避免因一时视觉死角疏忽而被撞。

6. 安全会车

会车时应自觉做到"礼让三先"，即"先让、先慢、先停"。尽量选择适当会车地点，靠右通过，保持安全横向间距，安全会车；经过路面狭窄或有障碍物的路段时，要提前降低车速，观察来车情况，避免在狭窄或有障碍物的路段会车；前方有窄桥时，在上桥前应提前减速观察，不可盲目抢上，避免在窄桥上会车，防止发生碰撞；夜间会车时，要及时变换灯光，必要时停车避让。

7. 安全掉头

掉头一定要在没有禁止掉头限制的地点进行，并不得妨碍其他车辆的正常行驶，尽量选择交通流量小、平坦、宽广、路肩坚实的安全地段进行。掉头的时候，一定要提前打转向灯，以便提醒后方以及对面的车辆注意。

8. 安全超车、让超车

超车与让超车是同时产生的，双方驾驶人应相互礼让，实现安全超车。一定要在条件允许的情况下超车，超车前要仔细跟车观察；待条件允许时开左转向灯示意超车，超车时要与前车保持足够的横向和纵向间距，从被超车辆左侧超车；完成超车并在与被超车保持必要的安全距离后，打开右转向灯，再驶入原车道。而当前车看到后车发出超车信号时，要主动减速、靠右让。

9. 安全倒车

倒车时驾驶人视线受阻，行驶方向与车头方向相反，如果疏于观察极易发生事故。倒车时一定要先察明车后情况，确认安全后倒车；还应提前确认好倒车路线，观察四周没有影响安全的事物后再倒车，特殊情况下可由他人协助倒车；倒车时要发出倒车信号，提醒过往行人和车辆注意；倒车过程中要通过后视镜和扭头不时查看后方情况，防止其他行人和车辆闯入倒车线路。

10. 弯道安全驾驶

弯道行车驾驶人视距会变短，难以预测对向来车情况，所以在弯道行车一定要集中注意力。进入弯道前一定要降低车速，防止因离心力作用发生侧滑；进入弯道要适当鸣喇叭提醒对向车辆注意，夜间行车可变换远近光灯来发现和提醒对向车辆；尽量靠道路右侧行驶，弯道会车时以道路中心线为参照；弯道行车谨记"减速、鸣号、靠右行"。

11. 路口安全驾驶

驾驶车辆进入交叉路口前，应降低行驶速度，注意观察，确认安全。通过有交通信号控制的路口时按照信号的指示通过；通过没有交通信号的路口时，应在进入路口前减速或停车瞭望，礼让有优行通行权的车辆；有车辆抢行时，应减速避让；通过拥堵的路口时要排队依次通过，禁止穿插抢行。

12. 安全通过人行横道

车辆接近人行横道时，不管人行横道上是否有行人正在通过都要提前降速；不可与行人抢道，一定要让人行横道内的行人和非机动车优先通行；不可鸣喇叭对行人进行催促，要注意行人动态，耐心等待行人安全通过；当人行横道内没有行人时，要注意观察人行横道两端是否有行人或非机动车突然急速通过。

13. 安全通过学校区域

通过学校区域时要提前减速，注意观察道路两侧及周围的环境，提防学生或儿童突然闯入行车道，做好随时停车的准备；遇学生横穿道路时要停车让行，禁止鸣喇叭催促，防止学生受到惊吓。在学校周围遇到校车时，要礼让校车，保证校车优先通行。

14. 安全通过居民小区

通过居民小区时，机动车应当低速行驶，避让行人，尤其要注意居民区内的老人和儿童；有限速标志的，按照限速标志行驶；在居民区内停车时要按规定车位停车，无规定车位时要以不妨碍居民生活和出行为准。

15. 安全通过公交车站

车辆通过公交车站时应禁止占用"公共汽车专用车道"行驶；进入公交站点前应提前减速，与公交车保持足够的安全间距；注意观察公交车两侧的情况，防止突然有行人横穿道路。

16. 保护乘车人、行人和骑车人

驾驶人应尽最大努力保护乘车人的安全，提醒乘车人系好安全带，谨慎驾驶，遵守交通规则，不酒后驾驶，不疲劳驾驶。在参与交通时还应注意保护行人和骑车人等其他弱势群体的安全，不与行人和骑车人争道抢行，主动礼让。

17. 夜间安全行车

学会各种灯光的使用方法，尤其是市区有路灯照明的路段，不要使用远光灯；夜间行车还要注意保持与他车、行人等的安全距离；注意熟练使用后视镜，保证车辆的通过性、安全性。

18. 与大型车辆安全共行

与大型车辆共行时要注意大型车辆行驶的两个主要风险特征：视觉盲区大和内轮差大。大型车辆车体庞大，造成大型车辆驾驶人即便是通过后视镜也有很多观察不到的区域，在这些盲

区内很容易引发事故。所以在道路上行驶时尽量不要与大型车辆靠得太近，也不要长时间在大型车辆的盲区范围内行驶。

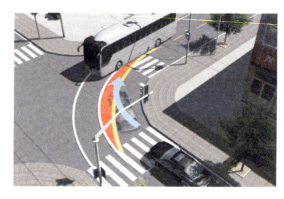

大型车辆车身长、轴距大，转弯时其前轮轨迹和后轮轨迹并不一致，内轮差较大。在与大型车辆转弯交会时往往容易躲过了其车身前半部，却与其车身后半部相撞。因此，遇大型车辆转弯时小型车辆驾驶人要特别注意由此可能带来的风险，最好与大型车辆保持2米以上的横向距离。

（三）停车

停车操作最能考验新手驾驶人的驾驶技能。停车时，宁可多倒几次，也要停车入位。倒车前要通过观察后视镜和转头透过后风窗玻璃观察车后和车左右两侧的情况，根据观察到的情况和汽车的外廓及装载的宽度、高度缓慢倒车。停车位置保证自身车门能打开，也不影响其他车辆的车门开启和车辆启动。

停车入位后要绕车一周，检视一下车辆外观、轮胎等重要部位有无异常，检查有无漏油、漏液等现象。确保安全后，记得关闭车窗、锁车门。

三、特殊情况下的安全驾驶要求

（一）遇儿童时安全驾驶

遇儿童时，应当减速慢行，必要时停车避让。遇到儿童在公路或路边玩耍或嬉戏打闹时，应提前减速，谨慎驾驶通过，必要时停车避让。发现前方路侧有"注意儿童标志"时，应密切注意两侧的道路情况，控制行车速度。

（二）遇青少年时安全驾驶

青少年注意力不集中，常在路上追逐打闹；不走人行横道，喜欢冒险，不顾及行为后果。行车中发现青少年不遵守交通规则、铤而走险时，要注意避让，必要时停车让行。

（三）遇老年人时安全驾驶

相对年轻人而言，老年人的视力与听力较差，行动迟缓。在横穿马路时，他们往往会滞留在道路中间，有时又会突然折身返回。老年人的思维常常局限在某个事物上，面对复杂的道路交通情况，往往会感到力不从心。行车中遇老年人时，应适当降低车速，适当鸣喇叭提示，观察其动态，必要时停车让行。

5

（四）遇残障人士时安全驾驶

残障人士对交通环境的感知能力低，行动不便，自我保护能力差，不能及时避让行驶的车辆。行车中遇到残障人士时，不要用喇叭催促，应在离他们有一段距离时停下来，让他们安心通过。

（五）遇其他行人时安全驾驶

雨天撑雨伞、穿雨衣的行人视线受阻，冬天戴棉帽、穿大衣的行人视线和听力受阻，不能及时发现来往车辆，应适当降低车速，注意观察其动态，随时准备应付突发情况。

此外，行车中遇并排交谈或接听手机等注意力高度集中的行人时，应提前减速，保持足够的横向间距，并适当鸣喇叭提示。遇缺乏交通经验或无视交通规则的行人时，应提高警惕，控制好车速，做好随时停车或让行的准备。

（六）遇非机动车时安全驾驶

自行车没有安全保障设施，稳定性较差，容易因失去平衡而发生侧翻。行车中超越同方向行驶的自行车时，应注意观察其动态，减速慢行。

人力车的速度较慢，方向灵活性较差，且因载货而难以观察周边的情况。行车中遇人力车时，应减速慢行，注意观察其动态，超越人力车时要与其保持足够的横向安全间距。

（七）遇畜力车时安全驾驶

遇畜力车横穿道路、逆向或同向行进时，应适当降低车速，观察其占位和去向，保持足够的安全距离。

在靠近畜力车时，禁止鸣喇叭或急加速，防止牲畜受惊发生意外。

第二节 | 文明驾驶

道路交通的畅通、和谐，不仅需要驾驶人掌握娴熟的驾驶技术，还需要驾驶人具有良好的驾驶行为习惯和道德修养。文明驾驶不但是交通安全的一部分，也是社会文明的一部分。

一、文明行车习惯的养成

良好驾驶行为的养成在于学员初期驾驶习惯的培养，驾驶人从开始学习驾驶起就应该努力践行文明驾驶准则。文明行车要从生活中的小事做起，驾驶人应在日常行车中做到宽容大度，面对他人的不文明行为应采取包容的态度，不要无理对无理，更不要相互攻击谩骂。文明行车还要求驾驶人从自我做起，当对他人的不文明行为深恶痛绝时，就要想到己所不欲勿施于人，每个驾驶人都能从自我做起，整个道路交通环境才会变得更加和谐。驾驶人平时要善于学习和自省，深入体会尊重他人、谦虚礼让、遵纪守法对社会文明发展的重要意义，自觉摒弃各种不文明驾驶行为。

二、文明行车

文明行车就是在行车中不但要具有较强的安全意识，还要具有高度的社会责任感，尊重和保护其他交通参与者。驾驶人在平时行车时应积极倡导文明的行车行为，抵制不文明行车行为，做到"车让人让出一份文明，人让车让出一份安全，车让车让出一份秩序"。日常生活中常见的驾驶陋习与文明行车驾驶行为对比如表5-5所示。

表5-5　两种驾驶行为对比

不文明的驾驶行为	文明的驾驶行为
漠视交通安全，追求刺激，开快车、冒险车，无视他人安全	严格遵守道路通行规定，控制车速
通过泥水路面，不主动减速，造成泥水飞溅，影响行人和其他车辆	关注周边的交通参与者，尤其是行人等弱势群体
不按规定变换车道，闯红灯，交叉路口暂停时越过停止线，妨碍道路畅通	遵守道路交通法规，知法、守法，确保道路交通有序、畅通
直行车占用左右转弯道，转弯车占用直行道，转弯时不打转向灯	严格按照交通标志标线行车
跟车行驶时用喇叭催促前车，逼迫前车让路，制造噪声	耐心地跟车行驶，保持安全间距
行车中随意向车外吐痰，抛撒烟蒂和杂物等	车内设置废弃物存放处，具有良好的环保驾驶意识
后方车辆示意超车时，故意阻挡道路	后方车辆示意超车时，靠边行驶，给对方让出超车空间
长时间占用快速车道、超车道低速行驶	按规定车道行驶，方便他人
遇前方拥堵时占用公交车道、应急车道行驶	耐心依次排队通过
与行人和非机动车抢道	礼让行人和非机动车
乱鸣喇叭	控制情绪，礼让他人
乱闪前照灯	文明驾驶，规范使用灯光
行车中打手机、抽烟	安全文明驾驶，行车中不打手机、不抽烟

5

三、乐于助人

乐于助人是中华民族的传统美德，任何人都有得到他人帮助的需要，因此也就应该在别人遇到困难时给予帮助。

①行车中，发现有人需要援助，例如有车辆陷入泥泞路段或需要协助修理时，应减速停车，主动给对方以帮助，而不是加速通过，不予理睬。

②遇其他驾驶人向自己询问方向、路线时，应耐心回答，而不是找理由拒绝。

③遇前方发生交通事故，需要帮助时，应协助保护现场，并立即报警。有受伤者需要抢救时，应及时帮助将伤者送医院抢救或拨打急救电话。

④行车中，发现其他车辆有安全隐患时，应及时提醒对方，以免发生交通事故。

⑤对于贴有"实习"标志的新手驾驶人给予一定照顾，不要在其出现反应较慢或误操作时大声鸣喇叭催促，以免其对交通情况措手不及，忙中生乱。当新手驾驶人出现车辆无法启动或中途熄火等情况时，可对其给予一定的指导，帮助其应对复杂道路交通情况。

四、文明礼让

驾驶人在行车中，遇到其他车辆违章行驶，占道抢行，强行超车等不讲文明礼貌的行为时，驾驶人应保持冷静的心态，尽量避免引起事端。

①遇到路口情况复杂时，应做到"宁停三分，不抢一秒"。在狭窄的路段会车时，应礼让三先，即做到先慢、先让、先停。

②在复杂路段相遇时，可通过手势示意他车先行。对方车辆主动让行时，可回以手势或低声短促鸣喇叭以示感谢。

③行车中，发现前方道路或路口堵塞时，应减速停车，依次排队等候，待前方路口疏通后再继续行驶，不应连续鸣喇叭催促、穿插。

车辆在拥挤路段低速行驶时，遇其他车辆强行"加塞"，应保持冷静，确保行车安全。

④行车中遇到其他车辆突然侵占自己的车道时，应尽量减速避让，切不可赌气加速或保持速度迫使其退避，更不能强行挡住去路。遇到后方车辆要求超车时，应及时减速让行。

⑤行驶中需要超越其他行驶速度较慢的车辆时，应提前变更车道。超车时，前方车辆不减速、不让道，应停止超车。超车时，发现前方车辆正在超越其他车辆，应停止超车，让前方车辆先行完成超越。

⑥会车有障碍时，应减速或停车避让，让便于通过的一方先行通过。

⑦行车中注意避让校车和执行任务的特种车辆，保证其优先通行权。

⑧通过人行横道和其他行人、非机动车较多的地段应主动避让行人和非机动车，让其优先通过。

⑨遇到其他异常行驶的机动车时应主动避让，防止与其发生碰撞和纠纷。

⑩遇牲畜横穿道路时应减速避让，不要大声鸣喇叭，防止惊动牲畜。

五、有序停放机动车

文明驾驶不仅体现在行车中，还体现在停车过程中。机动车随意停车、乱停乱放的不文明现象已经严重干扰了人们的通行秩序，加重了道路拥堵情况。驾驶人在停车过程中应选择合适的位置，有序停放车辆。

①宁可多走几步，也要选择停车场、车库或者停车位停车，这样既不影响通行秩序，也能保证车辆安全。

②停车入位，不超越停车位的边界线，以免影响相邻其他车辆停放。

③不在非机动车道和人行道随意停车。非机动车道和人行道随意停车会影响行车、骑车人通行，他们势必会借用机动车道通行，增加交通出行风险。

六、文明使用灯光、喇叭

灯光、喇叭是机动车的语言，它能够告诉其他交通参与者行驶意图，提醒他们注意交通安全。但不规范使用灯光、喇叭，不仅不能带来安全，反而增加交通出行风险。驾驶人在使用灯光、喇叭时应注意以下几点。

①变更车道要提前开启转向灯，变更车道结束后要及时关闭。

②高速公路超车时应变换远近光灯或鸣喇叭提醒前车。

③进入隧道前，根据交通标志牌提示正确开启车灯，出隧道后及时关闭。

④雾天驾驶禁止开启远光灯，能见度低于50米时开启后雾灯。

⑤夜间车速在30公里/小时以内或在照明条件较好的路段行驶时，不得开启远光灯，应使用近光灯。

⑥夜间在窄路或窄桥遇自行车对向驶来时，及时关闭远光灯，开启近光灯。

⑦夜间会车距来车150米时应关闭远光灯。

⑧道路发生拥堵，排队等待通行时不乱鸣喇叭；进入居民区等不允许鸣喇叭的路段，应禁止鸣喇叭。

第三节 ｜ 典型案例分析

通过对典型案例的分析学习，使学员学会分析违法案件发生的原因，并从中总结经验教训，理解安全文明行车的重要性，为以后的实际驾驶形成正确的引导和打下坚实的基础。

不文明驾驶行为、危险驾驶行为都会导致交通事故。一旦发生交通事故，损失的将不仅仅是财产，还有生命；不仅仅是个人的财产和生命，还有其他交通参与者的财产和生命。新手驾驶人应该谨记这些违法案件的教训，主动摒弃交通陋习，坚决抵制危险驾驶行为。

事故案例 1

2016年9月16日，四川省绵阳市三台县公安局交警大队查获一起集毒驾、套牌、盗抢、超员为一身的"四合一"严重交通违法行为。当晚，三台交警部门联合派出所进行巡逻检查。一辆白色雪佛兰轿车引起了巡查民警的注意，民警示意该车停车接受检查后发现，核载5人的小轿车里，一共坐了6个人，已经超员。

在对该车驾驶人任某某检查过程中，民警发现其精神恍惚，车内人员神色慌张。凭借多年工作经验，民警感觉该名驾驶人和同车人员都吸食了毒品。警方将6人和涉案车辆传唤到派出所，尿液检测证实驾驶人任某某等6人检测结果呈冰毒阳性，6人对吸毒违法行为供认不讳。

随后，民警通过警务通查询该车信息，结果显示这个号牌是遂宁市一辆绿色奇瑞牌小轿车，这辆白色雪佛兰轿车涉嫌套用其它车辆的号牌。民警通过公安交通管理综合应用平台查询，确认这辆雪佛兰轿车确为套牌车，且该车属于被盗车辆，已在当地公安机关报案。

案例分析：

本案中的驾驶人涉嫌毒驾、套牌、盗抢、超员，这其中任何一项违法行为都会给交通安全带来重大隐患。驾驶人吸毒后精神会极度亢奋，出现幻觉，产生妄想等症状，驾驶能力严重削弱，甚至完全丧失判断力。驾驶套牌、盗抢车辆驾驶人员由于对车辆不熟悉，加上规避执法检查的心理，容易造成超速、闯红灯和不按规定车道行驶等违法行为。超员超载会使车辆的性能下降，容易引发事故，而一旦发生事故就会造成较大的人员伤亡。因此，广大驾驶人应严格遵守道路交通安全法律法规，杜绝毒驾、酒驾、无牌、无证、超员等驾驶行为，提高交通安全法律意识，创造良好的交通环境。

事故案例 2

2009年5月7日晚8时许，一辆红色三菱跑车驾驶者与同伴在杭州市区道路飙车，将在人行横道上正常行走的一名年轻大学毕业生撞飞，据目击者称受害者被撞出大约5米高后再重重摔在20米以外的地方，造成受害者当场死亡。肇事发生地路段限速为每小时50公里，案发时肇事车辆的速度经事后鉴定，认定为在84.1公里到101.2公里之间，肇事者严重超速。这起市区"飙车"撞飞行人案引起社会极大公愤，民众及媒体对超速驾驶提出强烈抗议，社会各界都对这起案件给予了强烈的关注。

经侦查认定，肇事者胡某违反交通法规，严重超速行驶，直接造成了被害人死亡，其行为触犯了《中华人民共和国刑法》，构成交通肇事罪，西湖区人民检察院向西湖区人民法院提起公诉。2009年7月20日下午3时30分，杭州市西湖区人民法院对这起交通肇事案进行了一审公开宣判，以交通肇事罪判处被告人胡某有期徒刑三年。

案例分析：

这起交通事故改变了两个年轻人的生命，一个永远地离开了他的家人和朋友，另一个则要在牢狱中度过。这起事故之所以引起社会如此强烈的关注，很大程度来源于人们对"飙车"这种严重危害社会安全行为的深恶痛绝。

据统计，大部分事故都是由超速造成的，而且车辆超速，一旦肇事，往往还会加大事故的损害后果。因为车辆在发生碰撞时，速度越快，撞击力越大，交通事故的损害程度就越高。

超速驾驶本身就是一种极危险的行为，更何况是在人员较多的市区道路上，更又何况是在通过人行横道时。在有限速标志的地段行车必须将车速控制在规定的速度以内，当通过人行横道时更要放慢速度。这起"飙车"案暴露的不仅仅是肇事者安全、法律意识的淡薄，更是其"生命权意识"的缺失，肇事者把自己的一时快意凌驾于他人生命权之上。作为一名驾驶人要时刻牢记自己的驾驶行为不仅仅是一种个人行为，更是一种关乎他人生命安危的社会行为，没有人能随便剥夺他人的生命。

—————— 事故案例 3 ——————

2010年5月9日5时36分许，陈某饮酒后超速驾驶小型轿车，在北京市朝阳区东大桥路由北向南行驶至建国门外大街永安里路口，违反交通信号，直接撞上前方等候交通信号放行的菲亚特牌小型轿车，继而又撞向正常行驶的639路公交车左前侧。事发后陈某弃车逃逸，事故造成菲亚特驾驶人及其6岁女儿死亡，菲亚特驾驶人的妻子重伤，公交车上一名乘客受伤。

经事后侦查，交警认定，陈某的行为涉嫌酒驾、超速、违反交通信号指示行驶、肇事逃逸。朝阳区检察院以涉嫌以危险方法危害公共安全罪，对陈某提起公诉。2011年5月17日上午，此案在北京市第二中级人民法院公开审理。2011年5月20日上午，北京市第二中级人民法院一审宣判，被告人陈某因酒驾致两人死亡、一人重伤，被控以危险方法危害公共安全罪。陈某被判处无期徒刑，剥夺政治权利终身。

案例分析：

酒后驾驶机动车是严重的道路交通安全违法行为，极易发生道路交通事故，严重危害道路交通安全和人民群众生命财产安全。酒精对驾驶人的操作能力起到决定性的作用，在酒精状态下，驾驶人的操作反应会发生一系列的变化。案件中酒精使肇事者陈某失去对车辆的控制能力，结果在有限速规定的路段超速行车，并在前方信号灯为红灯时，仍高速向前行驶，最终导致撞上受害者所驾车辆。驾驶人陈某明知自己饮酒还驾驶车辆，这本身就是对危险行为的一种放任。

事故发生后，肇事者陈某并没有及时对伤者进行抢救，而是选择逃离现场，主观上具有放任危害结果发生的故意，其逃离现场的行为使被害人失去了被救助的最佳时机，造成2死1重伤的严重后果。事故发生后肇事者因为缺乏对生命的敬畏，不是去查看伤者而是选择了逃逸，这时其主观恶意更加明显，其行为已不仅仅是简单的交通肇事，已涉嫌以危险方法危害公共安全。

—————— 事故案例 4 ——————

2010年10月20日22时30分许，一红色小轿车在返回市区途中，将前方非机动车道上同方向行驶的一名骑电动车的行人撞倒，这本应是一起很普通的交通事故，但是这起交通事故却产生了极大的社会反响。

据当事人开庭陈述说："当日开车行至事发地时，正在给车里的音响换碟，不清楚车是否在走直线，突然听见'嗵'的一声，感觉出事了便下车查看。结果发现车后有一个女的侧躺在地上，发出呻吟声。""天太黑，我不清楚她伤的程度，心里特别害怕、恐慌，害怕她以后无休止地来找我看病、索赔。"于是，两三秒后，"一念之差"下，他从随身带的包里取出一把单刃刀，向受害人连捅数刀，然后驾车逃跑。

经人民法院一审宣判，肇事者药某犯故意杀人罪，被判处死刑，剥夺政治权利终身。

案例分析：

上述这起普通交通事故案例变为典型的刑事案件，值得所有学员、驾驶人进行深刻反思。

①肇事者严重缺乏安全驾驶知识。驾驶过程中给音响换碟，不能集中注意力驾驶，无法观察到其他交通参与者的情况，导致撞人事故发生。

②肇事者严重缺乏社会责任感。广大驾驶人应清楚认知发生交通事故后，应该以保护人的生命为第一任务，采取自救和求救他人等措施，而不是发生交通事故后逃逸或者为消除"后患"而采取其他更为残忍的手段。

③肇事者严重缺乏社会道德感和生命意识。肇事驾驶人开车将被害人撞倒后，不予施救，主观臆断受害人较为难缠，遂持刀连刺数刀，杀人灭口，将一起普通的交通事故升级为行为极其恶劣，并造成人员死亡的刑事案件。肇事者缺少最基本的为人道德，思想行为极端、自私、狭隘，缺少爱心、同情心和生命意识。作为交通安全的主要参与者，广大驾驶人应保持应有的社会道德和生命意识，不但爱惜自己的生命，更应爱惜他人的生命。

第四节　危险源辨识与防御性驾驶知识

任何事故的发生都有其原因，系统安全理论认为，危险源的存在是事故发生的根本原因，防止道路交通事故就是消除、控制道路交通系统中的危险源。驾驶人了解行车中的危险源，并据此采取相应的防御性驾驶方法，可以更有效地避免道路交通事故。

一、危险源辨识的基本知识

（一）危险源的概念

危险源是指一个系统中具有潜在能量和物质释放危险的，可造成人员伤害、财产损失或环境破坏的，在一定的触发因素作用下可转化为事故的事物。它的实质是具有潜在危险的源点或部位，是爆发事故的源头，是能量、危险物质集中的核心，是能量传出来或爆发的地方。危险源存在于确定的系统中，不同的系统范围，危险源的种类和存在的状态也不同。

高速行驶的汽车如果失去控制就会释放巨大的动能，造成人员伤害、财产损失或环境破坏等后果，这说明高速行驶的汽车就是一个危险源。其中导致车辆失控的原因有很多，比如驾驶人注意力不集中导致方向失控，车辆技术状况不良发生爆胎，道路通行条件不良导致车辆翻车，大雨天气路面湿滑导致车辆侧滑等。交通过程中的危险源主要有以下几类。

表5-6　道路交通危险源辨识的主要内容

危　险　源	主　要　内　容		
人的不安全行为	驾驶人	其他交通参与者	
物的不安全因素	车辆本身特点	车辆结构、技术状况	车内物品、车载货物
道路的不安全因素	典型道路	特殊路段	路面通行条件
行车环境不安全因素	夜间	特殊天气	自然灾害

（二）驾驶人、其他交通参与者的不安全因素危险源辨识

人是道路交通的主要参与者，因而人员方面的危险因素也是行车的主要危险因素。一般包括驾驶人生理异常、性格和心理缺陷（在驾驶人生理和心理状况对安全行车的影响部分已作介绍），驾驶过程中违规驾驶、错误操作及其他交通参与者的不安全行为等，其中由于机动车驾驶人原因导致的事故占事故总数的80%以上。我们将这类与人有关的危险源统一称为参与道路交通过程中人的不安全行为。

表5-7　人的不安全因素危险源

危险源分类	危险源	具体体现
1.驾驶人违规驾驶作业	不指向他人的违规驾驶	-超速行驶、酒后驾驶、逆向行驶、违法超车、违法变更车道、违法倒车、违法掉头、违法会车、违法牵引、违法上道路行驶、违法停车、违法占道行驶、违法装载、违法运输危险品、违反交通信号、未按规定让行、不按规定使用灯光
	指向他人的违规驾驶（攻击性、报复性驾驶）	-前车车速过慢时，故意靠近前车并使劲按喇叭催促； -超车时前车不让路，等超车过后故意紧急制动或慢速行驶； -夜间会车对方车辆没有关闭远光灯时，也打开远光灯进行报复； -对其他车辆的违规驾驶行为采取更严重的报复行为； -强行违法超车和变更车道； -恐吓驾驶和故意错误驾驶
2.驾驶人操作错误	危险性错误，如：操作不当、操作失误	-在湿滑的路面上紧急制动，或车辆侧滑时紧急制动，急打转向盘； -有紧急情况时，错把加速踏板当制动踏板； -变更车道，没有观察后视镜、打转向灯； -由主路驶入辅路时，没有注意视觉盲区内的行人、非机动车； -转弯时，未注意左右侧车辆及行人、转向过猛等；
	（短期）无危害性错误	-分道口行驶路线选择错误； -未注意道路标志、标线的提醒等
3.其他交通参与者的不安全行为	违反通行规则	-其他机动车驾驶人逆向行驶、违规占道行驶、违法超载、超速行驶、酒后驾驶、违法上道路行驶等； -行人、骑自行车人、骑电动车人不按交通信号灯通行、逆向行驶、违规占用机动车道行驶等； -竞技驾驶、危险驾驶等
	行为不自知、不自觉	-老年人行动迟缓，观察力差，躲避危险不及时； -儿童不具备道路安全意识，嬉戏打闹、闯入道路； -行人参与交通时安全意识差，不注意观察，突然采取行动
	专注于其他事物	-行人边走边交谈、打电话或听音乐，忽视车辆靠近； -路面施工人员专注于施工工作； -行人打伞，遮挡住视线，不顾及周围车辆等

（三）车辆、行李物品等的不安全因素危险源辨识

如果车辆轮胎存在问题，行驶途中很可能会引发爆胎事故；如果车辆反光标识不清，很可能在夜间引发被其他车辆追尾事故。我们可以把这些归结为车辆本身的问题，车辆本身存在的这些问题都可能是导致事故的危险源，不可轻视。此外，车辆装载的行李和物品如果存在装载或捆绑问题，也可能会引发事故，也是行车的重大危险源。以下是与车辆、行李和货物相关的危险源。

表5-8　车辆、行李物品等的不安全因素危险源

危险源分类	危险源	具体体现
1.车辆结构风险	车体较小、载重量小	-转弯、超车过猛容易侧滑、翻车； -载重量较小、车体较轻，高速行驶有"漂浮感"； -遇湿滑、冰雪路面，易侧滑
	有些车辆减配，安全性能相对较差	-高速行驶时车身不稳，颠簸路段减震效果差，紧急制动时车轮抱死，严重威胁行车安全
2.车辆行驶风险	抓地力有限	-转向操作过猛时，在离心力作用下容易向外漂移
	性能相对较差、加速距离长	-后方有紧急情况，不能及时加速逃离
3.车辆技术状况不良	发动机故障	-车辆无法启动； -车辆抛锚、应急停车影响其他车辆通行 -车辆中途熄火，影响车辆其他功能，甚至失控
	制动系统故障	-不能及时制动，使车辆失控，发生碰撞事故
	转向系统故障	-转向失控，发生翻车、碰撞等事故
	行驶系统故障	-轮胎磨损严重，发生爆胎； -悬挂减震系统故障，使车辆行驶稳定性变差，易发生翻车事故
	传动系统故障	-动力传输出现故障，不能及时变换挡位和改变动力大小，使车辆失去控制
	电气故障	-蓄电池和发电机故障，使车辆失去电力供应； -照明系统故障，无法正常观察路面情况或被其他交通参与者观察到； -仪表和报警装置失效，无法及时发现车辆故障
4.安全装置失效	主要安全装置失效	-防抱死制动系统失效，紧急制动时车轮抱死、车辆侧滑； -驱动防滑控制系统故障，车辆在湿滑路面起步和加速时打滑； -电子稳控系统故障，车辆在转弯时偏离行驶路线
	观察装置损坏	-视镜损坏，驾驶人观察道路交通情况受到影响； -雨雪天刮水器无法使用，视线受影响； -遮阳板掉落，驾驶人眼睛被太阳光直射，影响观察； -风窗玻璃损坏，影响驾驶人视野
	喇叭失效	-喇叭不响，其他驾驶人或交通参与者听不到车辆靠近的信号
	被动安全装置失效	-安全带、安全气囊损坏，发生碰撞等事故时不能有效保护驾乘人员； -保险杠损坏，无法吸收、缓和外界冲击力、防护车体； -灭火器、警告标志、安全锤、应急门开关等损坏或缺失
5.行李、物品装载不安全	车内物品存在危险或摆放方式和位置不合适	-车上放有危险物品，未被发现，易产生危险后果； -车内摆放的物品掉落，影响行车安全
	行李、物品装载存在危险	-装载的大件行李物品体积过大，导致后备箱门关不上； -行李物品安放捆绑不牢，途中撒落，对交通安全构成威胁； -载货过重，致使车辆性能下降

5

(四)道路的不安全因素危险源辨识

车辆在山区道路上下坡行驶时，需要频繁制动，很容易导致车辆制动性能下降甚至失效，从而引发事故，可以说山区道路的这些特点是导致事故发生的重要危险源。除山区道路外，高速公路、隧道、桥梁、冰雪路面等典型道路和特殊路段由于其自身的特殊性，包含着众多危险因素，都是可能引发事故的危险源。

表5-9　典型道路和特殊路段的不安全因素危险源

危险源分类	危险源	具体体现
1.典型道路的不安全因素	山区道路	-连续下坡，车辆频繁制动，易导致制动失效； -路面狭窄，容易发生车辆相撞或驶出路外事故； -弯急坡陡，无法全面观察对向情况； -傍山临崖，容易发生碰撞山体或翻入山崖的事故； -安全设施不完善，紧急情况下无法受到保护； -山体滑坡，阻挡道路或直接造成事故
	高速公路	-控制出入、单向行驶，驾驶人易采取违法倒车等错误操作； -速度高，制动停车距离长，易发生连环撞车事故； -长时间高速行驶，驾驶人极易疲劳，车辆性能也易发生变化； -长时间在高速公路上驾驶，驾驶人对速度的感知能力下降，易超速行驶； -易迷失方向、选择错误道路
	乡村道路	-道路等级低，通行条件差，车辆易发生颠簸； -占道晒粮、占道摆摊、占道放牧现象普遍，影响安全行车； -交通设施和信号装置不全，交通参与者交通违规现象普遍
2.特殊路段的不安全因素	隧道	-照明差，可见度低，易引发追尾事故； -隧道出入口明暗变化，驾驶人易出现短暂"失明"； -行车道较少，强行超车易引发撞车事故； -通风条件较差，不利于油污和有害物质扩散，路面油滑，车速过高易侧翻； -环境封闭，发生紧急情况时救援难度大； -出口处有结冰和横风。影响驾驶人对车辆的操控
	桥梁	-路宽限制，会车困难，易发生碰撞或驶出桥面； -桥身高出路面或河面，车辆易受横风影响； -桥梁冬季结冰早，车辆易发生侧滑
	交叉路口 （平交道口）	-车辆、行人汇集，驾驶人应接不暇，易发生刮碰事故； -在平交道口，路面颠簸，车辆还容易被卡在道口； -在无人看守的铁路道口，驾驶人容易盲目与火车抢行，导致撞车事故
	施工路段	-道路突然中断或变窄，车辆被迫变更车道或改变行驶路线； -道路施工设施和人员影响车辆安全通行； -路面有砂石，车辆容易发生侧滑； -施工标志不明显或未设置，导致驾驶人应急处置不及时
	冰雪路面	-路面摩擦系数低，车辆容易发生侧滑； -雪地反射阳光，使驾驶人眩目； -路面被积雪覆盖，驾驶人很难发现隐藏的危险物和道路边线； -行人和非机动车容易抢占机动车道行驶
	涉水路面	-积水过深，贸然下水使车辆在水中熄火； -水流过急，车辆行驶轨迹偏移或被冲走； -路面摩擦系数降低，车速过快容易发生侧滑 -积水覆盖危险物，导致车胎被扎等事故

（五）夜间、特殊天气及自然灾害的不安全因素危险源辨识

特殊的行车环境对安全行车具有重大影响，比如夜间行车环境暗淡，驾驶人无法全面观察交通环境，也无法被其他交通参与者辨识清楚，易发生交通事故。除了夜间这种特殊的行车环境包含重大危险因素外，特殊天气（雨雪天气、大雾天气和高温天气等）也常常给安全行车带来很大威胁。自然灾害（台风、地震、泥石流等）一旦发生会给行车带来巨大的破坏作用，也是行车的重大危险源。驾驶人应充分了解这类行车危险源的特点，提前采取应对措施。

表5-10　夜间、特殊天气及自然灾害的不安全因素危险源

危险源分类	危 险 源	具 体 体 现
1.特殊环境	夜间	-环境黑暗，驾驶人视线受影响； -车灯照射范围有限，驾驶人视野变窄； -夜间驾驶人易疲劳； -不规范使用灯光，驾驶人产生眩目； -夜间建筑物和树木阴影较重，无法观察隐藏或突然窜出的危险； -夜间是偷盗、抢劫等犯罪活动的高发期
2.特殊天气	雨天	-能见度降低，驾驶人视线受影响； -路面湿滑、泥泞，车辆容易侧滑； -车辆高速驶过积水路面时；易产生"水滑"现象； -积水过多时，车辆容易被困水中； -大雨可能引发洪水、山体滑坡等次生灾害； -雨天行人行动慌乱，容易忽视交通安全
	雪天	-雪花飘飞，阻挡驾驶人视线； -在积雪路面行驶，车辆容易发生侧滑； -路面被积雪覆盖，驾驶人无法辨别道路情况
	雾天	-能见度降低，追尾事故频发； -低温天气遇上大雾，路面会结冰； -如遇团雾，视线时好时坏，驾驶人不易控制车速； -雾天行车驾驶人长时间注意力集中，容易产生疲劳
	高温天气	-驾驶人易疲劳、困倦； -轮胎易爆胎； -长时间高温运行，发动机和制动系统性能会下降； -车辆电路或车载物品易发生自燃
	大风沙尘天气	-风力大，车辆行驶阻力增加，还易偏离行驶路线； -能见度低，沙尘影响视线； -刮倒树木和建筑物，砸中过往的车辆； -地面布满沙尘，车辆容易侧滑； -刮起的垃圾飞到挡风玻璃上，阻挡驾驶人的视线
3.自然灾害	地震	-车辆在行驶过程中突发地震，路面出现裂缝，车辆易掉入裂缝； -被倒塌的建筑物等砸中，发生撞车等事故
	泥石流、山体滑坡	-车辆躲避不及易被泥石掩埋； -泥石流、山体滑坡使交通瘫痪
	雹灾	-冰雹、降雨、大风影响视线，地面湿滑，车辆易发生撞车等事故 -车体被冰雹砸坏

5

二、防御性驾驶知识

（一）防御性驾驶概述

简单来说，防御性驾驶就是将所有参与交通的因素都想象成随时可能引发事故的因素，在行车前和行车过程中采取防范措施，避免这些因素触发事故的驾驶方法。防御性驾驶是一种预见性的驾驶，要求驾驶人能对各种潜在危险和危及生命的驾驶状况做好应急准备，做出正确有效的应对措施。它能确保自己不发生事故，也不让事故找上你！

防御性驾驶与危险源辨识是一个相互联系的过程，危险源辨识强调前面的分析判断过程，防御性驾驶侧重于采取的行动。包含下图所示的四个过程。

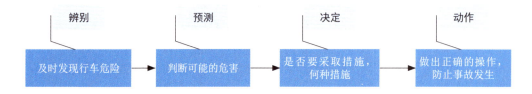

危险源辨识与防御性驾驶的四个过程

（二）防御性驾驶技术

防御性驾驶强调在行车过程中，驾驶人要遵守五个守则，统称为防御性驾驶五把钥匙。

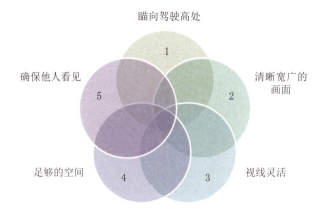

守则一：瞄向驾驶高处，即放眼远方

看得"远"才能看得"多"。通常驾驶人只有3~6 s的观望距离，防御性驾驶要求你延伸观望距离达到15 s以上（视力引导时间≥15 s）。养成良好的观察习惯对于获取行车信息尤为关键。如果你看不到15 s以后车将到达的地方，说明你应当放慢车速了。具体要求如下。

注：视力引导时间等于驾驶人在驾驶车辆时眼睛所看到的最远物体与本车之间的距离除以车速，用"秒"表示。

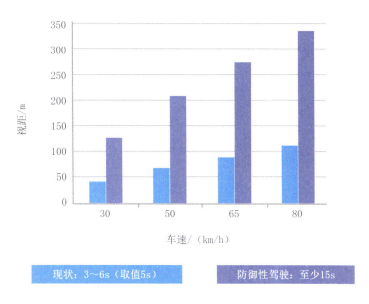

5

	现状：3~6s（取值5s）		防御性驾驶：至少15s

瞄向驾驶高处

（1）视力引导时间至少15s，若有可能30s。

（2）接近路口信号灯时，合理调整车速，以不停车最佳。

（3）夜间行车时，要观察前照灯覆盖以外的区域。

守则二：清晰宽广的画面，即洞悉四周

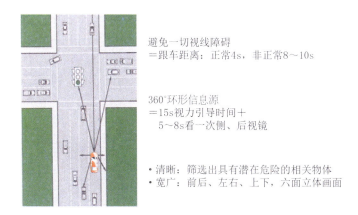

避免一切视线障碍
＝跟车距离：正常4s，非正常8~10s

360°环形信息源
＝15s视力引导时间＋
　5~8s看一次侧、后视镜

· 清晰：筛选出具有潜在危险的相关物体
· 宽广：前后、左右、上下，六面立体画面

清晰宽广的画面

　　如有必要，驾驶人须不断改变车辆位置以增大视野，应当每隔5~8s扫视侧、后视镜，以洞悉四周的情况，留意相关和不相关的物体，不管是前面还是后面的车况都要留意，只有这样，遇到突发情况才好应变，任何时候都要保持至少4s的跟车距离。

守则三：视线灵活，即保持眼睛移动，观察全部区域

　　如果你使用了前面两把钥匙，你就能够看到前后左右，但这还远远不够。保持眼睛移动至关重要。具体要求如下。

（1）总是不停地左看右看。

（2）用中心视线扫描以获得较宽的视野。

（3）快速浏览你能看到的所有的物体。

（4）不要看某一种物体超过2s。

（5）当你要经过路口时，不停地看的同时别忘了观察后视镜。

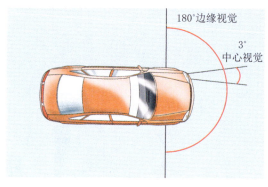

边缘视觉与中心视觉

守则四：足够的空间，即留有余地，营造宽松的空间

前面三把钥匙旨在培养驾驶人看远看宽的好习惯。这第四把钥匙能让驾驶人远离麻烦，这要求我们做到：避免在车群中行驶、保持四周合适空间、预估他人的行为、容忍礼让其他车辆及行人。

（1）前方：确保15s视力引导时间和4s跟车距离。

（2）左右：适当调整车速、车道，避免"凑堆"。

（3）后方：礼让后方的车辆超车。

（4）路口停车时，如果处于第一位，应当距停车线半车距离；处于中间或后面位置时，离前车一车距离。当绿灯亮起启动车辆时，最好比其他车辆慢2s。

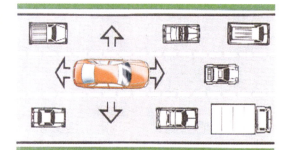

• 前三把钥匙教你如何辨别、预测和决定
• 还需动作→遇到险情时要有躲避路线→留足空间谨慎驾驶

守则五：确保他人看见，即引人注意

在路上行驶时，驾驶人应尽量通过视觉接触、手势、警报装置、灯光等引起其他交通参与者的注意，使你能够被行人、自行车、摩托车、其他车辆驾驶人轻易看到，直到他们采取措施，有减速的表现，才能安全通过。如果你不确定可以安全驶过，请勿轻易行驶，要等待合适的时机。千万不要去抢时间，车祸就在瞬息之间。

（1）用目光与对方驾驶人或行人交流。

（2）如有必要可用手势进行交流。

（3）可以使用灯光、喇叭等警示他人。

（4）提前使用制动灯警示后车。

（5）灵活使用危险报警闪光灯。

第六章　典型及复杂道路条件下的安全驾驶

　　车辆在行经一些特殊和复杂路段时，如高速公路、山区道路、桥梁、隧道、冰雪路面、泥泞路面等，驾驶风险会加大，处理不好极易发生交通事故。所以，驾驶人一定要掌握这些特殊和复杂路段的安全行车知识。

第一节　高速公路安全驾驶

　　高速公路具有相对封闭、出入口固定、车辆流向单一、车速高、车流量大等特点，这些特点决定了高速公路安全行车方法和一般道路有所不同。

一、高速公路行车危险源辨识

1. 单向行驶、车流量大

　　高速公路是专供机动车通行的全封闭道路，车辆单向行驶，车流量大，禁止在行车道上倒车、掉头和随意停车。

2. 分道行驶、出入口固定

　　高速公路同向通常有2至4条车道，不同车道有相应的速度范围，通行车辆必须严格遵守。此外，车辆只能从固定的出入口上下高速公路，还必须遵守出入口的限速规定。

3. 车速高，事故后果严重

　　高速公路上车辆的速度较高，一旦出事往往后果严重，造成重大的人身伤亡和财产损失。

4.驾驶人容易出现"高速催眠"

在高速公路上行驶时，道路环境单一、交通干扰少、车速稳定、行车中的噪声和振动频率小，驾驶人很容易变得昏昏欲睡，这就是"高速催眠"现象。这种现象常为安全行车埋下隐患。

二、高速公路防御性驾驶方法

1.安全驶入高速公路

在通往高速公路的道路上会有一些指向高速公路入口的指示牌。注意观察路标选择正确的入口。

进入高速公路主干线前一般会有匝道，在匝道行驶时注意按照限速规定行驶。匝道上不准超车、掉头、停车和倒车。

2.加速车道安全行驶

驾驶车辆从匝道进入高速公路加速车道后,驾驶人应尽快将车速提高到60公里/小时以上,保证车速与行车道上车流的速度相适应,注意利用后视镜观察行车道上的交通状况,选择驶入行车道的时机;禁止在加速车道紧急制动或停车。当车辆的行驶速度满足要求,并且确认能安全地向左变更车道时,从加速车道驶入行车道。

  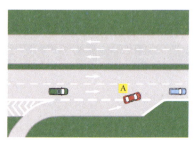

3.正确选择行车道

在高速公路行车时，应严格按照高速公路规定的车道速度行驶，最低车速不能低于60公里/小时，最高车速不超过120公里/小时。驾驶人应根据交通情况合理控制车速，并根据当前车速选择规定的车道。

4.控制速度与跟车距离

高速公路上不同车道的速度限值是不一样的，驾驶人应根据车道限速规定和实际道路情况选择安全合理的车速。一般情况下，车速为100公里/小时，跟车距离要在100米以上；车速低于100公里/小时，跟车距离可以适当缩小，但是不能小于50米。如果天气和道路情况

不佳，还应该适当增大跟车距离。

5. 安全变更车道和超车

在高速公路上变更车道和超车是比较危险的，除非必要，不要随意变更车道和超车。必须进行时可以按照下列步骤操作。

①通过内外后视镜观察后方，特别是左后方车道内的车辆，选择安全的变更车道时机。

②确定后面没有更快的车辆后，打开左转向灯，向其他车辆传递你的行驶意图。

③等待2到3秒，让其他车辆充分领会到你的意图，再次确认安全后向左变更车道。

④迅速加速超越前车，并且与被超车辆拉开足够的安全距离，确认不影响被超车辆的正常行驶后，打开右转向灯，返回原车道。

6. 安全驶离高速公路

在高速公路上行车，应注意路旁的出口标志，如果错过出口，必须继续行驶至下一个出口再离开，禁止在高速公路上掉头和倒车。

在高速公路的出口前，一般会有三个预告标志，分别是距离出口2000米、1000米和500米。在看到距离出口2000米的标志时，应该确定前方是否是自己的目的出口，如果是，应适当降低车速，做好变更车道的准备。在看到距离出口1000米的标志时，应变换到右侧车道。在距离出口500米时，应该打开右转向灯，减速并驶入减速车道。进入减速车道后，应进一步降低车速，使车速符合出口匝道上限速标志的规定，然后通过匝道离开高速公路。

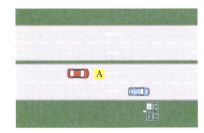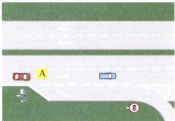

7. 让速不让路

在高速公路上行车，高速行驶的车辆突然转向非常危险，不但本车会有侧滑、翻车的危险，还可能与其他车道上的车辆发生碰撞，造成极严重的交通事故。所以当收到其他车辆发出的超车信号或遇其他车辆违法超越时，应坚持让速不让路的原则，即降低车速在原车道内正常行驶。其他车辆违法超车时与本车发生事故，本车如果让速未让道，本车可不承担法律责任；如果因其他车辆违法超车，本车让道而与另外车道上的车辆发生事故，本车则要承担法律责任。

第二节 | 城市道路安全驾驶

城市道路车流、人流复杂，经常出现交通拥堵和交通参与者争抢道路的情况；城市道路多为混合交通道路，经常出现十字路口等需要不断变换驾驶行为的路段。在城市道路行车驾驶人要格外小心谨慎。

一、城市道路行车危险源辨识

1. 人多车多，交通复杂

城市是人口集中区，经常会出现行人横穿道路、抢占机动车道等违法行为。城市道路上有各种各样的机动车参与到了交通，尤其上下班高峰期经常会出现道路拥堵现象或者机动车刮擦碰撞事故。这种城市道路特有的人、车混行交通现象，会严重影响行车安全。

2. 交通管制严格

城市道路交通事关城市安全，因而对城市道路交通参与者的行为管制也较严格。城市道路上除各处设立的红绿灯、交通标志标线外，还有各种禁止驶入驶出、停车限制，经过特定路段还有限速、禁止鸣喇叭等各种要求。在城市道路上行车要时刻关注这些限制要求，防止违法行车。

3. 路段多变，驾驶要求高

城市道路多为混合交通道路，经常出现各种路段的不同变化，如交叉路口、立交桥、人行横道、学校区域等。不同的路段对驾驶行为有不同的要求，驾驶人要注意根据路段情况变换驾驶行为。

二、城市道路防御性驾驶方法

1. 遵章守法

在城市道路上行车，驾驶人要严格遵守道路交通法规，按照规定的车道和指示行车，防止造成道路拥堵或与其他车辆和行人发生交叉相撞。此外还要遵守交通警察的现场指挥，严格按照交通信号和交通标志标线的指示和规定行驶，防止违规行为发生。

2. 控制车速

城市道路交通情况复杂，一般对行车速度有一定要求。通过人行横道、公共场所、学校等特殊地段时更要控制好车速，防止与行人或非机动车发生交通事故。

3. 关照其他交通参与者

当发生行人或非机动车与机动车争抢道路时，一定要礼让行人和非机动车，给其以优先通行权。通过人员密集的地区时要关注行人的安全，主动减速避让，少鸣喇叭，遇到特殊人群横穿道路时要耐心等候。

4. 文明行车

文明行车既是城市文明的重要部分，也是保证行车安全的重要手段。驾驶人要养成起步、转向、停车前提前打转向灯的习惯，给其他交通参与者留出足够的反应时间；行车中注意礼让，减少鸣喇叭和争抢行为；雨天行车要减速慢行，避免雨水溅湿行人；文明停车，防止影响到其他人的正常通行。

5. 集中注意力、谨慎驾驶

城市道路交通情况复杂，交通状况瞬息万变，驾驶人要时刻关注和预测其他交通参与者的行为变化，及时采取应对措施。为了能及时应对各种交通情况变化，驾驶人要严格避免超速驾驶、酒后驾车和疲劳驾驶。

山区道路蜿蜒曲折、起伏多变，存在坡陡、弯急、路窄等复杂情况，不安全因素多，极易发生事故。

一、山区道路行车危险源辨识

1. 坡陡弯急

山区道路大都依山傍水，或盘山绕行，或临崖靠涧，其显著特点就是坡路和弯道多，坡路延绵、弯道曲折，交通风险随之增加。

2. 气候多变

山区道路的气候与其地形、海拔高度以及所处的纬度有关，往往从山底到山顶会有截然不同的季节变换，在山底还是骄阳似火，到了山顶可能就是冰雪覆盖。有些山区空气稀薄、气压较低，容易导致车辆出现动力下降、供油不畅、冷却液沸腾等"高原反应"。此外，山区道路还容易出现山体塌方、道路冲毁、桥涵冲断等险情。

3. 车辆转弯时容易占道或冲下山崖

山区道路弯道较多，车辆过弯时如果转弯过度，容易占道行驶，如果转弯不足，又容易冲下山崖，需要格外谨慎。

4. 车辆下坡时容易制动失效

山区道路下长坡时，如果频繁使用行车制动器，制动器和摩擦片的温度会急剧升高，车辆的制动效能会大大下降。

二、山区道路防御性驾驶方法

1. 做好准备

进入山区前，应做好车辆安全检查，尤其要重点检查转向系统、制动系统、传动系统和轮胎。还应根据需要准备一些物品，如三角木、备用燃料等，以防中途发生意外。

2. 注意交通标志

在山区道路行驶时，应充分利用路旁的交通标志来判断前方路况。看到急弯路、下陡坡、连续转弯等标志时一定要引起重视，提前减速并采取相应措施。如果路旁立有限速标志，绝对不能超过标志规定的速度。

3. 跟车、超车和会车

在山区道路跟车行驶，应与前车保持足够的安全距离。山区道路行车原则上不超车，必须超车时应选择宽阔的平缓路段，提前开启左转向灯，鸣喇叭，提醒前车让路，确认前车让路后方可超车，不能强行超车。会车时，如果靠山体的一方不让行，应当提前减速并选择安全的地方避让，不得加速或紧靠道路中心会车，以防发生碰撞事故。

4. 山区坡道驾驶

（1）上坡

提前观察路况、坡道长度，及时减挡，使车辆保持充足的动力，上陡坡时，应在坡底提前减挡，加速冲坡。驶近坡顶时，应注意盲区内可能出现的突发情况。爬坡时，减挡要及时、准确、迅速，避免拖挡行驶导致发动机动力不足。上长坡发动机过热造成动力不足时，应立即选择安全区域停车，打开散热器盖让发动机降温。

（2）下坡

不能连续使用行车制动，否则制动器温度升高，会导致制动效果急剧下降，要适当控制车速，挂低速挡，充分利用发动机的制动作用减速。要与前车保持足够的安全距离，禁止关闭发动机和使用空挡滑行。下长坡制动失效时，要利用紧急避险带停车。

5. 弯道驾驶

在山区道路通过弯道，特别是一侧傍山、一侧临崖的弯道时，应坚持"减速、鸣号、靠右行"的规则。车辆行至左转弯道时，视线以道路中心线为参照，尽可能靠右侧行驶，以增强视线范围且减少与对向车辆发生碰撞的危险，做到左转转大弯。车辆行至右转弯道时，视线以右侧路肩为参照，适当靠近道路中心线行驶，以增强视线范围且减少与对向车辆发生碰撞的危险，做到右转转小弯。

路面上没有标线的，在临山一侧时尽量靠山体行驶，给对向来车留出足够的空间；在临崖一侧时，要稳速前进，在条件允许的情况下尽量不要太靠中间，以免与对向来车发生碰撞。

6. 安全停车

在坡道上车辆因故障需要停车时，应选择安全区域停车，尽量远离有塌方或滑坡危险的地段。停车后要拉紧驻车制动器，选择好挡位（上坡时挂低速挡，下坡时挂倒挡），还要在车轮下放置三角木，防止车辆沿坡道下滑。

7. 山区行车注意事项

为了保证山区行车的安全，驾驶人一定要注意以下几点。

表6-1 山区道路行车五忌

一忌 下坡空挡滑行	许多驾驶人认为空挡滑行会节省燃油，其实不然。现代的轿车多为电喷式的燃油供给系统，空挡滑行比带挡行驶需要更多的燃油。而且空挡滑行会带来很大的危险，加大制动负担等，从而易导致因车辆制动失效发生交通事故。驾驶人要谨记，切忌空挡滑行
二忌 紧急制动	山区路面状况多不良，弯多、弯急。为保证发动机有足够的动力，不应高速行驶，而应及早换入低挡位行驶。行驶速度要控制得当，避免紧急制动
三忌 侵占对向线路	在视线不好的弯路上，转弯时必须按规定靠右侧前进，绝对禁止侵入来车线路。当必须占用来车线路时，应减速缓行，多鸣喇叭，以防发生危险
四忌 猛打方向	山区道路，路面沙石覆盖，当车辆急转弯时，易发生侧滑等现象，驾驶人应禁止在山区沙石路面猛打方向
五忌 强超抢会	在山区道路上，特别是狭窄的弯路上，对行人、自行车、手扶拖拉机、牲畜的避让均有困难，此时应根据具体情况减速行驶，及时鸣喇叭并随时做好停车的准备，一般不准超车。如一定要超车或避让时，必须选择安全的地点进行，必要时可停止前进或退至适当的地点避让

第四节　桥梁安全驾驶

在桥梁上行车与在一般道路上行车是有很大区别的，驾驶人应掌握桥梁行车的风险特点和桥梁安全行车方法。

一、桥梁行车危险源辨识

1.限制速度和质量

在桥梁两端一般都有限制速度和质量的标志，通过前需要注意观察。发现超过限制质量时，强行通过，会出现压塌桥梁的事故。

2.道路狭窄、路况复杂

有些桥梁的路面较窄，而且有一定的坡度和弯度，驾驶操作难度大，特别是对于拱桥来说，在接近桥顶时，双向车辆都处在对方的盲区之中，危险性较大。

3.容易受到横风影响

一般来说，高处以及江、河、海面上的风会比平地上大一些，而桥梁又往往高出路面，或者是跨越江海修建，较大的横风会影响车辆的正常行驶轨迹，容易发生事故。

二、桥梁防御性驾驶方法

1. 提前减速、仔细观察

通过桥梁前，应提前降低车速，注意观察桥头的交通标志，严格按照标志标明的载重和速度行驶。通过立交桥前，应仔细观察立交桥指路标志，根据标志的指引确定正确的行驶路线。

2. 文明礼让

驶近窄桥，与对向来车有会车可能时，应主动在桥头宽阔地段停车让行，待对向来车过桥后再通过，避免在窄桥上会车。通过窄桥时应低速靠右行驶，禁止超车。

3. 握稳转向盘

通过高架桥以及跨江、河、海大桥时，应握稳转向盘，控制好车辆的行驶轨迹，避免横风的干扰。

4. 安全通过简易桥梁

通过简易桥梁前，应停车观察能否安全通过，确认可以通过后再低速平稳过桥，中途不要换挡、制动和停车，以免对桥梁造成冲击而引发意外。另外，最好让车上的乘员下车步行过桥。

第五节 | 隧道安全驾驶

隧道内光线暗淡、通风不良、行车环境较差，在这种环境下行车非常考验驾驶人的技术和心理素质。

一、隧道行车危险源辨识

1. 存在明暗适应过程

驶入和驶出隧道时，光线突然发生变化，驾驶人的眼睛会有一个明暗适应的过程，这个过程中驾驶人会短时间内失去对周围环境的观察能力，很容易发生事故。

2. 光线昏暗、行车环境差

隧道内光线昏暗、行车环境差，一旦出现危险情况，驾驶人不能及时反应，经常会引发事故，而且隧道内一旦发生事故，往往会引发一连串的次生事故，危害性极大。此外，通过长隧道时，驾驶人长时间在昏暗单调的环境中行驶，容易产生驾驶疲劳。

3. 远光灯造成眩目

有些驾驶人在隧道内违规使用远光灯，容易造成其他驾驶人眩目，从而增加了行车风险。

4. 隧道出口处易有横风

隧道多是凿山而成，在隧道出口处容易有强烈的横风，冬季还可能会出现结冰现象，影响驾驶人对车辆的操控。

二、隧道防御性驾驶方法

1.安全驶入隧道

驶入隧道前，应注意观察路旁的交通信号、标志，以及电子显示屏上的提示，按规定驶入隧道，严格遵守限速标志的规定。进入隧道前应提前减速并开启近光灯，以减小暗适应的危害。驶入隧道前做到注意观察、提前减速。

2.隧道内安全驾驶

隧道内行车时应增大跟车距离，避免前车紧急制动时反应不及。在隧道内行驶时应注意观察隧道内的车道信号灯，在允许通行的车道内通行。

隧道内禁止超车、倒车、随意变更车道、随意停车，车辆出现故障需要临时停车时，应尽可能将车辆移至专门的避险区域。

在双向通行的隧道内应靠右行驶，开启示廓灯和近光灯，禁止使用远光灯。

3.安全驶出隧道

驶出隧道前，应提前减速，以减小明适应的危害，同时还要握稳转向盘，以免受到隧道出口处横风的影响。当车辆行驶方向出现偏移时应慢慢修正方向，切忌猛打转向盘。驶出隧道时，应注意观察隧道出口处的交通情况，适时鸣喇叭提醒其他交通参与者。

4.隧道应急逃生原则和方法

车辆在隧道内发生事故后，驾驶人应尽可能将车辆停到隧道内的应急车道上并迅速报警，打开危险报警闪光灯，并在来车方向规定位置处摆放危险警告标志，以防引发追尾事故。事故发生后驾驶人和车上乘员应第一时间转移到安全的地点，不要在隧道内逗留，更不要留在故障车上。

隧道发生交通事故并伴有火灾应采取以下应急逃生措施。

①立即停车，放置警示标志。

②若被困车内，应迅速破窗，逃离着火体。

③然后朝着火势、烟雾流相反的方向逃离。

④用手巾或衣物（用水沾湿更好）捂住口鼻，借以滤烟防毒，最好弯下腰疾跑。

⑤较长的隧道，宜从直接通向地面的安全出口逃生。

⑥正确和充分使用隧道内的应急救生设备和通道（见下图），及时开展自救和请求外界救援。

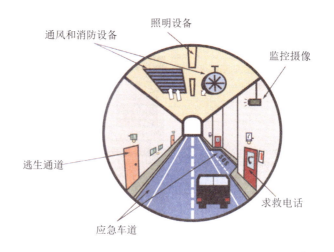

照明设备

通风和消防设备

监控摄像

逃生通道

应急车道

求救电话

第六节 | 涉水路面安全驾驶

涉水路段路面被积水覆盖，驾驶人无法看清道路标线和路边缘线，很容易出现车辆驶偏的现象；有些路面积水处于流动状态，车辆在水流的作用下很难被控制方向。

一、涉水路面行车危险源辨识

1. 路面被淹，路况难料

由于路面被水覆盖，驾驶人难以判断水面下的情况，例如积水深度、水下是否有障碍物等。

2. 轮胎附着力小

涉水行驶时，轮胎对地面的附着力会变小，容易出现轮胎打滑现象。如果积水较深，水的阻力会比较大，车辆的动力性也会变差。制动系统浸水后，车辆的制动效能也会变差。

3. 积水易损坏发动机

如果贸然通过较深的积水区，可能会导致电气设备受潮短路、发动机进水，甚至导致发动机熄火、车辆被困水中。

二、涉水路面防御性驾驶方法

1. 察明水情、谨慎涉水

在涉水前必须察明水深、水流速度和水下的路况，确定行车路线。如果积水较深，或者水流速度过快，应当放弃涉水，绕道行驶。一般说来，如果静止的水深超过15厘米，或者流动的水深超过10厘米，就应该放弃涉水。最好还应了解车辆发动机的进气管在什么位置，判断一下积水是否可能灌进进气管。

2. 控制行驶方向

车辆涉水时，应用低速挡平稳地驶入水中，并缓慢地前行，要目视前方固定的目标，按照制定的行驶路线安全前行，切不可注视水流，以免视觉上判断错误导致行驶方向的偏移。一般需要根据水流情况，沿着逆流方向与水流呈斜线行驶，借助水流的冲击力，方可保持车辆最终沿直线行驶。

3. 平稳低速、一气呵成

车辆涉水时，应挂上1挡或2挡（自动挡车L挡或1挡）平稳缓慢地行驶，不要中途换挡、停车和急转弯，尽量一气呵成。如果感觉有必要的话，可以轻踩离合器踏板，使发动机转速提高，防止积水倒灌进排气管，损坏排气净化器，甚至损坏发动机。如果出现轮胎打滑现象，应该握稳转向盘，松开加速踏板，直到轮胎恢复摩擦力。一旦车辆在水中熄火，不要尝试重新启动发动机，应该尽快离开车辆等待救援，盲目重新启动可能会严重损坏发动机。

4. 不要和其他车辆同时涉水

涉水行驶时，应该一次只有一辆车通过，如果前车或对向来车正在涉水行驶，应等待它安全通过后再通过。否则一旦其他车辆被困水中，你也就不得不停车，而且其他车辆溅起的水花还可能灌进你的发动机。

5. 涉水后轻踩制动踏板

制动盘、鼓在水中浸泡后，车辆的制动效能会下降，因此涉水行驶后应间断轻踩制动踏板，蒸干制动器和摩擦片上的水分，恢复车辆的制动效能。

第七节　冰雪道路安全驾驶

大雪过后道路上常会出现冰雪堆积的情况。雪天路滑，特别因温度低路面结起一层薄冰将使汽车轮胎与路面的摩擦系数减小，附着力大大降低，给汽车行驶带来许多困难和危险。

一、冰雪道路行车危险源辨识

1. 驾驶视线不良

冰雪天气行车，阳光和积雪会形成强烈的反射，造成驾驶人眩目；厚厚的积雪会将路面上的坑洼、路旁的暗沟等覆盖，驾驶人难以判断道路上的危险点和道路边缘的情况，只能根据道路两侧的树木、电线杆和交通标志牌等参照物确定路面的所在。

2. 轮胎对路面的附着力降低

冰雪道路路面湿滑，轮胎花纹被积雪填满、轮胎表面被积雪包裹，雪中和雪后路面还常常会因为低温而结冰，这些都大大降低了轮胎对路面的附着力，车辆在制动、转向时很容易发生侧滑甚至侧翻。

3.行车环境复杂

冰雪天气，人行道和非机动车道容易形成积雪，行人和骑车人常常会占用不易形成积雪的机动车道通行。行人和骑车人很容易在滑溜的路面上失去平衡而摔倒，这些都增加了冰雪道路行车的风险。

二、冰雪道路防御性驾驶方法

1.做好准备，选好路线

比平时提前至少10分钟出门，清扫车上的积雪，擦干净风窗玻璃、后视镜、车灯和车窗，车顶上的积雪也要清理，因为它们可能会在行车中塌落到风窗玻璃上，阻碍你的视线。

出发前应计划好路线，尽量选择车流量大的主干道行驶，因为市政部门往往会优先清理主干道上的积雪。如果需要在有积雪的道路上行驶，可以在轮胎上安装防滑链。出发前最好还应在车内备上以下物品：手电筒、急救箱、拖车绳、毛毯或保暖的衣物、小铁锹、旧麻袋或地毯等应急物品。

立交桥上、高架桥上下桥口、路口前以及背阴处等都是易结冰的区域，最好避免从这些区域经过，无法避免经过这些地方时，一定要小心慢行。

2.低挡低速、增大跟车距离

冰雪道路上车辆的制动距离是正常情况下的十倍，因此一定要降低车速，增大跟车距离，尽量保持以一定的低速直线行驶，不要忽左忽右、忽快忽慢。

冰雪天气为了增大轮胎对地面的附着力，应以较低的挡位行驶，尤其是在爬坡的时候。如果开的是自动挡车，应将变速器的雪地模式开启，如果没有雪地模式，应选择较低挡位。

3.冰雪路面行车注意事项

在冰雪道路上行车应注意以下事项。

表6-2 冰雪天气行车的注意事项

项　目	注意事项
防车况不良	出车前，应加强对汽车的轮胎、制动器、刮水器等的检查，保证车况良好。若道路路面结冰且冰面溜滑，应注意安装防滑链；若雨雪过大，驾驶人应尽量避免驾车出行
防起步过猛	冬季起步，操作动作要柔和、缓慢。一是让发动机在未达到正常运转温度时负载尽量小；二是让处于较硬状态下的轮胎有个渐热的过程。起步时，应挂低速挡，缓抬离合器踏板，并在半联动状态下稍加停顿，加速踏板配合适中，以免车辆猛冲或牵引力过大而使车轮空转或出现侧滑
防观察不周	下雪天气，驾驶人视线受阻，加之路面被雪花覆盖，不易辨别路面情况。应集中注意力观察，切勿冒险行车
防车速过快、跟车过近	冰雪路面行车，车辆附着力下降，制动距离加大，要控制车速，加大跟车距离。加速或减速时，应缓踏或缓松加速踏板，以防车轮打滑
防超车、会车不当	在冰雪道路上尽可能避免超车，若必须超车时，须选择宽敞、平坦、冰雪较少的路段，不得强行超车。冰雪路面会车要控制好车速，并保持足够的横向间距
防转向过快、制动过急	转向时，一定要提前降低车速，把稳转向盘，慢转慢回。行车中应集中精力，尽量采用预见性制动和利用发动机的牵制作用减速，避免紧急制动

6

泥泞道路多出现在乡村和山区未经硬化的简易公路上，这些公路等级较低，不但路基松软，而且道路狭窄，连日阴雨过后往往会变成大泥潭，给过往车辆通行造成很大困难。

一、泥泞道路行车危险源辨识

1.轮胎附着力降低

泥泞道路上轮胎对路面的附着力降低，车轮极易打滑，如果此时猛踩加速踏板或制动踏板，极有可能发生侧滑。

2.行驶阻力增大

在泥泞道路上行车，泥浆会裹在车轮和车身上，像胶水一样紧紧拽住车辆，行驶阻力大大增加。泥泞道路大多坑洼不平，底盘低的车辆稍有不慎就会被托底，不但行驶困难，还可能损坏车辆。

二、泥泞道路防御性驾驶方法

1.低挡低速，选好路线

通过泥泞道路时，应挂上低挡、降低车速，匀速沿着路上的车辙行驶，这样一方面能够保持足够的动力，另一方面能够降低发生侧滑的风险。需注意的是，如果车辆的底盘较低，而路上的车辙印较深，最好另寻路线通过。

2.不要猛踩加速踏板和制动踏板

通过泥泞上坡路段时，应该轻踩加速踏板，踩下的力度要掌握好，给车辆足够爬坡的动力就可以了，用力过猛会导致车轮打滑，甚至陷入泥里。

通过泥泞下坡路段时，尽量不要踩制动踏板，应该挂入低挡，主要依靠发动机的制动作用减速。

3.正确处置车辆侧滑

在泥泞道路上行驶，车辆可能会出现侧滑，前轮侧滑的特征是即使转动转向盘，车辆也会不受控制地自行朝某个方向驶去，此时不要踩制动踏板，而是应该放松加速踏板，让车速降下来，随着车速的降低，前轮的摩擦力也会恢复。前轮一旦重新获得摩擦力，车辆就会朝着前轮指向的方向驶去，所以驾驶人必须对前轮指向的方向心中有数，及时调整好方向。

如果后轮发生了侧滑，应该向侧滑的一侧轻打转向，等车辆恢复控制后调整方向继续行驶。

4.正确处置车轮打滑

在泥泞道路上行驶，车辆可能会不慎陷入泥地，车辆出现打滑难以前进的现象。如果驾驶的是后轮驱动的车辆，通过泥泞道路时应尽量增加后桥的负荷，多往后备箱里装些重物。

车辆被困泥泞道路时，驾驶人要保持镇定、把车停好、离开车辆，按照以下步骤操作。

6

①观察周围的路况，确定最容易脱困的路线。

②四处收集一些碎沙石、树枝等（可以拿出后备箱里的小石块），铺在驱动轮前面，铺的时候应尽量贴近轮胎，同时注意高度不要太高。

③回到车上，缓缓起步，如果车轮开始打滑，交替挂上倒挡和前进挡，前后小幅移动车辆，直到轮胎的摩擦力恢复。

④如果前面的步骤无效，尝试在驱动轮前铺上更多的树枝碎石，有时可能需要重复这些步骤数次。

第九节 施工道路安全驾驶

道路施工时，施工区会占用部分路面，再加上施工车辆、设备的往来进出，常常会导致车辆通行缓慢，甚至造成交通拥堵。施工还可能造成路面上尘土飞扬、砂石四散，给行车安全带来很大的威胁。

一、施工道路行车危险源辨识

1. 通行受阻

由于施工占用路面，使得路面变窄，车道减少，降低道路的通过能力，车辆经过时容易发生拥堵，甚至追尾事故。

2. 通行条件差

施工常造成路面通行条件变差，如施工使用的大量砂石洒落路面，易造成车辆制动距离延长或发生侧滑。

3. 行车环境复杂

有的施工路段未设置施工标志或施工标志设置不明显，易造成车辆反应不及时，紧急情况下易出现交通事故。施工人员、建筑和车辆也容易影响其他车辆的正常通过，有时甚至对行车安全造成重大影响。

二、施工道路防御性驾驶方法

1. 注意观察、预见性驾驶

驶近施工路段时要注意观察施工标志、施工动向和其他车辆的行驶动态，及时根据情况减慢车速和变更车道；如预测前方可能发生拥堵或不适于通过时，要及早绕道行驶或采取其他措施。

2. 听从指挥、有序通过

经过施工路段时，如有人员指挥，要按照指挥人员的指挥通过；如无指挥人员要按照施工标志的指示有序通过，切忌强行加塞。

3. 安全驾驶、谨慎通过

通过施工路段要注意施工动态或道路危险，减速慢行，与前车保持足够的跟车距离。夜晚通过施工路段时要注意施工单位设置的灯光信号，并使用灯光和喇叭提示其他交通参与者。特殊情况下需要借道行驶时，要注意对向车道的车辆行驶情况，避免与对向车辆发生碰撞。

第十节	铁路道口安全驾驶

铁路道口是由列车、机动车、道口设施和行人等组成的动态系统，行车环境比较复杂，影响行车安全的因素很多，很容易发生事故。

一、铁路道口行车危险源辨识

1. 行车环境复杂

铁路道口各种车辆和行人汇集，有些驾驶人和行人安全意识淡薄，没有认识到铁路道口的危险性，经过无人看守的铁路道口时不停车观察，经过有人看守的铁路道口时不服指挥、违章抢行，交通环境复杂多变。

2. 路况较差

铁路道口两侧大多有一定的坡度，道口铺面多是不平整的碎石，路况较差，容易导致车辆熄火或卡在道口处无法挪动。

3. 安全隐患较多

铁路道口是一个涉及多方的复杂系统，一个环节稍有差错就可能导致严重的后果：道口安全装置出现故障，不能在列车接近时及时通知道口管理人员；道口栏杆不能正常关闭；道口管理人员疏忽大意，没有及时关闭栏杆；道口管理人员发现车辆被困道口内时处置不当，没有及时通知列车。

二、铁路道口防御性驾驶方法

1. 一停二看三通过

通过无人看守的铁路道口时，应遵循"一停、二看、三通过"的原则，在确认安全后再通过。如果道口两侧有障碍物阻碍视线，应该下车察看，不要贸然通过，更不要试图与火车"赛跑"。

6

2. 遵守铁路道口相关规定

通过铁路道口时应遵守铁路道口相关规定，服从道口管理人员指挥，车速不超过30公里/小时，不在道口内超车、掉头。如果铁路道口拥堵，应按顺序在道口外排队等待，不可加塞抢行。接近有人看守的铁路道口时，如果红色信号灯亮起或闪烁，道口栏杆关闭，应停车耐心等待，切忌在栏杆下降过程中强行通过。

3. 一气通过

通过铁路道口时，应紧握转向盘，保持匀速直线一气通过，避免在道口内换挡、制动、停车或空挡滑行。

第七章　夜间及恶劣气象条件下的安全驾驶

在行车过程中，往往会遇到一些特殊的行车环境，如夜间、雨天、雾（霾）天、大风天气等。在这些特殊的环境中行车，对驾驶人的驾驶技能要求较高，交通事故的发生几率也较高。因此，驾驶人应掌握特殊环境的交通特点和特殊环境下的安全行车方法，确保行车安全。

第一节　夜间安全驾驶

夜间应该是驾驶人最需要经常面对的恶劣行车环境了，为了保证自己和其他交通参与者的安全，驾驶人必须熟练掌握夜间安全行车知识。

一、夜间行车危险源辨识

（一）驾驶人的视觉特性

1.视距变短，视野变窄

夜间行车，由于受到车辆灯光照射距离和照射范围的限制，驾驶人的视距会变短，视野会变窄，辨认周边交通情况的能力会受到削弱。

2.感知能力下降，易漏掉信息

一些白天非常醒目，很容易辨识的物体，在夜间却不容易被驾驶人发现。

3. 暗适应时间较长

虽然城市道路夜间的照明条件较好，但是会存在一些明暗交替的情况。驾驶人由明亮区域进入黑暗区域时，眼睛需要一个暗适应过程，光线强度变化越大，暗适应的时间越长，如果此时车速过快，很容易发生危险。

（二）驾驶人的观察和判断特性

1. 无法正确判断车速

由于光线较暗，驾驶人无法看清道路两侧的各种参照物，往往会对自己的车速以及跟车距离作出错误估计。

2. 容易疲劳

一方面，长时间在黑暗中驾驶，驾驶人精神高度集中，很容易感到疲劳；另一方面，夜间是人体生理节律的低潮期，这会加剧行车的疲劳和困倦感。

3. 道路情况难于辨认

夜间能见度低，驾驶人难以辨认前方的道路情况，更多地需要凭经验驾驶。

4. 远光灯眩目

对向来车或后车不及时关闭远光灯，会引起驾驶人眩目，影响驾驶人对路况的观察。

二、夜间防御性驾驶方法

1. 合理使用灯光

夜间在照明条件良好的道路上行驶时，应开启近光灯；在无路灯或照明条件不良的道路上行驶，车速低于30公里/小时时开启近光灯，车速高于30公里/小时时开启远光灯。

需要特别注意的是，夜间会车应在距离对向来车150米时改用近光灯，夜间跟车应在距离前车90米时改用近光灯，以防远光灯使其他驾驶人眩目。此外，夜间在窄路、窄桥与非机动车会车时也应使用近光灯。

通过交叉路口、坡道、转弯、人行横道时，应在150米以外变换远近光灯示意通行的车辆和行人。

夜间车辆在道路上发生故障或者交通事故难以移动时，应开启示廓灯、后位灯和危险报警闪光灯，还应在车后150米处设置警告标志。

2. 控制车速、保持安全距离

夜间行车，驾驶人的视野变窄、视线不良，对周边交通环境的观察能力下降，尤其是在受到强光刺激又转入黑暗环境中后，眼睛存在一个暗适应过程，因此，夜间安全驾驶的前提是控制车速、保持安全距离。

3. 正确判断道路情况

夜间行车时，可以借助灯光照射范围以及发动机声音的变化判断前方道路情况，具体方法如表7-1所示。

表7-1　通过灯光照射范围和发动机声音变化判断路况

灯光照射范围变化	道 路 情 况
照射距离由远变近	驶入上坡路
	到达起伏坡道的低谷段
	驶近有山体或屏障的弯道
照射距离由近变远	由缓坡进入陡坡
	驶入下坡路
	即将由弯道进入直道行驶
灯光离开路面	靠近急转弯或大坑
	到达坡顶
灯光由路中移向路侧	靠近弯道
前方路面出现黑影	路面上有坑
发动机声音变化	**道 路 情 况**
发动机声音变得沉闷	正在上坡或行经松软路面，行驶阻力增大
发动机声音变得轻松	正在下坡或行驶阻力减小

4. 避免疲劳驾驶

夜间行车，特别是夜间长途行车前，驾驶人应当进行充分的休息，保证自己精力充沛。如果行车中感到疲劳，应当尽快选择安全的地点停车休息，待体力恢复后再继续驾驶。

5. 安全行车注意事项

夜间安全行车的注意事项如表7-2所示。

表7-2　夜间行车注意事项

项 目	注 意 事 项
出发前	检查照明设备
	保证风窗玻璃、后视镜和车灯灯罩清洁
跟车	使用近光灯，增大跟车距离
	车速控制在紧急制动时车辆能在前照灯的照射范围内停住
	后车灯光眩目时，及时调整后视镜
会车	在距对向来车150米时改用近光灯
	若对向来车未关闭远光灯，可交替变换远近光灯提醒，同时减速靠右行驶或停车
	不要直视对向来车的灯光，可将视线稍向右移
超车	尽量避免超车
	必须超车时，要先交替变换远近光灯提醒前车，确定前车让路后再超车

项　目	注　意　事　项
让超车	收到后车的超车信号后，应及时减速靠右让行
故障停车	应开启示廓灯、后位灯及危险报警闪光灯，在车辆正后方150米处放置警告标志
通过交叉路口和人行横道	接近路口时改用近光灯，转弯时还应开启转向灯
	按照交通信号灯的指示等待或通过
	注意过街的行人，特别是身着深色衣物的行人
	通过没有信号灯的交叉路口时，应减速并交替变换远近光灯示意，确认安全后再通过
通过弯道	驶入弯道前，应提前减速并改用近光灯，随时做好停车的准备
	弯道对面有灯光照射过来时，说明对面有来车，应减速靠右行驶，必要时变换远近光灯或鸣喇叭提醒对方
通过坡道	上坡时提前冲坡，进行远、近光的变换
	将近坡顶时，要合理控制车速，将远光灯换为近光灯
	下坡时应使用远光灯，以增大视线范围

第二节　雨天安全驾驶

雨天能见度低，驾驶人难以看清道路交通信号和其他交通参与者，这种情况到了夜间会更加突出。雨天路面湿滑，不仅车辆的制动距离大大延长，而且随着车速的增加，轮胎排水不及时，还会出现"水滑"现象，给安全行车造成很大威胁。驾驶人必须认识到雨天行车的特殊性，掌握雨天安全行车的方法。

一、雨天行车危险源辨识

1.视线模糊

雨天光线昏暗，能见度低，影响驾驶人对交通情况的观察；雨天行车时，风窗玻璃和外后视镜上的雨水、雾气会严重干扰驾驶人的视线和视野；对向来车溅起的水花或暴雨飞溅在前风窗玻璃上，将瞬间阻断驾驶人的视线。

2.路面湿滑

雨天路面湿滑，轮胎的附着力降低。刚开始下雨五到十分钟时的路面最滑，因为那时雨水会和路面上的油污混合在一起，形成一层光滑的油膜，大大降低轮胎的抓地力。此后随着降雨时间延长，路面上的雨水越来越多，车辆快速驶过时，如果轮胎排水不及时，轮胎与路面间会形成一层水膜，轮胎将彻底与路面失去

接触，这就是"水滑"现象。"水滑"现象非常危险，因为它大大限制了驾驶人对车辆的操控能力。

3. 制动距离延长

车辆在湿滑路面上的制动距离是干燥路面的两倍。此外，车辆涉水行驶后，行车制动器经过雨水浸泡，制动效能会降低。

4. 行人和骑车人警觉性降低

雨天，行人和骑车人的雨具往往会干扰他们对交通情况的观察。同时，有些行人因为着急赶路，可能会与机动车抢行，有些行人为了躲开路面上的积水，可能会占用机动车道，这种种情况都会增大雨天路况的复杂性。

二、雨天防御性驾驶方法

1. 开启前照灯和刮水器

雨天行车前，要检查灯光和刮水器是否工作正常。雨天行车时，要开启前照灯和刮水器。开启前照灯不仅方便你观察路况，更方便其他驾驶人看到你。雨天行车时，风窗玻璃上容易形成水流，要借助刮水器来改善视线。

2. 降低车速

降低车速，是看似简单却最重要的雨天安全行车措施。限速标志规定的速度针对的是正常天气情况的，雨天行车不要习惯性地按照惯常的速度行驶，应降低车速，留出足够的观察和反应时间。

雨天安全行车还与车辆的轮胎有很大关系。一般来说，子午线轮胎的抓地力比斜交轮胎好一些，但是如果磨损严重，即使子午线轮胎的抓地力也会大打折扣。因此，雨天行车前一定要保证轮胎的状态良好，行车中选择车速时也不要忘记考虑轮胎的因素。

3. 增大跟车距离

雨天跟车时应增大跟车距离，并且注意观察前车的制动灯，随时根据前车的行驶状态调整自己的行驶状态。沿着前车的轨迹行驶是不错的雨天跟车小窍门。注意不要紧紧跟在大型车后面，大型车的轮胎比较大，溅起的水花可能会阻碍后车的视线。

4. 靠近道路中间行驶

雨天行车选择靠近道路中间的车道行驶，因为一般道路都是中间高、两边低，雨水倾向于流向外侧车道，路侧会因雨水冲刷和浸透变得松软，车辆在上面行驶会出现车轮陷入打滑的危险。行至有积水的路段，无法判断积水深浅时，应尽量避开积水区或绕道行驶。

5. 谨慎制动

雨天需要减速时，尽量不要踩制动踏板，最好通过放松加速踏板，利用发动机制动来减速。必须通过踩制动踏板减速时，踩下的时机应比平时提前一些，用力也要比平时轻柔一些，防止制动过猛车辆侧滑。

6. 加大安全间距

雨中会车时，与对向车辆要适当加大横向距离；雨中遇到行人时，要提前减速、鸣喇叭，严禁争道强行，不要从行人身边急速绕过；超越行人时与其保持一定的安全距离，以免溅起的泥水弄脏行人的衣服。

7. 切忌冒险行车

遇到大暴雨或特大暴雨，刮水器的作用不能满足能见度要求时，不要冒险行驶，应选择安全地点停车，并打开示廓灯和危险报警闪光灯，待雨小或雨停后再继续行驶。

第三节　　雾（霾）天安全驾驶

雾（霾）天能见度降低，驾驶视线和视野会受到很大限制，理想条件下，雾（霾）天不开车是最安全的做法。但是如果除了开车别无选择的话，一定要熟知雾（霾）天行车注意事项，确保行车安全。

一、雾（霾）天行车危险源辨识

1. 能见度降低

雾（霾）天能见度低，驾驶人的视线和视野受到限制，难以看清前方的路况，也不易辨别方向。此外，由于车内与外界存在温差，常常会有水雾凝结在前风窗玻璃内侧，影响驾驶人的视线，有些驾驶人甚至边行车边用抹布擦拭前风窗玻璃，更增加了行车风险。

2. 分段起雾，增加行车风险

雾的产生与地形有一定关系，河道、沼泽、山谷、湖边等地一般容易出现大雾。雾的分布还有一定的区域性，有时一个区域没有雾，但邻近的另一个区域却大雾弥漫。车辆穿行在时断时续的雾中，容易因车速控制不当引发交通事故。

3. 错误使用灯光

有些驾驶人不知道雾（霾）天如何正确使用灯光，给安全行车造成很大威胁，例如：雾（霾）天行车使用远光灯，结果光线被大雾反射，在车前形成白茫茫一片，严重影响视线；在不必使用后雾灯的情况下开启后雾灯，结果造成后车驾驶人眩目，增加了事故发生的几率；停车不开启危险报警闪光灯，容易造成被追尾。

二、雾（霾）天防御性驾驶方法

1. 正确使用灯光

雾（霾）天行车，应开启前雾灯、近光灯、示廓灯、后位灯，并且适时鸣喇叭，以引起其他交通参与者的注意。当能见度不足百米时，还应开启危险报警闪光灯。这里应特别注意后雾灯的用法，只有在能见度低于50米时，才能开启后雾灯，因为后雾灯刺眼的光线会严重影响后车驾驶人的视线。

雾天应坚决避免使用远光灯，因为雾是由浮游在空气中的大量微小水珠组成的，远光灯的光线会直直射向这些小水珠，然后被这些小水珠反射，在前风窗玻璃前面形成眩光，不但不能改善视线，反而会起到反作用。

雾（霾）天需要临时停车时，应将车停在远离主路的安全地点，并且开启危险报警闪光灯。

2. 控制行驶速度和路线

雾（霾）天行车时一定要减速慢行。雾掩盖了周围的树木、交通标志牌等参照物，往往会使驾驶人低估自己的车速，研究表明，一些驾驶人在雾（霾）天反而会不自觉地提高车速，所以一定要不时看一下车速表，确保自己是在低速行驶。要根据雾（霾）天的能见度情况，选择遇到情况时能迅速停车的行驶速度。

雾（霾）还会影响驾驶人的空间位置感，驾驶人在雾（霾）天会不自觉地将车朝着路中间开，因此在没有中心隔离设施的道路上行驶时，应该以道路右侧的白色实线为基准确定自己的位置，切忌以道路中心线为判断依据，否则很可能已经驶入了对向车道而不自知，最后与对向来车正面相撞。

温馨提示

遇到雾（霾）天等能见度不良的天气时，一条通用的做法是将车速降低至正常情况下的一半，这样做可以大大降低发生事故的几率。下表列出了雾（霾）天不同能见度时对应的最高车速，可供驾驶人参考。

能见度	最高车速
200米～500米	80公里/小时
100米～200米	60公里/小时
50米～100米	40公里/小时
<50米	20公里/小时
10米左右	5公里/小时

3. 安全跟车、会车和超车

雾（霾）天跟车行驶时，应注意前车的动态，低速慢行，保持合适的安全距离，不要以前车的后位灯作为判断安全距离的依据。

雾（霾）天会车时，应选择宽阔的路段和地点低速交会。会车时，应适当鸣喇叭提醒对面来车注意，并关闭前雾灯，以免造成对面驾驶人眩目。

雾（霾）天尽量不要超车。必须超越其他车辆时，应加倍谨慎，考虑到前车是否正在避让对面来车。超越前车时，应在确认安全后，适时鸣喇叭示意，从左侧低速超越。

4. 谨慎转向、制动和停车

雾（霾）天行车时，不要突然转向、制动或停车，一定要给后车足够的提示。如果没有特殊情况，最好保持匀速直线行驶，不要无故频繁变更车道或转向；如果需要减速或停车，应先轻踩几下制动踏板提醒后车注意，然后慢慢地制动减速。

遇浓雾或能见度减至5米以内时，应及时靠边选择安全地点停车，并打开近光灯、后位灯、示廓灯和危险报警闪光灯，待浓雾散后再继续行驶。

第四节　大风天气安全驾驶

大风天气行车，驾驶人难以控制车辆的行驶方向，大风往往还会吹断树枝、卷起尘土碎屑，给安全行车造成很大的威胁。

一、大风天气行车危险源辨识

1. 视线不良

大风天气扬尘蔽日，能见度较低，驾驶人视线受阻，难以观察前方路况。

2. 行驶阻力增大

狂风大作时，车辆行驶阻力增大，稳定性减弱，驾驶人难以控制方向。大风天气路面被流沙覆盖时，车辆制动距离延长，有侧滑的危险。

3. 易受横风影响

大风天气车辆容易在立交桥、高架桥、山口、隧道出口等路段遭遇横风，车身被风力"推搡"，驾驶人会感到车辆行驶方向跑偏、车身摆动，有侧滑、侧翻，甚至坠车的风险。

4. 交通秩序混乱

大风天气，行人和骑车人不但要防止风沙

迷眼，躲避大风扬起的障碍物，还要尽力保持自身稳定，易忽视交通情况。他们可能会占用机动车道，还可能会被吹得左摇右晃，甚至跌到，使得交通秩序异常混乱。

二、大风沙尘天气防御性驾驶方法

1. 双手握稳转向盘

大风天气行车，风力忽大忽小，一阵强风袭来，转向盘可能会突然"被夺"，造成方向失控，因此必须全程双手紧握转向盘，特别是行经立交桥、高架桥、山口、隧道出口时。行驶中如遇大风感觉车辆行驶方向发生偏移时，不要急转转向盘，要轻转转向盘进行微调，使车辆逐渐修正行驶方向。

2. 降低车速

车速越快，突遇强风时车辆越容易偏离正常行驶轨道，所以大风天气一定要降低车速，同时，降低车速还能在随意性较高、稳定性较差的行人、非机动车突然闯入自己的行车道时，避免危险情况发生。在路面有流沙的路段更要降低车速，不要紧急制动，防止车辆侧滑。

3. 合理选择路线

警惕道路上是否有被大风刮来的障碍物，例如折断的树枝、沙土、垃圾碎屑等会对行车安全造成重大影响。因此，最好避开树木或路旁建筑物较多的道路，同时应注意仔细观察、减速慢行。如果其他车辆在应对横风或躲避障碍物时操作不当，它们本身就变成了一个危险源，所以要警惕附近的车辆，与周围车辆保持安全距离。还要预防从附近大型车辆上被大风刮落的货物对行车安全造成影响。

4. 增大安全距离

大风天气行车，应注意增加横向安全间距和纵向安全间距。增加横向间距可以预防稳定性变差的行人、骑车人突然闯入本车道；增加纵向间距可以避免在多尘道路，前车扬起的尘土妨碍视线。

5. 正确使用灯光和喇叭

行驶中遭遇大风扬尘，能见度很低时，驾驶人应及时打开前照灯、示廓灯、后位灯和危险报警闪光灯，并通过鸣喇叭提示周围车辆和过往路人注意安全。

6. 正确停车

遭遇强烈风沙气象条件，影响车辆行驶安全时，驾驶人应选择安全地点停车，打开危险报警闪光灯，将车辆背对风沙停靠，待风沙过后再继续行驶。

第八章　应急处置与伤员急救

　　车辆行驶中由于各种原因，往往会出现一些意想不到的紧急情况，如转向失控、制动失效、轮胎爆裂、发动机突然熄火等，驾驶人掌握紧急情况应急措施有助于在紧急情况出现时能正确应对，减少紧急情况可能带来的危害。驾驶人还应掌握必要的伤员急救知识，以便出现人员受伤事故时，能对伤员进行紧急救助，或为伤员后续治疗争取更多机会，确保伤员生命安全。

第一节	应急处置

　　行车中，各种险情大都是突然发生的，面对险情驾驶人容易措手不及。紧急情况下驾驶人如果能在瞬间作出正确判断，并采取妥当的应急措施，对于阻止事故扩大，减少事故损失和人员伤亡具有重要作用。因此，驾驶人应掌握一定的紧急情况处置原则和应急处理方法。

一、紧急情况下的避险原则

（一）沉着、冷静，保持情绪镇定

　　行车过程中，交通环境复杂多变，随时可能发生各种紧急情况。为了避免出现严重后果，把损失降到最低程度，驾驶人必须沉着冷静、从容应对，保持头脑清醒，情绪镇定，不慌不乱，这是妥善处理紧急情况的先决条件。

（二）及时采取有效措施

1. 控制方向，减速停车

　　减轻交通事故的危害和损失，最有效的措施是控制方向、减速停车。车速较低时发生紧急

情况，在条件允许的前提下，应首先考虑规避撞车，同时采取必要的减速措施。车速较高时发生紧急情况，千万不要急打转向，容易造成车辆侧滑或倾翻。

2. 避重就轻，有效化解

避险时应向损失较轻或危害较小的一方避让，将车辆向情况简单或人员较少的一侧靠近，尽量避开损失较重或危害较大的一方，尽量减轻事故的损失。

在制动距离范围内碰撞事故不可避免要发生时，可以通过采取避让措施，化正面相撞为侧向刮擦，减轻碰撞力度。

3. 先人后物

如果事故不可避免，驾驶人要设法降低事故损失，本着人的生命权高于一切，宁让物受损，也要保住人的生命的原则，优先考虑避人，而后考虑避物。

二、紧急情况应急处置措施

（一）轮胎漏气和爆胎

车辆在行驶过程中发生一侧轮胎漏气时，主要表现为车身倾斜，方向控制不灵活，并随时间的延长越来越严重。轮胎发生爆裂之前，驾驶人一般很难察觉，只有在听到爆破声，随之出现偏行或危险的摇摆时才能发现。高速行驶时出现前轮爆胎，车辆会向爆胎的一侧倾斜、跑偏，驾驶人很难控制方向。高速行驶时出现后轮爆胎，车尾会摇摆不定，但方向一般不会失控。

1. 漏气和爆胎的原因

①对车辆的维护和保养不够，轮胎气门芯由于长期使用老化漏气，出车前的检视没有做好，没有及时发现需要更换的气门芯。

②车辆行驶过程不注意对路面的观察和选择，造成车辆轧到锐利物，刺伤轮胎。

③轮胎气压过低时，高速行驶会使轮胎反复变形，轮胎温度升高，磨损加剧，容易发生爆胎的危险。

④轮胎气压过高时，胎体变硬，弹性变差，轮胎中间磨损加剧，在受外力冲击时，容易发生爆胎的危险。

⑤轮胎碾过路肩时，轮胎内层部的帘布可能断裂，导致轮胎的爆裂。

⑥车辆超载，也会导致轮胎磨损严重而爆胎。

⑦车速过高，严重超过轮胎设计最高时速标准的超速行驶容易引发爆胎。

2. 漏气和爆胎的应急措施

（1）轮胎漏气的应急措施

轮胎漏气时要握紧转向盘，把握好制动的节奏，均匀制动减速，并将车辆驶离行车道，停放在路边安全的地方，开启危险报警闪光灯，并在车后适当距离设置故障警告标志。当发现轮胎漏气时，禁止采用紧急制动，否则容易造成翻车或发生追尾事故。

（2）爆胎的应急措施

①车辆爆胎时，驾驶人应尽力控制好方向，缓踩制动踏板，尽可能保持车身正直向前，降低车辆的行驶速度。

②松抬加速踏板，避免紧急制动，必要时抢挂低速挡，利用发动机制动降低车速。在发动机制动尚未控制车速前，不要冒险使用驻车制动器，以免车辆横甩，发生更大的危险。

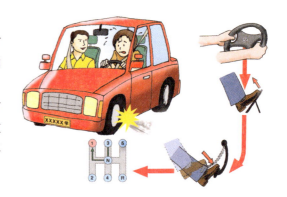

（二）转向失控

转向机构直接控制着车辆的行驶方向，转向失控意味着车辆行驶的方向不受驾驶人的控制，这将会给安全行车带来严重的危害。

1. 转向失控的原因

转向失控很大程度上是由转向系自身的机械故障引起的，包括转向传动部件松动、转向油泵密封不严等。此外，路面过于光滑并且车速过快、制动时前轮抱死等都可能导致转向失控。

2. 转向失控的应急措施

①车辆突然出现转向不灵或转向困难时，应尽快减速，选择安全地点停车，查明原因，不可继续驾驶，以免发生危险。

②车辆因前轮抱死突然出现转向失控时，应及时将危险警示信息传递出去，提醒道路上的其他车辆以及行人注意避让。

③应松抬加速踏板，再连续踩踏、放松制动踏板，平稳制动，尽快减速停车。高速行驶时，禁止采取紧急制动或使用驻车制动器，以免造成翻车。

④车辆停稳后，驾驶人应立即开启危险报警闪光灯，在车后相应位置安放危险警告标志，提醒路上的其他交通参与者注意避让。

（三）制动失效

车辆发生制动失效时，车辆无法有效停止下来，往往发生追尾或撞固定物等事故，极易造成重大人员和财产损失。

1. 制动失效的原因

制动失效的主要原因包括涉水驾驶后出现制动水衰退；下长坡频繁使用制动造成制动热衰退；制动管路出现气阻或漏油；制动液余量不足等。

2.制动失效的应急措施

①握稳转向盘，尽量避开交通复杂、人员较多的地方，抢挂低速挡，充分利用发动机制动，待车速有所降低后，再使用驻车制动器协助减速停车。使用驻车制动器时，不可一次拉紧，否则容易造成机件损坏。

②发生制动失效时，应充分利用紧急避险停车区、坡道或天然障碍物帮助停车。在不得已的情况下，可利用前保险杠侧面剐蹭墙体、树木等迫使车辆停住。停车后，应拉紧驻车制动器，或将三角木放在车轮下，防止溜车。

③抢挂低挡时，应迅速逐级或越一级减挡，避免造成变速器机件严重损坏。在车速较高时，不要使用驻车制动器，防止车辆发生侧滑或侧翻。

（四）侧滑与连续倾翻

所谓侧滑，就是脱离正常行驶轨迹，侧向滑动的一种现象。车辆侧滑时，驾驶人难以控制车辆的行驶方向，很容易造成事故。车辆在高速行驶时发生翻车或在坡道和深沟发生翻车时，车辆往往会出现连续倾翻现象。

1.侧滑和连续倾翻的原因

车辆在转弯时，速度过快，离心力增大，容易引起车辆发生侧滑。车辆速度超过60公里/小时时，紧急制动易导致侧滑或甩尾。在湿滑、泥泞道路上紧急制动或猛转方向，也容易引起侧滑。

2.侧滑和连续倾翻的应急措施

（1）侧滑的应急措施

①车辆因制动操作不当引起侧滑时，应立即松抬制动踏板，抢挂低挡，充分利用发动机制动减速，同时，将转向盘向侧滑的一侧转动，并及时回转转向盘，调整方向即可继续行驶。

②在下雨天或泥泞的道路行驶时，车辆容易发生侧滑。车辆因转向不当或剐蹭引起侧滑时，不可以紧急制动，应充分利用发动机制动减速，同时应向侧滑一侧转动转向盘，当车辆速度有所下降时适当修正车辆方向。

（2）连续倾翻的应急措施

①车辆发生侧翻时，驾驶人应确保安全带系好，当倾翻力度不大时，双手握稳转向盘，双脚钩住制动踏板，背部紧靠座椅靠背，尽力稳住身体，避免身体滚动受伤。

②当倾翻力度较大或向深沟连续倾翻时，应迅速向座椅前下方躲缩，抓住转向盘等固定物将身体稳住，避免身体剧烈滚动受伤。

③车辆倾翻后，要迅速熄火，并及时卸下蓄电池，将油箱内的燃料排光，单独用容器保存，以防火灾发生。

（五）发动机突然熄火

发动机突然熄火，是指车辆在行驶过程中，发动机突然自动熄灭的故障现象。发动机突然熄火会造成转向沉重、制动失效，是一种非常危险的故障现象。

1. 发动机突然熄火的原因

①燃油余量不足、供油不畅或电路故障等原因，都会造成发动机在行驶途中突然熄火或逐渐熄火。

②正常行驶中，驾驶人突然松抬加速踏板或空挡滑行，也容易造成发动机突然熄火。

2. 发动机突然熄火的应急措施

行驶中发现发动机突然熄火，应先尝试再次启动。若启动成功，可选择安全地点停靠，检查发动机怠速运转情况：怠速平稳，可继续行驶；怠速不稳，应仔细排查。若启动没有成功，应立即打开危险报警闪光灯，利用车辆行驶惯性，缓慢向路边停靠，并在车后一定距离放置危险警告标志，排除故障后才可以继续行驶。

（六）车辆碰撞

碰撞事故分为正面碰撞、侧面碰撞、追尾碰撞和刮擦等，对驾驶人或乘客人身安全威胁较大。驾驶人了解碰撞的应急措施，可有效地降低事故损失。

1. 正面碰撞的应急措施

正面碰撞指与对向车辆或者与障碍物发生碰撞。车辆正面相撞时巨大的冲击力是导致人员伤亡的主要原因。

①根据具体情况控制转向。行车中，驾驶人无法避免与对面来车的正面碰撞时，可立即顺车转向，在保证安全的前提下，努力使正面碰撞变为侧面刮擦，减小对本人和其他乘员的伤害程度。

②保持应急姿势。在碰撞不可避免时，保持正确的应急姿势可以降低驾驶人受伤害的程度。此时驾驶人要迅速判断撞击的方位和力量，如果判断撞击的方位不在驾驶人一侧或撞击力较小，驾驶人应紧握转向盘，两腿向前蹬直，身体向后倾斜，紧靠座椅后背，以此形成与惯性相反的力，保持身体平衡，避免车辆在撞击时，头撞到驾驶室其他物体上受伤；如果判断撞击的方位临近驾驶人座位或撞击力较大，驾驶人应迅速躲离转向盘，往副驾驶座位移动，同时迅速将两腿抬起，以免车辆前端受冲击变形后挤压受伤，甚至威胁生命。

2. 追尾碰撞的应急措施

追尾碰撞一般由于前车遇情况突然制动减速，或者前车突然改变行驶方向而致使后车因安全距离保持不够，躲闪不及导致碰撞。与前车追尾碰撞时，驾驶人应紧靠座椅后背，双脚勾住脚踏板，以避免脊椎和颈部受伤。

3.侧面碰撞的应急措施

侧面碰撞常发生在交叉路口，驾驶人预计要发生侧面碰撞时，可立即顺车转向，在保证安全的前提下，努力使侧面相撞变为刮擦，以减轻损伤的程度。如果估计侧面来车将会对着自己乘坐的部位相撞，应迅速往驾驶室另一侧移动，同时用力拉住转向盘，以便控制车辆的方向和稳定身体，防止车门脱开，被甩出车外。

4.刮擦的应急措施

在会车、超车或避让障碍物时都有可能发生刮擦事故，当车辆发生刮擦时，驾驶人应迅速向车内倾斜，以防车门打开或变形而使身体受伤，同时手扶转向盘防止车辆失去控制。

（七）车辆起火

1.车辆起火的原因

车辆可能会由于自身线路、油路问题或车载易燃物品以及碰撞等而引发火灾。车辆发生火灾，不但会造成重大财产损失，更严重的是会在短时间内危及车上人员的生命安全。驾驶人应掌握一些火灾紧急处置措施。

2.车辆起火的应急处置方法

①发生火灾时，驾驶人应立即靠右侧停车熄火，切断油路、电路总开关，打开驾驶室门，让车上人员尽快离开驾驶室。

②车内小件物品起火时，要迅速对其扑灭，防止火势向其他电器或油箱部位蔓延。

③若发动机着火，不要打开发动机罩，应从通气孔、散热器及车侧、车底进行灭火。若车厢内失火，应先疏导人员离开车厢，然后使用车辆自备的灭火器灭火，或用路边的砂、土掩盖，扑灭明火。

④车辆起火时，不要用水进行灭火，以防电路发生短路。要根据起火原因采用干粉、二氧化碳灭火器对准火焰下部进行灭火。

⑤车辆发生火灾后要尽量远离加油站、停车场等人群密集区，在安全地点扑灭火灾；如果火势无法控制要及时拨打火警电话，请求救援。

⑥如果车辆在停车场起火，在扑救火灾的同时，要迅速组织人员疏散周围的车辆。

（八）车辆落水

车辆落水后，会在短时间内下沉至水底，此时驾驶人要想办法在第一时间从车内逃出，迅速脱离险境。驾驶人掌握正确的车辆落水逃生方法，可以极大地提高逃生的效率，增加生存的几率。

车辆落水逃生时可以参考以下办法进行自救。

①车辆刚落水后，在车内的人员千万不要惊慌，应迅速辨明自己所处的位置，确定逃生的路线方案，以便从车内逃出后可以用最短的时间达到岸边或向他人求助。

②车辆刚刚落水时就要尝试打开车门逃生，等车辆进入水中后车窗与车门由于水的压力都将难以打开。

③车辆入水过程中，应尽量从轴载较轻的一端逃生。由于发动机等装置在车辆前部，所以车辆入水后一般是车头先沉入水中，车内被困人员应从车辆后门、天窗或者敲碎后窗逃生。

④如果车门和车窗确实无法打开的话，也可以采用砸窗的办法进行逃生，工具应选用安全锤或其他尖物。打开车门或砸碎车窗进行逃生时，一定要抓住门框或窗框，防止被涌入的水流冲回车内。

⑤当外界水压使车门和车窗都难以打开时，要保持头脑清醒，将面部尽量贴近车顶上部，以保证呼吸畅通，等待水从车的缝隙中慢慢涌入，车内外的水压基本持平后，即可打开车门或者车窗逃生。

⑥从车辆逃出以后，要尽快浮上水面 如果不会游泳，离车前应在车内找一些能漂浮的物件抓住。

（九）突然出现障碍物

在行车过程中会突然遇到障碍物，驾驶人需要及时采取措施躲让，如避让不及时会发生严重的交通事故，但在避让的过程中也要注意一些操作要领，否则会使损失变得更大。

当突然发现障碍物时，为使损失降到最小，驾驶人可参考以下应急处置措施。

①在发现前方障碍物时，一定要保持沉着冷静的心态，切忌慌乱中采取错误操作。

②减速。发现障碍物时首先要制动减速，对于安装有ABS的车辆可以将制动踏板踩死，对于没有安装ABS的车辆要采取"点刹"制动的方式，使车速最快降下来。

③转向。躲避时切忌突然转向，突然转向可能会与其他车道的车辆发生碰撞，还可能会使后方跟车来不及反应而与障碍物发生碰撞。所以一定要掌握好对转向盘的控制。

④转动转向盘要由慢到快。刚开始要慢速转动转向盘，同时打开转向灯，这样可以给其他车道和后方的车辆以相应的提示，当发出转向信号后再快速转动转向盘避开障碍物。

⑤完成闪避动作后，应当迅速将转向盘回正，尽快驶离障碍物。

⑥躲避障碍物时做到一停、二转、三避让。

温馨提示

为了在突然出现障碍物时能够妥善应对，请驾驶人在行车时注意以下事项。

①驾驶人在平时行车时应注意与前车保持适当的距离，并且不要把视线过分集中在近处，要注意远处的情况，以便及早发现障碍物，这样只需要及时制动停车就可以，而不用冒险采取转向避让。

②采取"预见性驾驶"，在行车时要注意观察四周车辆和物体的动态，如注意观察前方货车上货物的装载情况，通过分析和判断提前采取应对措施，及早避开可能的危险。

③日常驾驶时切勿关闭车身电子稳定系统。即使车技再高的驾驶人在突然躲避障碍物时，也无法完全有效的控制车辆的稳定性，车身电子稳定系统可以在紧急情况时帮助

（十）行人突然横穿道路

在混合交通和非封闭的公路上行车，经常会遇到行人横穿道路的情况，驾驶人面对这种情况应合理应对，避免造成人员伤亡。遇行人突然横穿道路时，可采取以下应急处置措施。

①当行人突然横穿道路时，先要鸣喇叭提示行人，让其停止或加速通过。

②如果车辆离行人有足够的距离，应当采用制动减速或制动停车的办法，让行人先行通过。

③如果车辆离行人较近时，对于安装有ABS的车辆可以将制动踩死，对于没有安装ABS的车辆要采取"点刹"制动的方式，使车速最快降下来。

④在制动的同时转向。转动转向盘要由慢到快，刚开始要慢速转动转向盘，同时打开转向灯，向其他车道和后方的车辆进行提示，当发出转向信号后再快速转动转向盘避开行人。

⑤转向时一定要观察判断准确，判断行人前进的方向和速度，以便决定从行人的前方还是后方通过。还要观察左右有无车辆通过，以免避让时与其他车道的车辆发生碰撞。

⑥面对行人横穿道路时，应采取鸣笛、制动、转向的措施。

（十一）遇险时对乘员的保护

车辆发生险情时驾驶人除了要实行自救外，还要保护车内其他乘员的安危，为了在发生险情时保护乘车人的安全，驾驶人应注意以下方面。

①车辆遇险时，应首先保护人员的安全，宁可财产受损失，也要确保人的安全。应在确保安全和尽量减少损失的前提下，避开损失较重或危害较大的一方，人的安危永远放在第一位。

②车辆遇险的一刹那，应先使用制动降速，在确认安全的情况下，平稳转动转向盘，并果断采取一切有效措施保护乘车人不受伤害或少受伤害，要尽量避免车辆发生倾覆。

③车辆遇刮碰、转向失控和制动失效时，应迅速告知乘员向车厢中部或没有被刮碰的安全一侧挤靠，并抓住车内固定物，避免车身变形挤伤身体。

④遇到非常情况或者发生事故时，应力所能及的将损失降到最低限度，决不能因应急避险造成二次事故或更大的损失。

⑤当出现人员受伤时，要在第一时间将伤员搬到安全地带并给予紧急救助，同时拨打救援电话，等待专业救援的到来。

8

（十二）高速公路紧急避险

1. 高速公路紧急避险的原则

①在高速公路上发生紧急情况时要先避人后避物；当有动物横穿道路时，紧急避险措施不能超过必要的限度。

②高速公路行车中遇紧急情况时，原则上不采用大幅度转动方向的操作。

③在高速公路上发生紧急情况，不要轻易急转方向避让，应采取制动减速，使车辆在碰撞前处于停止或低速行进状态，以减小碰撞损坏程度；车辆在高速公路急转向，极易造成侧滑相撞或侧翻的事故。

④高速公路上车辆因故障需要停车时，应将车辆停放在服务区或紧急停车带等不影响其他车辆正常行驶的地方；车辆暂时不能离开紧急停车带时，驾乘人员必须下车并到护栏外等安全地带等待救援。

⑤车辆因故障不能离开高速公路行车道时，应立即开启危险报警闪光灯并在车后150米处设置警告标志（非雾天），在夜间还需开启示廓灯和后位灯。

2. 发生"水滑"时的应急避险

雨天在高速公路行驶时，随着车速的增加，轮胎与路面之间形成水膜，轮胎悬浮，附着力变小，容易发生"水滑"现象，使车辆失去控制。为避免发生"水滑"现象而造成方向失控，应降低车速；万一发生"水滑"现象时，应握稳转向盘，逐渐降低车速，不得迅速转向或急踏制动踏板减速，否则将产生侧滑。待轮胎恢复抓地能力后，再调整方向行驶。

3. 雾天遇事故时的应急避险

大雾天气在高速公路遇事故不能继续行驶时，须开启危险报警闪光灯和后位灯，按规定在车后安全距离以外设置警告标志；驾乘人员尽快从右侧离开车辆并站到护栏以外的安全地带，不得在高速公路上行走。

4. 碰撞护栏时的应急避险

车辆在高速公路意外撞击护栏的瞬间，千万不要迅速向相反方向转向躲避，应紧握方向；同时适当向撞击一侧的方向转动转向盘，使车辆的撞击部位抵住护栏，迫使车辆减速、停车；一定不能大幅度转动方向，无论是相反还是相同方向。

车辆在高速公路意外撞击护栏时，驾驶人迅速采取紧急制动或紧急转向，都会造成车辆严重失控，发生连续碰撞护栏、倾翻、飞过护栏或与其他车辆相撞等重大交通事故。因此，车辆在高速公路意外撞击护栏的瞬间，应切忌紧急制动、猛转转向盘或迅速向相反方向转向躲避，以免扩大事故。

5. 遇到横风时的应急避险

车辆在高速公路行至隧道口出口或凿开的山谷出口处，可能遇到横风，当驾驶人感到车辆行驶方向偏移时，应双手握稳转向盘，进行微量调整，适当减速，切忌紧急转向。

6. 紧急停车时的应急避险

车辆在高速公路发生故障，必须停车检查时，应逐渐向右变更车道，在紧急停车带停车；停车后，立即开启危险报警闪光灯，在车后150米以外设置警告标志，夜间需开启示廓灯和后位灯；驾驶人和乘客均不能滞留在车内，应迅速转移至车辆右后侧护栏以外的安全地带，并立即报警等候救援。

7. 隧道内发生故障时的应急避险

车辆在高速公路隧道内出现故障，只要还能继续行驶，应尽可能把车辆驶出隧道；当车辆无法驶出隧道时，应设法将车辆移到紧急停车带内，并打开危险报警闪光灯，在车后方150米以外设置警告标志，车上人员必须迅速离开车辆，转移至安全地带，并迅速报警。

8. 正确使用避险车道

高速公路一般会在事故多发路段，比如长下坡或连续转弯路段设置避险车道，在这些路段如果发生制动失效等紧急情况，为避免发生追尾、对面相撞和冲下悬崖等危险后果，驾驶人应按照紧急避险车道标志的指示，利用避险车道来实现安全停车。

第二节 | 事故现场处置与伤员救护

发生交通事故后，及时、正确的现场处置和急救可以有效降低交通事故的死亡率和致残率。驾驶人应在及时报警、呼救、保护现场、维持交通秩序的前提下，周密组织抢救和转运伤员。

一、事故现场处置

发生交通事故后，一定要保持沉着冷静，尽最大能力救助伤员、减小损失。

1. 报告事故

发生交通事故后，应视情况报警，不得隐瞒交通事故的真实情况，更不得肇事后逃逸。现场有人受伤时，应立即拨打120电话，并采取急救措施。

2. 疏散车上人员

立即组织车上人员转移到路外的安全地点，避免发生次生事故。疏散过程中应保持冷静，切忌慌乱，以免进一步造成踩踏、碰撞等事故，扩大伤害范围。

3. 保护现场

注意保护现场，不破坏、伪造现场，同时制止他人破坏、伪造现场。需要变动事故现场时，应当标记被移动的伤员、车辆、物品等的原始位置或进行拍照。遇到下雨、刮风等可能破坏现场的情况时，可以用苫布等将现场的车痕、制动印痕、血迹等遮盖起来。

二、伤员救护

事故现场有人受伤时，应立即拨打120，并根据伤员的不同情况采取相应的急救措施，为伤员争取更多的时间。

（一）伤员救护的原则

1. 先救命、后治伤

如果现场有多名伤员，首先应进行大致的检伤分类，确定轻重缓急，遵循先救命、后治伤的原则，先抢救重伤员，尽快将处于昏迷状态的伤员交给专业救护人员，然后再护理一般的伤员，对其伤处进行包扎、固定等处理。

2. 科学施救，避免二次伤害

发生交通事故造成人员受伤后，应根据伤员的伤情，科学实施救护。比如，伤员被压于车轮或重物下时，应设法移动车辆或搬掉重物，不能拉拽伤员的肢体。移动伤员时，要根据伤员的伤情采取不同的搬运方法，避免因搬运不当造成伤员伤势加重甚至终生瘫痪。

3. 选择安全场所实施救护

交通事故大都发生在交通情况比较复杂的路段，如果就地救护，会发生很多无法预测的危险情况，因此，要注意选择适宜的救护场所，安全实施伤员救护。救护场所的选择应符合以下几点。

①道路外的广场、空地等车辆不通行的地方。

②交叉路口、拐弯和坡道以外的地方。

③急救车辆容易接近的地方。

④夜间有照明的地方。

（二）危重伤员的急救措施

1. 昏迷伤员的救护

（1）检查反应

首先应轻拍伤员肩部，并在其耳边大声呼唤，如果没有反应，说明已经丧失意识，应马上拨打120。如果伤员处于俯卧位，应将其翻转成仰卧位，翻动时注意保持伤员的头部、颈

脉搏检查

呼吸检查

部和脊柱整体移动，避免加重伤情。翻转后仔细观察伤员的呼吸状态和胸廓起伏情况，判断其是否还有呼吸和脉搏。如果伤员还有自主呼吸，应为其清理口腔，然后将其置于侧卧位，等待救护车的到来。如果伤员既无意识也无呼吸，应立刻进行心肺复苏。

（2）心肺复苏

心肺复苏的程序是胸外按压、开放气道、人工呼吸。

胸外按压　判断伤员无意识无呼吸后，应立刻胸外按压30次。按压位置为胸骨下1/2段，救护人员用单手掌根紧贴伤员胸前中线与两乳头连线的交叉处，另一手掌根重叠覆盖于第一只手的手背上，上手手指扣于下手，下手手掌翘起，仅以掌根接触伤员的胸壁。定好位后上身前倾，双臂垂直，肘关节不要弯曲，以髋关节为支点，用上身的重量和肩、背及上肢肌肉的力量将伤员的胸骨向脊柱方向按压，压下后立刻完全放松，放松时手掌不要离开胸壁，以免定位错误。按压深度至少5厘米，按压频率至少100次/分。

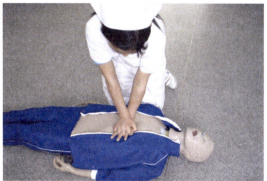

开放气道　做完30次胸外按压后，下一步是开放气道。用两个手指抬起伤员的下颌，同时用另一只手将其前额下按，使下颌与耳垂线垂直于地面，打开伤员的呼吸道，如果口腔内有异物应清除。

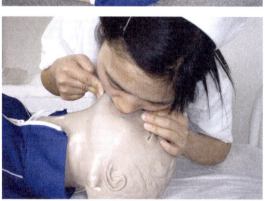

人工呼吸　打开气道后，为伤员做2次口对口人工呼吸，每次吹气时间1秒以上，吹气时应能看到伤员的胸壁起伏。

以上三个步骤即是1组心肺复苏，注意按压和吹气的比例为30:2，应连续完成一个周期即5组，然后观察伤员是否恢复了自主心跳和呼吸，如果没有，则继续进行，直到伤员恢复心跳呼吸，或者救护车到来。

2.失血伤员的救护

血液是维持人生命的重要物质，当出血量超过全身血量的1/4时，人的生命就会面临危险。出血分为外出血和内出血，外出血又分为动脉出血、静脉出血和毛细血管出血，应根据伤员出血部位的不同采取不同的止血方法。一般情况下，压住或包扎伤口，将伤肢抬高或固定伤处都可以达到止血的效果，具体的止血方法见后文。

3.烧伤伤员的救护

烧伤伤员的症状为皮肤红肿、起泡，感觉疼痛，严重烧伤时伤处焦黑，伤员很容易休克。救助烧伤伤员时应该做到以下几点。

①迅速扑灭衣服上的火焰或者脱去烧着的衣服，防止继续烧伤，但是不可撕去粘在伤员身上的衣服。

②检查是否有呼吸障碍，保持伤员的呼吸道畅通。

③检查伤员是否有出血等其他损伤，如有出血应立即止血。

注：此处所讲的心肺复苏术适合对成人进行救治，不适用于儿童和婴儿。

④用清水冲洗伤处，给皮肤降温，冲洗到皮肤温度恢复正常为止。注意不要过度降温。

⑤及时给大面积烧伤的伤员补充水分，可给其饮用糖盐水。

⑥用干净的敷料覆盖伤口，但不可使用棉花或有毛的敷料。皮肤有破损时，不可涂抹粉剂、油剂。

⑦等待救护车到来或者尽快将伤员送往医院。

4. 中毒伤员的救护

抢救中毒伤员时，救护人员首先应注意自我保护，在确认安全后再进入中毒现场。

①迅速将伤员转移到有新鲜空气的地方。

②如果伤员昏迷不醒，应将其摆放成侧卧位，保证呼吸道畅通。冬天要注意给伤员保暖。

③如果伤员呼吸、心跳停止，应立即实施心肺复苏。

5. 骨折伤员的救护

只要怀疑伤员有骨折的迹象，就要按照骨折处理，骨折处理的原则就是忌动，不要移动骨折部位，不要改变损伤瞬间的位置、姿势，更不要尝试自行复位，特别是对于脊柱骨折的伤员，处理不当可能导致瘫痪。

应对骨折部位进行固定，用绷带、三角巾、夹板或替代物固定伤处，防止进一步移位或脱位。如果伤员骨折处的皮肤破裂，应先止血、包扎伤口，防止失血过多或感染。

对上肢的骨折可用夹板或树枝固定，用三角巾悬吊绑缚，并检查末梢血液循环的情况，以防肢体缺乏血液供应而坏死。

对下肢的骨折可采用加压包扎后用长夹板或木板固定，并检查肢体末梢血液循环的情况，以防肢体缺乏血液供应而坏死。

对脊柱、颈椎骨折的伤员，严禁随意搬动走动，应在保持脊柱、颈椎安定的状态下平稳地移至硬板担架上，用三角巾固定后送医院救治。

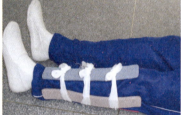

（三）常用的止血方法

1. 指压止血法

指压止血法是指较大动脉出血后，用手指压迫出血动脉的近心端，使血管被压闭住，从而阻断血液流动，达到止血目的。指压止血法虽然快速有效，但不宜持久采用，应在止住血后根据情况换用其他止血方法。

（1）颞动脉压迫止血

用拇指或食指用力压迫耳前正对下颌关节处，适用于头顶及颞部动脉出血。

（2）颌外动脉压迫止血

用拇指或食指在下颌角前上方约1.5厘米处将血管垂直压迫于下颌骨上，适用于颌部及颜面部出血。

（3）颈总动脉压迫止血

用拇指在甲状软骨、环状软骨外侧与胸锁乳突肌前缘之间的沟内搏动处将伤侧颈总动脉向后压迫于颈椎横突上，适用于头、颈部出血而压迫其他部位无效时，非紧急情况勿用此法。使用此法时一要避开气管，二不要双侧同时压迫，三不要高于环状软骨，以免压迫到颈动脉窦而引起血压突然下降。

（4）锁骨下动脉压迫止血

用拇指在锁骨上窝搏动处将锁骨下动脉向内下方压于第一肋骨上，适用于肩部及上肢出血。

（5）肱动脉压迫止血

在上臂内侧中点，肱二头肌内侧沟处将肱动脉压在肱骨上，适用于手部、前臂和上臂下侧出血。

（6）桡、尺动脉止血

同时按压腕部掌面两侧的桡、尺两条动脉止血。通常用于手掌部的出血。

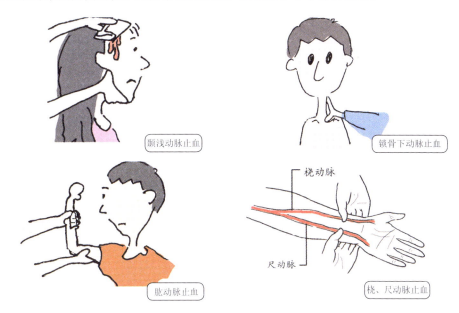

颞浅动脉止血　　锁骨下动脉止血　　肱动脉止血　　桡、尺动脉止血

2. 包扎止血法

包扎止血法适用于小动脉、静脉以及毛细血管出血，包扎时应该先盖后包，即先用敷料覆盖伤口，然后再用绷带、三角巾等包扎。包扎的力度要适中，包扎过松时无法止血；包扎过紧时会造成远端肢体缺血缺氧坏死，包扎后要观察一下末梢血液循环状况。

抬高伤肢，清理伤口　　进行包扎　　观察末梢血液循环

3. 止血带止血法

止血带止血法适用于四肢大动脉出血，使用不当容易造成肢体坏死，所以原则上应尽量缩短使用止血带的时间。结扎止血带时，上肢大动脉出血应结扎在上臂上1/3处，下肢大动脉出血应结扎在大腿中部，结扎前应先在肢体上缠绕一层衬垫。结扎止血带时，松紧要适度，以停止出血或远心端动脉搏动消失为宜。止血带结扎好后，应在明显部位标明结扎时

止血带止血，标明时间

间，每隔40分钟松开一次，暂时恢复远端肢体的血液供应，松开时应辅以指压止血法，防止再度出血，松开1到3分钟后在比原来结扎部位稍低的地方重新结扎。

4. 填塞止血法

填塞止血法是指用棉垫、纱布等填塞出血的空腔或组织缺损处，再用绷带或三角巾等加压包扎，适用于中等动脉和大、中静脉出血，或者伤口较深、出血严重的情况，还可用于无法使用指压止血法和止血带止血法的部位。但是这种方法容易造成局部组织损伤或感染，一般不建议采用。

5. 屈肢加垫止血法

伤员上肢或下肢小腿出血，且没有骨折、可疑骨折或关节脱位时，可以采用屈肢加垫止血法止血。

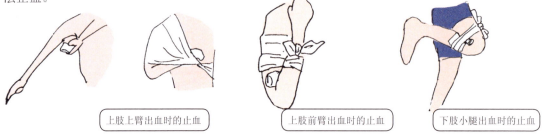

上肢上臂出血时的止血　　　上肢前臂出血时的止血　　　下肢小腿出血时的止血

科目一　道路交通安全法律、法规和相关知识模拟题

模拟题（一）

1. 设有安全带装置的车辆，应要求车内乘员系安全带。
答案：正确

2. 酒后驾驶发生重大交通事故被依法追究刑事责任的人不能申请机动车驾驶证。
答案：正确

3. 大型客车、牵引车、城市公交车、中型客车、大型货车驾驶人应当每两年提交一次身体条件证明。
答案：错误

4. 驾驶人在机动车驾驶证被依法扣留、暂扣的情况下不得驾驶机动车。
答案：正确

5. 机动车仪表板上（如图所示）亮时，提醒发动机冷却液可能不足。

答案：正确

6. 车辆在路边起步后应尽快提速，并向左迅速转向驶入正常行驶道路。
答案：错误

7. 驾驶人一边驾车，一边吸烟对安全行车无影响。
答案：错误

8. 在泥泞路上制动时，车轮易发生侧滑或甩尾，导致交通事故。
答案：正确

9. 安全头枕在发生追尾事故时可保护驾驶人的头部不受伤害。
答案：错误

10. 在道路上跟车行驶时，跟车距离不是主要的，只须保持与前车相等的速度，即可防止发生追尾事故。
答案：错误

11. 机动车仪表板上（如图所示）亮，提示发电机向蓄电池充电。

答案：错误

12. 高速公路因发生事故造成堵塞时，可在右侧紧急停车带或路肩行驶。
答案：错误

13. 道路交通标线分为指示标线、警告标线、禁止标线。

14. 在这段道路上不能掉头。

答案：正确

15. 对有伪造或变造号牌、行驶证嫌疑的车辆，交通警察可依法予以扣留。
答案：正确

16. 车辆下坡行驶，要适当控制车速，充分利用发动机进行制动。
答案：正确

17. 驾驶机动车在高速公路上倒车、逆行、穿越中央分隔带掉头的一次记6分。
答案：错误

18. 驾驶人记分没有达到满分，有罚款尚未缴纳的，记分转入下一记分周期。
答案：正确

19. 遇到这种情形时要停车避让行人。

答案：正确

20. 驾驶车辆通过人行横道线时，应注意礼让行人。
答案：正确

21. 机动车号牌损毁，机动车所有人要向登记地车辆管理所申请补领、换领。
答案：正确

22. 行车中遇到执行紧急任务的消防车、救护车、工程救险车时要及时让行。
答案：正确

23. 立交桥上一般都是单向行驶，车辆不必减速行驶。
答案：错误

24. 驾驶车辆汇入车流时，应提前开启转向灯，保持直

线行驶，通过后视镜观察左右情况，确认安全后汇入车流。

答案：正确

25.车辆在高速公路匝道上可以停车。

答案：错误

26.行车中前方遇自行车影响通行时，可鸣喇叭提示，加速绕行。

答案：错误

27.驾驶机动车在没有交通信号的路口要尽快通过。

答案：错误

28.驾驶机动车发生财产损失交通事故，当事人对事实及成因无争议的可先撤离现场。

答案：正确

29.在这段道路上一定要减少鸣喇叭的频率。

答案：错误

30.在路口这个位置时可以加速通过路口。

答案：错误

31.驾驶人在驾驶证丢失后3个月内还可以驾驶机动车。

答案：错误

32.伪造、变造或者使用伪造、变造驾驶证的驾驶人构成犯罪的，将依法追究刑事责任。

答案：正确

33.打开后雾灯开关，（如图所示）亮起。

答案：错误

34.在车门、车厢没有关好时不要驾驶机动车起步。

答案：正确

35.交通标志和交通标线不属于交通信号。

答案：错误

36.车辆通过学校和小区应注意观察标志标线，低速行驶，不要鸣喇叭。

答案：正确

37.服用国家管制的精神药品可以短途驾驶机动车。

答案：错误

38.点火开关在ON位置，车用电器不能使用。

答案：错误

39.在交叉路口遇到这种情况红车享有优先通行权。

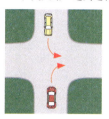

答案：错误

40.驾驶人有使用其他车辆检验合格标志嫌疑的，交通警察可依法扣留车辆。

答案：正确

41.这个标志是何含义？

A、只准直行　　　　　　　B、直行车道
C、单行路　　　　　　　　D、向右转弯
答案：D

42.这个标志是何含义？

A、禁止驶入　　　　　　　B、禁止通行
C、减速行驶　　　　　　　D、限时进入
答案：B

43.驾驶机动车应当随身携带哪种证件？
A、工作证　　　　　　　　B、驾驶证
C、身份证　　　　　　　　D、职业资格证
答案：B

44.在这条高速公路上行驶时的最高速度不能超过多少？

A、100公里/小时　　　　　B、110公里/小时

C、120公里/小时　　　　D、90公里/小时
答案：C

45.路面由白色虚线和三角地带标线组成的是什么标
线？

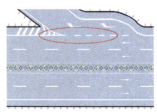

A、道路入口标线　　　　B、可跨越式分道线
C、道路出口减速线　　　D、道路出口标线
答案：D

46.驾驶机动车在路口遇到这种情况如何行驶？

A、停车等待　　　　　　B、遵守交通信号灯
C、靠右侧直行　　　　　D、可以向右转弯
答案：A

47.红车在路口遇这种情形怎样通行？

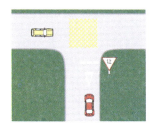

A、鸣喇叭告知让行　　　B、直接加速转弯
C、让左方来车先行　　　D、减速缓慢转弯
答案：C

48.饮酒后驾驶机动车一次记几分？
A、3分　　　　　　　　B、2分
C、6分　　　　　　　　D、12分
答案：D

49.这个标志是何含义？

A、堤坝路　　　　　　　B、临崖路
C、傍山险路　　　　　　D、落石路
答案：C

50.行车中遇交通事故受伤者需要抢救时，应怎样做？
A、及时将伤者送医院抢救或拨打急救电话
B、尽量避开，少惹麻烦
C、绕过现场行驶
D、借故避开现场
答案：A

51.机动车在道路上发生故障，难以移动时下列做法
正确的是什么？
A、开启危险报警闪光灯　　B、开启车上所有灯光
C、禁止车上人员下车　　　D、在车前方设置警告标志
答案：A

52.这个标志是何含义？

A、减速拍照区　　　　　B、道路流量监测
C、全路段抓拍　　　　　D、交通监控设备
答案：D

53.路面上导向箭头是何含义？
A、提示前方有左弯或需向左合流
B、提示前方有右弯或需向右合流
C、提示前方有左弯或需向左绕行
D、提示前方有障碍需向左合流
答案：B

54.这个标志是何含义？

A、急转弯路　　　　　　B、易滑路段
C、试车路段　　　　　　D、曲线路段
答案：B

55.这个标志是何含义？

A、分向车道　　　　　　B、右转车道
C、掉头车道　　　　　　D、左转车道
答案：D

56.这个标志是何含义？

A、室内停车场　　　　　B、露天停车场
C、内部停车场　　　　　D、专用停车场
答案：A

57.这个标志是何含义？

A、高速公路下一出口预告
B、高速公路右侧出口预告
C、高速公路目的地预告
D、高速公路左侧出口预告
答案：B

58.这个标志是何含义？

A、施工路段绕行　　　　B、双向交通
C、注意危险　　　　　　D、左右绕行
答案：D

59.这个标志是何含义？

A、小型车专用车道　　　B、小型车车道
C、机动车车道　　　　　D、多乘员车辆专用车道
答案：D

60.路两侧的车行道边缘白色实线是什么含义？

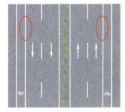

A、非机动车可临时跨越　B、机动车可临时跨越
C、车辆可临时跨越　　　D、禁止车辆跨越
答案：D

61.同车道行驶的车辆遇前车有下列哪种情形时不得超车？

A、正在停车　　　　　　B、减速让行
C、正常行驶　　　　　　D、正在超车
答案：D

62.驾驶车辆驶入铁路道口前减速降挡，进入道口后应怎样做？

A、不能变换挡位　　　　B、可以变换挡位
C、停车观察　　　　　　D、可换为高挡
答案：A

63.驾驶的车辆正在被其他车辆超越时，应怎样做？

A、继续加速行驶　　　　B、减速，靠右侧行驶

C、加速让路　　　　　　D、靠道路中心行驶
答案：B

64.驾驶机动车在没有中心线的道路上遇相对方向来车时怎样行驶？

A、减速靠右行驶　　　　B、借非机动车道行驶
C、紧靠路边行驶　　　　D、靠路中心行驶
答案：A

65.这个导向箭头是何含义？

A、指示直行或向左变道
B、指示向左转弯或掉头
C、指示直行或左转弯
D、指示直行或掉头
答案：C

66.这个路面标记是何含义？

A、最低限速为80公里/小时
B、平均速度为80公里/小时
C、最高限速为80公里/小时
D、解除80公里/小时限速
答案：A

67.这个标志是何含义？

A、人行横道　　　　　　B、学生通道
C、儿童通道　　　　　　D、注意行人
答案：A

68.这个标志是何含义？

A、涵洞　　　　　　　　B、水渠
C、桥梁　　　　　　　　D、隧道
答案：D

69.机动车仪表板上（如图所示）亮表示什么？

A、防抱死制动系统故障
B、驻车制动器处于解除状态
C、行车制动系统故障
D、安全气囊处于故障状态
答案：A

70.驾驶拼装机动车上路行驶的驾驶人，除按规定接受罚款外，还要受到哪种处理？

A、暂扣驾驶证
B、处10日以下拘留
C、吊销驾驶证
D、追究刑事责任
答案：C

71.车辆驶入双向行驶隧道前，应开启什么灯？

A、远光灯
B、危险报警闪光灯
C、雾灯
D、示廓灯或近光灯
答案：D

72.雾天对安全行车的主要影响是什么？
A、易发生侧滑　　　B、发动机易熄火
C、行驶阻力增大　　D、能见度低，视线不清
答案：D

73.在这条公路上行驶的最高速度不能超过多少？

A、40公里/小时　　　B、30公里/小时
C、50公里/小时　　　D、70公里/小时
答案：D

74.机动车仪表板上（如图所示）亮表示什么？
A、没有系好安全带
B、安全带出现故障
C、安全带系得过松
D、已经系好安全带
答案：A

75.在这条城市道路上行驶的最高速度不能超过多少？

A、30公里/小时　　　B、40公里/小时
C、50公里/小时　　　D、70公里/小时
答案：C

76.机动车在道路上变更车道需要注意什么？
A、尽快加速进入左侧车道
B、不能影响其他车辆正常行驶
C、进入左侧车道时适当减速
D、开启转向灯迅速向左转向
答案：B

77.这个标志是何含义？

A、十字交叉路口预告　　B、互通式立体交叉预告
C、环行交叉路口预告　　D、Y型交叉路口预告
答案：B

78.这个标志是何含义？

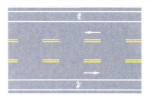

A、隧道开远光灯　　　B、隧道减速
C、隧道开灯　　　　　D、隧道开示宽灯
答案：C

79.路中两条双黄色虚线是什么标线？

A、双向分道线　　　　B、潮汐车道线
C、可跨越分道线　　　D、单向分道线
答案：B

80.驾驶机动车在车道减少的路口，遇到前方车辆依次停车或缓慢行驶时怎么办？
A、从前车右侧路肩进入路口
B、从有空隙一侧进入路口
C、每车道一辆依次交替驶入路口
D、向左变道穿插进入路口
答案：C

81.这个标志是何含义？

A、注意行人　　　　　B、低速行驶
C、行人先行　　　　　D、步行
答案：D

82.雨天对安全行车的主要影响是什么？
A、路面湿滑，视线受阻　B、发动机易熄火
C、行驶阻力增大　　　D、电器设备易受潮短路
答案：A

83.这个标志是何含义？

A、两侧变窄　　　　　B、右侧变窄
C、左侧变窄　　　　　D、宽度变窄
答案：C

84.车辆在山区道路跟车行驶时，应怎样做？

A、紧随前车之后　　　　　B、适当加大安全距离
C、适当减小安全距离　　　D、尽可能寻找超车机会
答案：B

85.会车前选择的交会位置不理想时，应怎样做？
A、加速选择理想位置
B、减速、低速会车或停车让行
C、向左占道，让对方减速让行
D、打开前照灯，示意对方停车让行
答案：B

86.这个标志是何含义？

A、禁止左转　　　　　　　B、此路不通
C、禁止通行　　　　　　　D、超高绕行
答案：D

87.进入这个路口如何通行？

A、开启危险报警闪光灯加速进入
B、从路口内车辆前迅速插入
C、让已在路口内的车辆先行
D、鸣喇叭直接进入路口
答案：C

88.机动车仪表板上（如图所示）亮表示什么？
A、驻车制动解除
B、制动踏板没回位
C、行车制动器失效
D、制动系统出现异常
答案：D

89.在这个路口左转弯选择哪条车道？

A、最左侧车道　　　　　　B、中间车道
C、不用变道　　　　　　　D、最右侧车道
答案：A

90.这一组交通警察手势是什么信号？
A、左转弯信号
B、停止信号
C、靠边停车信号
D、右转弯信号
答案：B

91.机动车在道路边临时停车时，应怎样做？
A、不得逆向或并列停放
B、只要出去方便，可随意停放
C、可逆向停放
D、可并列停放
答案：A

92.这个标志是何含义？

A、主路让行　　　　　　　B、Y型交叉口
C、注意分流　　　　　　　D、注意合流
答案：D

93.这样停放机动车有什么违法行为？

A、在非机动车道停车　　　B、在有禁停标志路段停车
C、停车占用人行道　　　　D、在公共汽车站停车
答案：D

94.机动车仪表板上（如图所示）亮表示什么？
A、前照灯开启
B、危险报警闪光灯开启
C、前后位置灯开启
D、前后雾灯开启
答案：C

95.路面上的黄色标线是何含义？

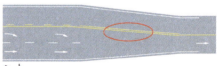

A、车行道变多标线　　　　B、路面宽度渐变标线
C、施工路段提示线　　　　D、接近障碍物标线
答案：B

96.行车中超越同向行驶的自行车时，应怎样做？
A、让自行车先行

B、注意观察动态，减速慢行，留有足够的安全距离

C、持续鸣喇叭并加速超越

D、连续鸣喇叭提醒其让路

答案：B

97.这个标志是何含义？

A、禁止直行和向左转弯　　B、禁止直行和向左变道

C、允许直行和向左变道　　D、禁止直行和向右转弯

答案：D

98.这个标志是何含义？

A、公交车专用车道　　　　B、BRT车辆专用车道

C、大型客车专用车道　　　D、多乘员车专用车道

答案：B

99.这个标志是何含义？

A、平面交叉路口　　　　　B、环行平面交叉

C、注意交互式道路　　　　D、注意分离式道路

答案：D

100.路中黄色分界线的作用是什么？

A、分隔同向行驶的交通流

B、禁止跨越对向行车道

C、允许在左侧车道行驶

D、分隔对向行驶的交通流

答案：D

模拟题（二）

1.仪表显示油箱内存油量还剩一半。

答案：正确

2.机动车仪表板上（如图所示）亮表示发动机机油压力过高。

答案：错误

3.饮酒后只要不影响驾驶操作可以短距离驾驶机动车。

答案：错误

4.车辆转弯时应沿道路右侧行驶，不要侵占对方的车道，做到"左转转大弯，右转转小弯"。

答案：正确

5.车辆在冰雪路面紧急制动易产生侧滑，应低速行驶，可利用发动机制动进行减速。

答案：正确

6.驾驶机动车遇到这种信号灯亮时，如果已越过停止线，可以继续通行。

答案：正确

7.这种握转向盘的动作是正确的。

答案：错误

8.机动车在夜间道路上发生故障难以移动时要开启危险报警闪光灯、示廓灯、后位灯。

答案：正确

9.在这种情况的铁路道口要加速通过。

答案：错误

10.行车中在道路情况良好的条件下可以观看车载视频。

答案：错误

11.车辆发生爆胎后，驾驶人在尚未控制住车速前，不要冒险使用行车制动器停车，以避免车辆横甩发生更大的险情。

答案：正确

12.按下这个开关，后风窗玻璃除霜器开始工作。

答案：错误

13.点火开关在LOCK位置拔出钥匙转向盘会锁住。

答案：正确

14.行车中从其他道路汇入车流前，应注意观察侧后方车辆的动态。

答案：正确

15.对有使用伪造或变造检验合格标志嫌疑的车辆，交通警察只进行罚款处罚。

答案：错误

16.机动车达到国家规定的强制报废标准的不能办理注册登记。

答案：正确

17.驾驶机动车上路前应当检查车辆安全技术性能。

答案：正确

18.驾驶机动车在路口遇到这种信号灯亮时，要在停止线前停车瞭望。

答案：错误

19.倒车过程中要缓慢行驶，注意观察车辆两侧和后方的情况，随时做好停车准备。

答案：正确

20.车辆驶离高速公路时，应当经减速车道减速后进入匝道。

答案：正确

21.不得驾驶具有安全隐患的机动车上道路行驶。

答案：正确

22.打开左转向灯开关，（如图所示）亮起。

答案：错误

23.驾驶人违反交通运输管理法规发生重大事故后，因逃逸致人死亡的，处3年以上7年以下有期徒刑。

答案：错误

24.在这个路口可以掉头。

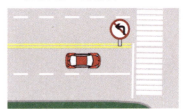

答案：错误

25.车辆在交叉路口绿灯亮后，遇非机动车抢道行驶时，可以不让行。

答案：错误

26.驾驶机动车不按照规定避让校车的，一次记6分。

答案：正确

27.车辆在通过山区道路弯道时，要做到"减速、鸣喇叭、靠右行"。

答案：正确

28.已经达到报废标准的机动车经大修后可以上路行驶。

答案：错误

29.驾驶机动车行经城市没有列车通过的铁路道口时允许超车。

答案：错误

30.机动车仪表板上（如图所示)亮，提示两侧车门未关闭。

答案：正确

31.遇到这种情况时，中间车道不允许车辆通行。

答案：正确

32.装有ABS系统的机动车在冰雪路面上会最大限度缩短制动距离。

答案：错误

33.驾驶机动车发生财产损失交通事故后，当事人对事实及成因无争议移动车辆时需要对现场拍照或者标划停车位置。

答案：正确

34. 机动车行驶证灭失、丢失，机动车所有人要向登记地车辆管理所申请补领、换领。

答案：正确

35. 上路行驶的机动车未放置检验合格标志的，交通警察可依法扣留机动车。

答案：正确

36. 安装防抱死制动装置（ABS）的机动车制动时，制动距离会大大缩短，因此不必保持安全车距。

答案：错误

37. 打开机动车车门时，不得妨碍其他车辆和行人通行。

答案：正确

38. 造成交通事故后逃逸，尚不构成犯罪的一次记12分。

答案：正确

39. 驾驶机动车在道路上违反交通安全法规的行为属于违法行为。

答案：正确

40. 车辆上坡行驶，要提前观察路况、坡道长度，及时减挡使车辆保持充足的动力。

答案：正确

41. 图中圈内白色横实线是何含义？

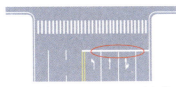

A、停止线　　　　　　　B、让行线
C、待转线　　　　　　　D、减速线
答案：A

42. 这个标志是何含义？

A、向左变道　　　　　　B、车道数变少
C、应急车道　　　　　　D、合流处
答案：B

43. 这个标志是何含义？

A、高速公路出口预告　　B、高速公路起点预告

C、高速公路入口预告　　D、高速公路终点预告
答案：D

44. 这个标志是何含义？

A、十字交叉路口预告　　B、Y型交叉路口预告
C、丁字交叉路口预告　　D、道路分叉处预告
答案：C

45. 这个标志是何含义？

A、车道方向预告　　　　B、交叉路口预告
C、分道信息预告　　　　D、分岔处预告
答案：B

46. 这个标志是何含义？

A、向左单行路　　　　　B、向右单行路
C、右转让行　　　　　　D、直行单行路
答案：B

47. 驾驶机动车在道路上追逐竞驶，情节恶劣，会受到什么处罚？

A、处拘役，并处罚金　　B、处管制，并处罚金
C、处1年以上徒刑　　　D、处6个月徒刑
答案：A

48. 这是什么操纵装置？

A、驻车制动器操纵杆　　B、节气门操纵杆
C、变速器操纵杆　　　　D、离合器操纵杆
答案：A

49. 在路口右转弯遇同车道前车等候放行信号时如何行驶？

A、从前车左侧转弯　　　B、从右侧占道转弯
C、鸣喇叭让前车让路　　D、依次停车等候
答案：D

50. 这个标志是何含义？

A、向左急转弯　　　　　B、向右急转弯
C、连续弯路　　　　　　D、向右绕行
答案：B

51.这个标志是何含义？

A、40米减速行驶路段　　B、最低时速40公里
C、解除时速40公里限制　D、最高时速40公里
答案：C

52.这个标志是何含义？

A、乡道编号　　　　　　B、县道编号
C、省道编号　　　　　　D、国道编号
答案：D

53.这个标志是何含义？

A、高速公路报警电话号码
B、高速公路交通广播频率
C、高速公路服务电话号码
D、高速公路救援电话号码
答案：B

54.申请小型汽车准驾车型驾驶证的人年龄条件是多少？

A、18周岁以上60周岁以下
B、18周岁以上70周岁以下
C、21周岁以上50周岁以下
D、24周岁以上70周岁以下
答案：B

55.这个标志是何含义？

A、过水路面　　　　　　B、渡口
C、低洼路面　　　　　　D、泥泞道路
答案：A

56.遇有浓雾或特大雾天能见度过低，行车困难时，应怎样做？

A、开启示廓灯、雾灯，靠右行驶
B、开启前照灯，继续行驶
C、开启危险报警闪光灯和雾灯，选择安全地点停车
D、开启危险报警闪光灯，继续行驶
答案：C

57.驾驶与准驾车型不符的机动车一次记几分？

A、12分　　　　　　　　B、6分
C、3分　　　　　　　　 D、2分
答案：A

58.持小型汽车驾驶证的驾驶人在下列哪种情况下需要接受审验？

A、有效期满换发驾驶证时
B、一个记分周期末
C、记分周期满12分
D、记分周期未满分
答案：A

59.遇到这种情形时，应怎么办？

A、停车让行人先行　　　B、从行人前方绕行
C、鸣喇叭提醒行人　　　D、从行人后方绕行
答案：A

60.路中心黄色虚实线是何含义？

A、实线一侧禁止越线　　B、虚线一侧禁止越线
C、实线一侧允许越线　　D、两侧均可越线行驶
答案：A

61.按下（如图所示）按钮表示什么？

A、车前后位置灯闪烁　　B、危险报警闪光灯闪烁
C、左转向指示灯闪烁　　D、右转向指示灯闪烁
答案：B

62.这是什么操纵装置？

A、驻车制动器操纵杆　　B、节气门操纵杆
C、变速器操纵杆　　　　D、离合器操纵杆

答案：C

63.机动车仪表板上（如图所示）亮表示什么？

A、行车制动系统出现故障

B、驻车制动器处于制动状态

C、防抱死制动系统出现故障

D、驻车制动器处于解除状态

答案：B

64.这个仪表是何含义？

A、电流表　　　　　　B、压力表

C、水温表　　　　　　D、燃油表

答案：C

65.驾驶机动车驶离高速公路时，在这个位置怎样行驶？

A、驶入减速车道　　　B、继续向前行驶

C、车速保持100公里/小时

D、车速降到40公里/小时以下

答案：A

66.这个仪表是何含义？

A、发动机转速表　　　B、行驶速度表

C、区间里程表　　　　D、百公里油耗表

答案：A

67.这个标志是何含义？

A、注意保持车距　　　B、车距确认路段

C、车速测试路段　　　D、两侧变窄路段

答案：A

68.这个标志预告什么？

A、高速公路避险处预告　B、高速公路服务区预告

C、高速公路客车站预告　D、高速公路停车场预告

答案：D

69.遇后车发出超车信号后，只要具备让超条件应怎样做？

A、迅速减速或紧急制动　B、让出适当空间加速行驶

C、主动减速并靠右侧行驶

D、靠道路右侧加速行驶

答案：C

70.夜间车辆通过照明条件良好的路段时，应使用什么灯？

A、雾灯　　　　　　　B、近光灯

C、远光灯　　　　　　D、危险报警闪光灯

答案：B

71.图中圈内的锯齿状白色实线是什么标线？

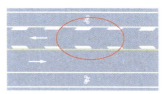

A、导向车道线　　　　B、方向引导线

C、可变导向车道线　　D、单向行驶线

答案：C

72.驾驶人违反交通运输管理法规发生重大事故致人死亡且逃逸的，处多少年有期徒刑？

A、3年以下　　　　　　B、7年以上

C、3年以上7年以下　　D、10年以上

答案：C

73.驾驶人有下列哪种违法行为一次记6分？

A、使用其他车辆行驶证　B、饮酒后驾驶机动车

C、车速超过规定时速50%以上

D、违法占用应急车道行驶

答案：D

74.路面上的菱形块虚线是何含义？

A、道路施工提示标线　　B、车道变少提示标线

C、车行道横向减速标线　D、车行道纵向减速标线

答案：D

75.在实习期内驾驶机动车的，应当在车身后部粘贴或者悬挂哪种标志？

A、注意避让标志

B、注意新手标志

C、统一式样的实习标志
D、注意车距标志
答案：C

76.驾驶机动车行经市区下列哪种道路时不得超车？
A、单向行驶路段   B、主要街道
C、单向两条行车道   D、交通流量大的路段
答案：D

77.找出这辆故障车有哪种违法行为？

A、没有设置警告标志
B、没有开启危险报警闪光灯
C、没有立即排除故障   D、没有将车停到路边
答案：B

78.在这种情形中前车怎样行驶？

A、正常行驶   B、及时让行
C、开启危险报警闪光灯行驶
D、不得变更车道
答案：B

79.在山区道路超车时，应怎样超越？
A、抓住任何机会尽量   B、选择较缓的下坡路
C、选择宽阔的缓上坡路段
D、选择较长的下坡路
答案：C

80.驾驶机动车在高速公路遇到能见度低于200米的气象条件时，最高车速是多少？
A、不得超过100公里/小时 B、不得超过90公里/小时
C、不得超过80公里/小时 D、不得超过60公里/小时
答案：D

81.机动车仪表板上（如图所示）亮时表示什么？
A、已开启前照灯远光
B、已开启前雾灯
C、已开启后雾灯
D、已开启前照灯近光
答案：D

82.上道路行驶的机动车未悬挂机动车号牌的一次记几分？
A、3分   B、2分
C、6分   D、12分
答案：D

83.这个标志是何含义？

A、停车场
B、观景台
C、休息区
D、服务区
答案：C

84.这个标志是何含义？

A、停车让行   B、单行路
C、干路先行   D、两侧街道
答案：C

85.这个标志是何含义？

A、掉头   B、倒车
C、左转   D、绕行
答案：A

86.这一组交通警察手势是什么信号？

A、左转弯待转信号   B、靠边停车信号
C、左转弯信号   D、右转弯信号
答案：C

87.指示标志的作用是什么？
A、限制车辆、行人通行 B、指示车辆、行人行进
C、告知方向信息   D、警告前方危险
答案：B

88.这个标志是何含义？

A、会车时停车让对方车先行
B、前方是双向通行路段
C、会车时停车让右侧车先行
D、右侧道路禁止车通行

答案：A

89. 这个标志是何含义？

A、限制高度为3.5米　　　B、限制宽度为3.5米
C、限制车距为3.5米　　　D、解除3.5米限高
答案：A

90. 在高速公路这条车道上行驶的最低车速是多少？

A、50公里/小时　　　B、60公里/小时
C、100公里/小时　　　D、80公里/小时
答案：B

91. 这个标志是何含义？

A、十字交叉路口预告
B、互通式立体交叉预告
C、环行交叉路口预告
D、Y型交叉路口预告
答案：C

92. 未取得驾驶证的学员在道路上学习驾驶技能，下列哪种做法是正确的？

A、使用所学车型的教练车由非教练员的驾驶人随车指导
B、使用私家车由教练员随车指导
C、使用所学车型的教练车单独驾驶学习
D、使用所学车型的教练车由教练员随车指导
答案：D

93. 这个标志是何含义？

A、注意野生动物　　　B、注意牲畜
C、开放的牧区　　　D、动物公园
答案：A

94. 这个导向箭头是何含义？
A、指示向左变道
B、指示前方直行
C、指示前方掉头
D、指示前方右转弯
答案：D

95. 这是什么操纵装置？

A、灯光、信号组合开关　　　B、倒车灯开关
C、刮水器开关　　　D、危险报警闪光灯开关
答案：A

96. 这个标志是何含义？

A、T型交叉路口　　　B、Y型交叉路口
C、环行交叉路口　　　D、十字交叉路口
答案：A

97. 这个标志是何含义？
A、高速公路特殊天气最高速度
B、高速公路特殊天气建议速度
C、高速公路特殊天气平均速度
D、高速公路特殊天气最低速度
答案：B

98. 这个标志是何含义？

A、注意避让火车
B、多股铁路与道路相交
C、有人看守铁路道口
D、无人看守铁路道口
答案：B

99. 下列哪种证件是驾驶机动车上路行驶应当随车携带的？

A、机动车登记证　　　B、机动车保险单
C、机动车行驶证　　　D、出厂合格证明
答案：C

100. 图中圈内的白色折线是什么标线？

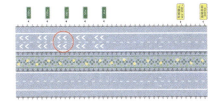

A、车距确认线　　　B、减速行驶线
C、车速确认线　　　D、路口减速线
答案：A

科目三 安全文明驾驶常识模拟题

模拟题（一）

1. 林某驾车以110公里/小时的速度在城市道路行驶，与一辆机动车追尾后弃车逃离被群众拦下。经鉴定，事发时林某血液中的酒精浓度为135.8毫克/百毫升。林某的主要违法行为是什么？

A、醉酒驾驶　　　　　B、超速驾驶
C、疲劳驾驶　　　　　D、肇事逃逸
答案：ABD

2. 检查发动机润滑油在什么条件下进行？
A、发动机熄火后　　　B、发动机怠速运转中
C、发动机高速运转中　D、冷车启动之前
答案：D

3. 与对向来车发生正面碰撞且碰撞位置在驾驶人正前方时，驾驶人正确的应急驾驶姿势是什么？
A、迅速躲离转向盘　　B、往副驾驶座位躲避
C、迅速将两腿抬起　　D、两腿蹬直
答案：ABC

4. 机动车发生侧滑时要如何调整方向？
A、前轮侧滑，向侧滑方向转动转向盘
B、前轮侧滑，向侧滑相反方向转动转向盘
C、后轮侧滑，向侧滑方向转动转向盘
D、后轮侧滑，向侧滑相反方向转动转向盘
答案：BC

5. 机动车在紧急制动时ABS系统会起到什么作用？
A、缩短制动距离　　　B、保持转向能力
C、减轻制动惯性　　　D、自动控制方向
答案：B

6. 驾驶机动车在有这种标志的路口怎样通过最安全？

A、停车观察主路情况　B、加速尽快进入主路
C、减速观察左后方情况　D、减速缓慢进入主路
答案：D

7. 机动车在夜间临时停车时，应开启什么灯？
A、前后防雾灯、示廓灯和后位灯
B、前大灯、示廓灯和后位灯
C、危险报警闪光灯、示廓灯和后位灯
D、倒车灯、示廓灯和后位灯
答案：C

8. 驾驶机动车在这种道路上怎样会车最安全？

A、靠路中心行驶　　　B、靠路右侧行驶
C、在路中间行驶　　　D、靠路左侧行驶
答案：B

9. 以下准许机动车掉头的地方是哪一项？
A、铁路道口　　　　　B、人行横道
C、隧道　　　　　　　D、环岛
答案：D

10. 在这种情况下被超机动车驾驶人要怎样应对？

A、鸣喇叭进行警告　　B、冷静减速或停车
C、开远光灯抗议　　　D、加速反超后告诫
答案：B

11. 行车中遇到对向来车占道行驶时怎么办？
A、紧靠道路中心行驶　B、主动给对方让行
C、用大灯警示对方　　D、逼对方靠右行驶
答案：B

12. 在高速公路上遇到紧急情况避险时需注意什么？
A、采取制动措施减速　B、向左侧转向避让
C、迅速转动转向盘躲避　D、向右侧转向避让
答案：A

13. 如图所示标线的含义是什么？

A、禁行　　　　　　　B、禁止转弯
C、禁止掉头　　　　　D、禁止停车
答案：C

14. 在没有绷带急救伤员的情况下，以下救护行为中错误的是什么？
A、用手帕包扎　　　　B、用毛巾包扎
C、用棉质衣服包扎　　D、用细绳缠绕包扎

答案：D

15. 为确保机动车在高速公路行驶的安全，不得有下列哪些行为？

A、倒车逆行，穿越中央分隔带掉头，或在车道内停车

B、骑轧车行道分界线或者在路肩上行驶

C、在匝道、加速车道或者在减速车道上超车

D、试车或者学习驾驶机动车

答案：ABCD

16. 机动车避免爆胎的正确做法是什么？

A、降低轮胎气压　　　　B、定期检查轮胎

C、及时清理轮胎沟槽内的异物

D、更换有裂纹或损伤的轮胎

答案：BCD

17. 机动车在高速公路上行驶，遇有雾、雨、雪且能见度在100米至200米之间时，应该怎么做？

A、开启雾灯、近光灯、示廓灯、前后位灯

B、车速不超过60km/h

C、与同车道前车保持100米以上的距离

D、从最近的出口尽快驶离高速公路

答案：ABC

18. 如图标志的含义是什么？

A、隧道　　　　　　　　B、涵洞桥

C、驼峰桥　　　　　　　D、漫水桥

答案：C

19. 驾驶机动车在山区道路因故障停车需要注意什么？

A、选择下坡路段停放　　B、选择上坡路段停放

C、选择平缓路段停放　　D、选择坡顶位置停放

答案：C

20. 转向失控后，若车辆偏离直线行驶方向，应怎样使车辆尽快减速停车？

A、轻踏制动踏板

B、拉紧驻车制动器操纵杆

C、迅速抢挡减速

D、果断地连续踩踏、放松制动踏板

答案：D

21. 驾驶机动车遇到这种山路怎样通过？

A、靠右侧低速通过　　　B、前方左侧是傍山险路

C、靠路左侧行驶　　　　D、选择路中心行驶

答案：A

22. 驾驶装有动力转向的机动车发现转向困难怎样处置？

A、停车查明原因　　　　B、控制转向缓慢行驶

C、降低车速行驶　　　　D、保持机动车直线行驶

答案：A

23. 在同向3车道高速公路上行车，车速高于每小时90公里、低于每小时110公里的机动车应在哪条车道上行驶？

A、最左侧　　　　　　　B、中间

C、最右侧　　　　　　　D、任意

答案：B

24. 夜间行车中，机动车前方出现急转弯或大坑，灯光照射如何变化？

A、由远及近　　　　　　B、离开路面

C、距离不变　　　　　　D、由高变低

答案：B

25. 驾驶机动车驶出这个环岛路口怎样使用灯光？

A、开启左转向灯　　　　B、开启报警闪光灯

C、不用开转向灯　　　　D、开启右转向灯

答案：D

26. 发动机着火后怎样处置？

A、迅速关闭发动机　　　B、用水进行灭火

C、开启发动机罩灭火　　D、站在下风处灭火

答案：A

27. 某日19时，杨某驾驶大客车，乘载57人（核载55人），连续行驶至次日凌晨1时，在金城江区境内050国道3008公里加110米处，因机动车左前胎爆裂，造成12人死亡、22人受伤的特大交通事故。杨某的主要违法行为是什么？

A、疲劳驾驶　　　　　　B、客车超员

C、超速行驶　　　　　　D、操作不当

答案：AB

28. 下坡路制动突然失效后，不可采用的办法是什么？

A、将车辆向上坡道方向行驶

B、用车身靠向路旁的岩石或树林碰擦

C、利用道路边专设的避险车道停车

D、拉紧驻车制动器操纵杆或越二级挡位减挡

答案：D

29. 驾驶机动车遇到左侧来风时可适当向左调整方向。

答案：错误

30.机动车的专用备胎可作为正常轮胎长期使用。
答案：错误

31.驾驶机动车在冰雪道路上起步一定要使用高速挡。
答案：错误

32.夜间驾驶机动车在照明条件良好的路段可以不使用灯光。
答案：错误

33.受伤者在车内无法自行下车时，可设法将其从车内移出，尽量避免二次受伤。
答案：正确

34.驾驶机动车在这个路段允许超车。

答案：错误

35.驾驶机动车需要掉头时，只要不影响正常交通可以在虚线处掉头。

答案：正确

36.驾驶机动车在冰雪道路低速会车可减小横向间距。
答案：错误

37.伤员骨折处出血时，先固定好肢体再进行止血和包扎。
答案：错误

38.机动车通过铁道路口时，应用低速挡安全通过，中途不得换挡，以避免发动机熄火。
答案：正确

39.驾驶机动车遇到接听手机或注意力高度集中的行人，要在临近时鸣喇叭警示。
答案：错误

40.夜间行车时，全车灯光突然熄灭，应当紧急制动，迅速停车。
答案：错误

41.浓雾天气能见度低，开启远光灯会提高能见度。
答案：错误

42.在高速公路上遇到紧急情况时不要轻易急转向避让。
答案：正确

43.易燃液体一旦发生火灾，要及时用水扑救。
答案：错误

44.机动车落水后，要迅速关闭车窗阻挡车内进水，短暂闭绝空气，可打电话告知救援人员失事地点，等待救援。
答案：错误

45.当车辆已偏离直线行驶方向，事故已经无可避免时，应果断地连续踏制动踏板，尽量缩短停车距离，减轻撞车力度。
答案：正确

46.高速公路安全距离确认路段用于确认车速在每小时100公里时的安全距离。

答案：正确

47.驾驶机动车从加速车道汇入行车道有困难时可停车让行。
答案：错误

48.机动车涉水后，驾驶人要间断轻踩制动踏板，以恢复制动效能。
答案：正确

49.在冰雪路面行车，要尽量利用行车制动进行减速。
答案：错误

50.驾驶机动车下坡可采用踏下离合器踏板滑行的方法。
答案：错误

模拟题（二）

1.周某夜间驾驶大货车在没有路灯的城市道路上以90公里/小时的速度行驶，一直开启远光灯，在通过一窄路时，因加速抢道，导致对面驶来的一辆小客车撞上右侧护栏。周某的主要违法行为是什么？
A、超速行驶　　　　　B、不按规定会车
C、疲劳驾驶　　　　　D、不按规定使用灯光
答案：ABD

2.机动车轮胎磨损到什么程度需要更换轮胎？
A、花纹深度低于1.6毫米
B、花纹深度低于1.4毫米

C、花纹深度低于1.2毫米
D、花纹深度低于1.0毫米
答案：A

3.驾驶机动车在路口前准备右转弯遇右侧有车怎样变更车道？
A、超越右侧机动车向右变道
B、在停止线前向右变道
C、进入实线区后向右变道
D、在右侧车后向右变道
答案：D

4.在这种气象条件下起步要注意哪些方面？

A、开启远光灯　　　　　　B、开启雾灯
C、只能开启左转向灯　　　D、长时间鸣喇叭
答案：B

5.正面安全气囊与什么配合才能充分发挥保护作用？
A、防抱死制动系统　　　B、座椅安全带
C、座椅安全头枕　　　　D、安全玻璃
答案：B

6.机动车在夜间通过没有交通信号灯控制的交叉路口时，要怎样使用灯光？
A、使用远光灯　　　　　B、使用近光灯
C、使用危险报警闪光灯　D、交替使用远近光灯示意
答案：D

7.在这种条件的道路上怎样安全行驶？

A、靠路右侧转小弯　　　B、靠弯路中心转弯
C、借对向车道转弯　　　D、靠路右侧转大弯
答案：D

8.上坡路段停车怎样使用行车制动？
A、比在平路时提前　　　B、比在平路时推迟
C、和平路时一样　　　　D、要重踏制动踏板
答案：B

9.高速行驶的车辆，在转向失控的情况下使用紧急制动，很容易造成什么后果？

A、侧滑　　　　　　　　B、翻车
C、车厢前移　　　　　　D、爆胎
答案：B

10.如图所示，驾驶机动车要采取的正确做法是什么？

A、减速　　　　　　　　B、鸣喇叭
C、靠右侧行驶　　　　　D、靠左侧行驶
答案：ABC

11.驾乘人员下车时要怎样做以保证安全？
A、停车后立即开门下车
B、观察前方交通情况
C、先开车门再观察侧后情况
D、先观察侧后情况，再缓开车门
答案：D

12.夜间会车要在距对方来车多少米以外改用近光灯？
A、30　　　　　　　　　B、50
C、100　　　　　　　　D、150
答案：D

13.在泥泞路段遇驱动车轮空转打滑时如何处置？
A、在从动轮下铺垫砂石　B、换高速挡加速猛冲
C、在驱动轮下铺垫砂石　D、猛打转向盘配合急加速
答案：C

14.行车中遇抢救伤员的救护车从本车道逆向驶来时，要怎样做？
A、靠边减速或停车让行　B、占用其他车道行驶
C、加速变更车道避让　　D、在原车道内继续行驶
答案：A

15.如图标志的含义是什么？

A、人行横道　　　　　　B、注意儿童
C、徒步　　　　　　　　D、注意行人
答案：C

16.驾驶机动车驶入高速公路匝道后，以下哪种说法是正确的？
A、允许超车　　　　　　B、不准掉头
C、允许停车　　　　　　D、可以倒车
答案：B

17.机动车行驶至转弯路段时，易引发事故的驾驶行为有什么？

A、机动车占对向道行驶　B、在弯道内急转转向盘
C、在驶入弯道前不减速　D、机动车靠路右侧行驶
答案：ABC

18.行车中发动机突然熄火后，要采取什么措施？
A、立即停车检修
B、立即开启危险报警闪光灯
C、将机动车移到不妨碍交通的地点停车
D、放置故障车警告标志
答案：BCD

19.机动车在什么样的路面上制动时车轮最容易抱死？
A、混凝土路　　　　　B、土路
C、冰雪路面　　　　　D、沙土路
答案：C

20.驾驶机动车临近停在车站的公交车时，正确的处置方法是什么？
A、保持正常车速行驶　B、随时准备停车
C、加速向左侧变道通过　D、持续鸣喇叭
答案：B

21.下长坡连续使用行车制动会造成什么不良后果？
A、缩短发动机使用寿命　B、驾驶人容易疲劳
C、容易造成机动车倾翻　D、制动器制动效果下降
答案：D

22.驾驶机动车在这个位置怎样安全通过？

A、加速从行人前通过　　B、从行人后绕行通过
C、减速、鸣喇叭 示意　　D、停车等待行人通过
答案：D

23.驾驶机动车在学校门口遇到这种情况怎样行驶？

A、从列队前方绕过　　　B、减速慢行通过
C、及时停车让行　　　　D、从列队空隙穿过
答案：C

24.有效预防机动车发生制动失效的措施是什么？
A、定期维护制动系统
B、行车前检查制动踏板的自由行程

C、正确使用制动，防止热衰退
D、行车前检查制动液是否有滴漏
答案：ABCD

25.如图标志的含义是什么？

A、注意危险　　　　　B、注意横风
C、注意落石　　　　　D、傍山险路
答案：B

26.图中警察手势为什么信号？

A、减速慢行　　　　　B、示意车辆靠边停车
C、变道　　　　　　　D、右转弯
答案：A

27.驾驶机动车在交叉路遇到这种情况如何对待？

A、直接进入路口内等待
B、在路口停止线外等待
C、从右侧非机动车道通过
D、借对向车道通过路口
答案：B

28.驾驶机动车遇到这种情形应该注意什么？

A、预防机动车侧滑　　B、预防儿童横穿
C、尽快加速通过　　　D、持续鸣喇叭
答案：B

29.杨某驾驶改装小型客车(核载9人，实载64人，其中62人为幼儿园学生)，行至榆林子镇马槽沟村处，占用对向车道逆行时与一辆重型自卸货车正面碰撞，造成22人

死亡、44人受伤。该起事故中的主要违法行为是什么？

A、货车超速行驶　　　　B、非法改装机动车

C、客车超员　　　　　　D、客车逆向行驶

答案：BCD

30. 驾驶机动车遇到这种情况怎样进入行车道？

A、控制速度随尾车后进入

B、加速从第二辆车前进入

C、加速从第一辆车前进入

D、可从任意两车之间插入

答案：A

31. 如图标志的含义是什么？

A、前方是错车道　　　　B、前方是右侧变宽

C、前方是紧急停车带　　D、前方是靠右行驶

答案：A

32. 驾驶机动车在山区道路遇到这种情况怎样行驶？

A、靠路左侧，加速绕行　B、停车瞭望，缓慢通过

C、注意观察，尽快通过　D、勤鸣喇叭，低速通行

答案：C

33. 在这种情况下会车，怎样做最安全？

A、靠中心线行驶　　　　B、开前照灯行驶

C、向路右侧避让　　　　D、向车左侧避让

答案：C

34. 驾驶机动车在这种情况下怎样安全行驶？

A、加速抢先绕过障碍物

B、占对向车道迫使对方让道

C、停车让对向来车优先通行

D、鸣喇叭或开启前照灯

答案：C

35. 驾驶机动车在前方路口怎样掉头？

A、经左弯待转区进行掉头

B、在路口虚线处进行掉头

C、左转信号灯亮时方可掉头

D、直行信号灯亮时方可掉头

答案：B

36. 驾驶机动车通过积水路段，遇道路两侧有行人和非机动车通行时，正确的做法是什么？

A、减速慢行，避免积水打湿两侧行人和非机动车

B、保持正常速度行驶

C、加速通过

D、连续鸣喇叭提醒两侧行人和非机动车注意

答案：A

37. 驾驶机动车在这种山区弯路怎样行驶？

A、占对向车道行驶　　　B、靠右侧减速行驶

C、在道路中心行驶　　　D、紧靠路右侧行驶

答案：B

38. 起步前踏离合器踏板检查踏板与驾驶室底板之间的间隙是否合适。

答案：错误

39. 安装防抱死制动装置（ABS）的机动车制动时，制动距离会大大缩短。

答案：错误

40. 机动车在这种情况下可以超车。

答案：错误

41. 驾驶机动车在该位置不能变更车道。

答案：正确

42. 会车遇到这种情况要低速会车或停车让行。

答案：正确

43. 驾驶机动车在这种情况下不能超车。

答案：正确

44. 驾驶机动车在交叉路口前变更车道时，应在进入实线区后，开启转向灯，变更车道。

答案：错误

45. 驾驶人发现转向突然不灵，可低速将车开到附近修理厂修好后再行驶。

答案：错误

46. 驾驶机动车在交叉路口遇到这种情况可以不让行。

答案：错误

47. 在这个路口左转弯要靠路口中心点左侧转弯。

答案：正确

48. 驾驶机动车在这种情况下要跟前车进入路口等待。

答案：错误

49. 夜间机动车灯光照射距离由远及近，说明机动车可能已到达起伏坡道的低谷。

答案：正确

50. 驾驶机动车在对向没有来车的情况下可以超车。

答案：错误